ICT 社会の
人間関係と心理臨床

スマホ依存、ネット依存対策に関する
臨床心理士らの提言

小川憲治・織田孝裕 編著

川島書店

ま え が き

　約20年間のICT（Information and Communication Technology：情報通信技術）の進展する現代社会（本書では「ICT社会」と表記）におけるインターネット，スマートフォン（スマホ），PCの発展と普及はめざましいものがある。ICTの普及のおかげで，インターネット検索，ネット通販，オンラインゲーム，LINE，Twitter，FacebookなどのSNS（Social Networking Service）や，Instagram，TwitCastingなどの画像配信閲覧機能を提供するアプリの普及により，たいへん便利な世の中になってきた。その一方で，スマホ依存，ネット依存，ネットいじめ・炎上，人間関係の希薄化，豊かな対話"FTF（face to face）コミュニケーション"の衰退などの弊害も深刻化しつつあると言っても過言ではない。特にこの数年のスマホの急速な普及はそうした弊害の深刻化を助長してきており，約1年半前から，ICT（特にインターネット，スマホ）の進展の功罪について，スクールカウンセリング，学生相談，産業カウンセリングなどに携わる，若手臨床心理士たちとともに研究会を立ち上げ，研究を開始するに至った。

　研究に着手してみると，スマホやインターネットの功罪について，ジャーナリスト，ルポライター，精神科医などによる，啓蒙書，解説書，利用マニュアルなどはここ数年間で20冊以上出版されているが，臨床心理学者，臨床心理士による著書（専門書）は国内では未だ一冊も出版されていないことが判明した。（2017年8月現在）そこでそうした問題意識を共有する，研究会のメンバーを中心として，筆者がこれまで研究や心理臨床活動を共にしてきた同志の先生方や仲間にも声をかけ，「ICT社会の人間関係と心理臨床」というメインテーマのもとで，臨床心理学分野の学術書（専門書）として，本書を一日でも早く出版する必要性（社会的使命）を痛感し，かつて精神科医であり社会心理学者といってもよいエーリッヒ・フロムがその著書『自由からの逃走』を1941

年（翻訳書，1951 年，東京創元社）に出版した際，その序文のなかで，「（多少内容が不十分であっても）心理学者は必要な完全性を犠牲にしても，現代の危機を理解するうえに役立つようなことがらを，すぐに提供しなければならないと考えるのである。」と記しているのと同様に，たとえ内容が不完全であっても，この度本書を急遽刊行することにした。本書の出版の趣意と社会的使命に賛同し，出版の実現に協力してくださった川島書店の関係各位に感謝申し上げたい。

　第Ⅰ部では，ICT（インターネット，スマホ，PC）の急速な普及の功罪について，臨床心理士，スクールカウンセラー，中学生の親，発達障がい児・者臨床，ICT 企業の産業カウンセラー，精神科医など，各々の立場から論じていただくことにした。

　第Ⅱ部では，ICT 社会の人間関係と心理臨床について，中学校と高校のスクールカウンセラー，大学の学生相談，産業カウンセリング，嗜癖障害や引きこもりなどが専門の臨床心理士 7 名がそれぞれ実践してきた，心理臨床の事例研究，方法論研究を通じて，そのあり方と今後の課題を明らかにしようと試みた。

　第Ⅲ部では，本書の執筆者全員が，ICT 依存からの脱皮をめざす対応策として「今後の課題」を論じ，その結果，発達段階に応じたフィルタリングや情報リテラシー教育の必要性，自己実現と自己充足に満たされた体験時間の模索，対人関係を営む資質やコミュニケーションスキルの向上，感情表現や共感力，言語表現能力の向上などをめざした心理臨床・ガイダンス，依存予防・対策プログラムの策定などの必要性，状況に応じて，個人カウンセリングだけではなく，自然環境の中での合宿治療（高橋良臣），IPR トレーニング（早坂泰次郎）などのグループアプローチの併用が効果的であることが明らかになった。またLINE などの SNS を用いた相談の功罪と今後の可能性についても執筆者の有志で検討した。

　本書の特徴としては，分担執筆者の 10 名が，それぞれ各分野でバラエティに富んだ専門性を有する，心理臨床，カウンセリング，精神科医医療の経験豊

富な下記のメンバーに恵まれ，研究会，セミナー，研修などを通じて交流し，執筆することができたことである。

1）小中学校・高等学校のスクールカウンセラー（SC）:
　　小澤エミ，織田孝裕，深澤静
2）大学の学生相談室・保健管理センター：
　　小川憲治，水戸部賀津子，宮城まり子，安宅勝弘
3）不登校・引きこもり，アディクション臨床，精神科医：
　　高橋良臣，田中ひな子，安宅勝弘
4）企業人の産業カウンセリング，キャリア相談：
　　小川憲治，中村幸夫，宮城まり子

またメーリングリストを活用し，情報交換，意見交換，草稿ができたところでの相互調整などICTの恩恵を享受し，各々が原稿を書くことができたことも幸であった。

本書が，学校，家庭，職場などでICTの弊害（スマホ依存，ネット依存など）に悩んだり，困窮したりしている人々や，教員，臨床心理士，産業カウンセラーなどの皆さんのメンタルヘルスの向上や教育，心理臨床活動に，多少なりとも役立てば幸いである。

　2018年5月16日

編著者　小川　憲治
　　　　織田　孝裕

目　　次

まえがき

第Ⅰ部　ICT（スマホ，PC，インターネット）の急激な普及の功罪

1章　ICT 社会の人間関係とテクノストレス研究の系譜
　　　──急速なスマホとインターネット普及の功罪──　…………　小川憲治　2
　はじめに　2
　1. ICT 社会の光と影　2
　2. ICT 社会の人間関係とメンタルヘルス　9
　3. テクノストレス研究の系譜　12
　おわりに　15

2章　スマートフォンによる交流アプリの最新情報　………　深澤　静　22
　はじめに　22
　1. 交流アプリの種類　24
　2. 近年の変化　28
　3. LIVE 配信アプリの登場　30
　4. 拡がりを見せる交流アプリ　32
　5. 今後の流行　34
　6. 交流アプリの年齢制限　35
　おわりに　37

3章　児童・青年期発達障がい児・者と ICT　……………………織田孝裕　39
　はじめに　39

目　　次　v

　1.　ICT の発展と発達障がい児・者　40
　2.　ICT の発展が発達障がい児・者にもたらしたメリット　43
　3.　ICT の発展が発達障がい児・者にもたらしたディメリット　45
　おわりに　51

4章　教育現場から見えるスマホの功罪 ……………………………… 小澤エミ　55
　はじめに　55
　1.　スマホをはじめとする ICT の発展と教育現場における変化と
　　　現状　56
　2.　教育現場でのスマホの急速な普及による功罪──「つながる」
　　　力の強さ　59
　3.　スマホの急速な普及による心理的距離と関係性の変容　66
　5.　まとめと今後の課題　69

5章　ICT 企業の SE の最新事情 ………………………………… 中村幸夫　72
　はじめに　72
　1.　ICT 技術者の業務概要と仕事の特徴　72
　2.　ICT 技術の仕事の特徴とストレスについて　76
　3.　ICT 技術者の最近の動向とその課題　78
　4.　ICT 技術者の今後の課題　87

6章　急激なスマホ，PC の普及の功罪
　　　──精神医学の立場から── ………………………………… 安宅勝弘　92
　はじめに　92
　1.　ネット依存症　93
　2.　睡眠，心身の健康面への影響　95
　3.　子どもの成長発達への影響　97
　4.　対策について──依存の治療と予防など　99
　おわりに　101

第Ⅱ部　ICT社会の人間関係と心理臨床

1章　小学校・中学校の心理臨床 ················· 織田孝裕　104
はじめに　104
1. 小・中学生のICT利用における現況　105
2. 児童・生徒による相談の実態と事例　111
3. スクールカウンセラーとしての対応　115
おわりに　121

2章　都心の高校生のネット利用の現状とその課題 ········· 深澤　静　124
はじめに　124
1. "楽"を追い求めた先　125
2. ネットの正と負　127
3. ネットと付き合っていく上で大切なこと　134

3章　「つながり」と「リアル」
──若者にとってのICTと人間関係── ················· 水戸部賀津子　137
はじめに　137
1. "connected"は「つながり」なのか　137
2. 若者たちが求める「つながり」　138
3. 「海彦」と「山彦」がSNSに求めていたもの　144
4. 「リア充」と「リアル」　145
5. 木村敏の「リアリティ」　146
6. 「つながる」方法としてのインターネット　148
7. 臨床家は何ができるのか　149

4章　産業カウンセリングの事例 ················· 宮城まり子　151
はじめに　151
1. 働く人々のメンタルヘルスの現状　151
2. 職場環境の大きな変化と「光と陰」　153

目　　次　vii

 3.　職場環境や人事制度の変化とコミュニケーション　154

 4.　産業場面のカウンセリング　158

おわりに　165

5章　アディクション臨床におけるネット依存 …………… 田中ひな子　167

はじめに　167

 1.　アディクション臨床という視点　167

 2.　アディクション臨床におけるネット依存の実際　169

 3.　ネット依存の臨床の特質――事例からの考察　174

おわりに　177

6章　児童期青年期における ICT 社会の問題と取り組み
  ――大須成学園の生活体験合宿を通して―― ……………… 高橋良臣　179

はじめに　179

 1.　日常生活の回復を目指す　181

 2.　生産活動ができなくなること　182

 3.　どうしてパソコンやゲームをするの？　185

 4.　対人関係の成長は精神の成長である　187

 5.　性について：性成長が盛んな時期だから気を付けたいこと　189

 6.　親子の対話によって日常生活の健全さの回復を試みたい　192

7章　ICT 社会の人間関係と心理臨床
  ――クライエントの生きる世界の理解とその変容―― …… 小川憲治　195

はじめに　195

 1.　心理臨床の現象学Ⅰ　195

 2.　心理臨床の現象学Ⅱ　199

 3.　ICT 社会の心理臨床（カウンセリング）の事例を通じて
  ――アニメビデオやパソコンにのめり込んだ不登校児 N 君の事例――　209

 4.　ICT 社会の人間関係とメンタルヘルスの向上を目指して　213

おわりに　214

第Ⅲ部　今後の課題

A．スマホ依存，ネット依存対策についての今後の課題 ⋯⋯⋯⋯⋯⋯⋯　216
　　1．執筆者各々の考察　216
　　2．スマホ依存，ネット依存対策についての今後の課題　226
B．LINE など SNS を用いた相談の功罪と今後の可能性 ⋯⋯⋯⋯⋯⋯　232
　　1．執筆者各々の考察　232
　　2．LINE など SNS を用いた相談の功罪と今後の可能性　236
C　「ICT 社会」の表記について ⋯⋯⋯⋯⋯⋯⋯⋯⋯⋯⋯⋯⋯⋯⋯⋯⋯⋯　239

索引 ⋯⋯⋯⋯⋯⋯⋯⋯⋯⋯⋯⋯⋯⋯⋯⋯⋯⋯⋯⋯⋯⋯⋯⋯⋯⋯⋯⋯⋯⋯⋯⋯⋯241

あとがき

第 I 部

ICT（スマホ，PC，インターネット）の
急激な普及の功罪

1章　ICT社会の人間関係とテクノストレス研究の系譜
──急速なスマホとインターネット普及の功罪──

はじめに

　近年，ICT（情報通信技術）の進展はすさまじいものがあるが，スマホ依存，ネット依存，人間関係の希薄化などさまざまな問題も深刻化しつつあり，今回改めて，ICTの進展の功罪について，若手臨床心理士たちとともに，研究会を立ち上げ，研究を再開するに至った。本章1節は本書を刊行するにあたり，その後の研究成果の一端を筆者なりに「研究ノート」（2017年11月）として記したものに加筆修正したものである。また2節ではICT社会の人間関係とメンタルヘルスについての教育・研究の方向性を論じ，3節ではこれまでのテクノストレス研究の系譜をたどり本書の位置づけを明らかにした。

1.　ICT社会の光と影

1)　急速なスマートフォンの普及に伴う便利さの享受と当時に失われつつあるもの

　2007年にスマートフォンの草分けである，アップルのiPhoneが発売されて以来，この10年間のスマートフォンの普及ぶりはめざましいものがある。電話，電子メール，インターネット検索，LINE，Twitter，Facebookなどの SNSやゲームをはじめとするさまざまなアプリ（アプリケーション）など，いつでも，どこでも便利に使える，PC機能を兼ね備えたコミュニケーション・ツールであるスマートフォン（スマホ）は，いまや多くの人々にとって，手元に無くては困る便利な必需品であり，簡単には手放せない「情報通信インフラ」として，

身体の一部になってきているように思われる。

例えば，LINE を使えば，家族，友人たち，趣味や職場の仲間などのグループ間で，物理的には一緒にいなくても，世間話，うわさ話，会食，行事，旅行などの計画の相談，ママ友同士の育児の悩み相談，買い物やグルメなどのさまざまな情報交換などの，井戸端会議やグループ討議が，リアルタイムで実現できるので，非常に便利であり，寂しさや孤立感を感じなくてすむ。またインスタグラム（Instagram）を活用して，自慢の写真や動画を投稿し合い，一緒に楽しんだり，できばえを競いあったりすることも，多くの人々にとって日常的になりつつある。

その一方で，たとえばコミュニケーション学者宮田穣が『ソーシャルメディアの罠』［2015］で，「スマホの"便利さ"と同居している危険な罠（同調圧力の罠，依存の罠，疲労の罠，思考停止の罠，激情化の罠）」と問題提起しているように，「便利さ」を享受すると同時に，気づかないうちに，いじめや仲間はずれ，嫉妬や妬みの対象になるなど，危険な罠に陥り，さまざまなものを失う可能性があることを忘れてはならない。そこで次に，近年電車の車内や町でよく見かける，スマホ使用や歩きスマホについて考えてみよう。

2) 急速に普及したスマホの功罪

最近多くの人々が，電車の中や街中で目にする，以下のような光景について，筆者はこれでいいのかなとの疑問を禁じえないが，皆さんはどのように感じられているだろうか？

(1) スマホと日常：車内で

電車の車内の7人がけのベンチシートに並んで座っている7人の乗客全員がそれぞれがスマホとにらめっこしている（スマホ一色の）光景を目の当たりにしたとき，一種の新興宗教（「スマホ礼賛教」）のような，狂信的な，異様な光景だと感じてしまう。

電話やスマホが普及する以前の車内では，乗客は，新聞や雑誌を読んだり，読書をしたり，音楽を聴いたり，仕事の書類に目を通したり，スケジュールを検討したり，企画を考えたり，数独やクロスワードなどのパズルと取り組んだり，瞑想，思索，仮眠など，多様な生きる世界の中で，それぞれが豊かで，有

意義な時間を過ごしていたように思われる。もちろん，現在は，スマホで新聞，雑誌，書籍は読めるし，PCを使った仕事もできるし，音楽は聴けるし，動画も見れるし，パズルやゲームもできるので，車内での時間の使い方の選択は，個人の自由であることは言うまでもないが，スマホと過ごすことによって，以前のような，新聞を広げたり，本をパラパラめくったり，瞑想するなどの，多様な過ごし方ができにくくなっていることに気づき，そのことを問い直してみる必要があるのではないかと思われる。

(2) スマホと日常：公共の場で

道路，駅の構内やホームでの，歩きながらのスマホが，危険な行為や迷惑行為としても，問題になっているが，中でも，乳幼児を乳母車に乗せ，スマホ片手に（スマホを覗き込みながら）乳母車を押している，若い母親（まれに父親）を時々見かけ，事故でも起こさなければいいなと，ハラハラすることも少なくない。

そうした母親の行為は，危険極まりないだけではなく，乳幼児期の母子関係（親子関係）を希薄なものにしてしまいかねない問題をはらんでいるように思われる。スマホを覗きこむ行為は，メール，LINE，さまざまなアプリとの関係を生きており，乳母車に乗せた乳幼児との関係を軽視しかねない行為（場合によっては「ママ，スマホをいじってばかりいないで，もっとちゃんと見て！」，「話しかけて！」などの子どもの叫びに気づかず，子どもにさびしい思いをさせてしまいかねない行為）であることを忘れてはならない。

この「ママ，スマホよりボクを見て」と訴える子どもの親について，教育学者諸富祥彦が『スマホ依存の親が子どもを壊す』[2016]で，「スマホ依存の親による "スマホ・ネグレクト"，"プチ虐待" が，子どもの "愛着障害" をもたらす」と，一歩踏み込んだ問題提起（警告）をしており，この問題について，今後一層の研究が必要である。

3) スマホとどのように付き合うか：スマホの断食・断捨離の必要性

これまで述べてきたような，電車の車内でのスマホ使用や歩きスマホの増加だけではなく，食事中や入浴中でもスマホを手離さないヘビーユーザーが増えてきているとしたら，人々のあいだで，豊かな会話，対面（FTF：face to

face）コミュニケーションが減少し，衰退していく危機に瀕していると言える
のではないだろうか？

　米国の臨床心理学者シェリー・タークルは "*Reclaiming Conversation*（会
話の再生）：*The Power of Talk in a Digital Age*（デジタル時代の対話のパワ
ー）／邦訳『一緒にいてもスマホ─SNS と FTF ─』"［Turkle, 2015］の中で
次のように述べている。

　「ちょっとでも暇があれば，オンラインの世界の誘惑に抵抗できなくなり，
自分へのメッセージをチェックする。子供でさえ，友だちと FTF でしゃべら
ずに，メールのやり取りをするのだ。自分の思考をはぐくむ時間を持つことも
できるのに，空想にふけることすらしない。そういうことが積み重なった結果
が "会話離れ" となる。」

　以前は，家族の団欒，夫婦や親子の対話など FTF の豊かな対人関係が大切
にされてきたが，テレビ，DVD，携帯型ヘッドホンステレオ，パソコン，携
帯電話，スマホなどの電子機器が普及していくにつれ，他者と向き合う物理的
な時間（対人コミュニケーションの機会）が少なくなってしまったように思わ
れる。特にパソコンと携帯電話の機能が一体となったスマホを常に手元に置く
ことにより，スマホに気をとられて目の前の相手を無視する行為をファビング
（phubbing）というが，まさにそのため純粋に FTF の対話的コミュニケーシ
ョンの機会があまり無くなってしまった人々が増えてきているように思われる。

　人々が FTF の会話の機会を取り戻すためには，時にはスマホから離れて自
分を取り戻す機会を作る（『スマホ断食』［藤原，2016］）ことが必要だし，IT
の世界からの「断捨離」（『ようこそ断捨離へ（モノ・コト・ヒト，そして心の
片づけ術）』［やました，2010］）が求められる。クリスティーナ・クルックが "*The
Joy of Missing Out*：*Finding Balance in a Wired World*" ／邦訳『スマホをや
めたら生まれ変わった』［Crook, 2016］で「スマホやインターネットを断つ
ことによって，手放せた〈せわしない時間，私らしくない私，常にオン，共有
しすぎ，比較ゲーム，中身ゼロのつながり〉，その代わりに得たのは，〈心の静
けさ，幸福感，大切な人との会話，私の手の中の時間，偶然の喜び，直感，ワ
クワクする日々〉。そう，私は自分の人生を取り戻したのだ」と述べているよ
うに，スマホ断食の効果は現代社会に生きるスマホを手放せない人々（上記の

電車の車内でスマホを覗いている人々）にとってきわめて有用と思われる。

　また上記のスマホを片手に乳母車を押して歩いている若い母親の場合，スマホ断食や使用時間を少なくすれば，もう二度とない，乳幼児期のかわいい子どもとのかけがえのない至福の時間を，心ゆくまで味合うことができるのである。地域社会から孤立し，夫の協力も得られず，密室育児を強いられている，若い母親にとっては，スマホで親友やママ友とメールやLINEなどで，コミュニケーションをとることは必要な場合もあり，スマホを断食したほうがよいとまで警告するつもりはないが，「危険を伴う歩きスマホは，親子で仕合せな子育て生活を営むためには，自重したほうが良いのでは？」と，子育て中の若い父母に助言できればと思っている。

4）子どもが何歳になったらスマホを与えるか？　悩む父母が増えている

　生まれた時からIT機器に囲まれて育った，いわゆるデジタルネイティブ世代の子どもたちに，何歳になったらスマホを与えたらいいのか？　悩むアナログネイティブ世代の父母が増えている。小学生であれば，GPS機能付きの携帯電話（ガラケー）でも十分だが，友達とLINE，Facebook，オンラインゲーム，インスタグラムによる写真や動画の交換などをやらないと仲間はずれになりかねない中学生や高校生になると，「インターネット依存」や，出会い系サイトやアダルトサイト，JKビジネスなどの怪しいアルバイトサイトなどの，インターネットの危険性に不安をかかえつつも，親子で話し合い，使用方法を限定し，子どもを信頼して，スマホを与えざるを得ない，悩ましい状況になりつつあるように思われる。スマホの毎月の使用料も，学割や家族割があったとしてもかなりの出費になるので，大学生ならアルバイトをして自己負担させることができるが，中学生や高校生の場合は，なかなか難しい問題である。

　スマホには，LINE，インスタグラム，ゲームなどを楽しむだけではなく，勉学の不明点をインターネット検索をして調べることもできるし，地図情報やナビゲーションを使えば初めて行く場所を案内してもらえるし，GPS機能付きの場合は，親が子どもの居場所を確認することができるなど，便利な面も多く，その功罪を理解したうえで，活用することが大切である。そのためには，スマホの使い方，活用の仕方，メールのやり取り（コミュニケーション）のリテラ

シーとマナーや，危険なサイトを回避し，安全で適切な使い方をするモラルに関する教育，ヘビーユーザーやインターネット依存にならないようにする自律能力，時間管理能力を身につける必要があるので，親や教師などが，事前にそうした指導を十分せずに，また使い方や使用時間についての親子での話し合いと約束をせずに，安易に子どもにスマホを与えてしまわぬようにしなければならない。例えば，①ネット依存アドバイザー遠藤美季『家庭でマスター！中学生のスマホ免許：依存・いじめ・炎上・犯罪……SNSのトラブルを防ぐ新・必修スキル』[2014]，②医師磯村毅『親子で読むケータイ依存脱出法』[2014]，③竹内和雄『スマホチルドレン対応マニュアル』[2014]などの参考書を活用し，スマホの使い方について，親子で十分話し合いをしておく必要があろう。

5）ネット依存，スマホ依存からの脱皮をめざして

アメリカ精神医学会による診断基準（DSM-5）など「インターネット依存」に関する明確な定義や診断基準は，いまだ確定してはいないものの，1998年に米国の心理学者キンバリー・ヤングが "Caught In The Net ／邦訳『インターネット中毒—まじめな警告です』"[Young, 1998]の出版を通じて問題提起して以来約20年が経つが，ここ数年のわが国でのスマホの急速な普及とともに，ネット依存，スマホ依存の問題は，ますます深刻化し，ヤングが警告したことが，現実化してきているように思われる。

2011年に発表された大野ら[2011]による総務省の研究プロジェクト「ネット依存の若者たち，21人インタビュー調査」の調査研究報告のなかで，大野はネット依存を次の3形態に分類している。

(1) リアルタイム型ネット依存：チャットやネットゲームなど，利用者同士がリアルタイムにコミュニケーションを行うことを前提にしたサービスへの依存。

(2) メッセージ型ネット依存：ブログ，掲示板，SNSへの書き込みやール交換など，利用者同士がメッセージを交換し合うサービスへの依存。

(3) コンテンツ型ネット依存：ネット上の記事や動画などのコンテンツなど，受信のみで成立する一方的サービスへの依存。

中でも（1）のネットゲーム依存は，睡眠や食事などの日常生活を顧みない

ほど依存する，重症な依存にも陥る可能性がある。芦崎治が『ネトゲ廃人』[2009]のなかで，「ここ数年，ネットゲームに膨大な時間を費やしてバーチャルな世界に生きる者が「ネトゲ廃人」と呼ばれるようになった。多くは現実世界から逸脱し，あるいは社会に適応できなくなった者を，嘲笑する意味合いで使われてきた。「ネトゲ廃人」あるいは「ネトゲ－廃人」，さらに略して「廃」の一文字で表記する場合もある。」と述べているとおり，若者のネット依存は深刻化しつつある。

　また若者だけではない。ジャーナリスト石川結貴は『ネトゲ廃女』[2010]の中で，「ここ数年，ネットを通じたオンラインゲーム，いわゆるネトゲに熱中する主婦が増えている。趣味や息抜き程度に楽しんでいるならともかく，なかには1日10時間もゲームに没頭し，家事も育児もできなくなって家庭を破綻させる人もいる。ネトゲ熱が高じるあまり女性としての喜びを打ち捨て，社会から引きこもり，臭く汚くなっていくような“ネトゲ廃女”さえいるという」と述べており，驚愕に値する。

　そうした深刻化した問題の解決に向けて，例えば，ネット依存アドバイザー遠藤美季と精神科医墨岡孝共著『ネット依存から子どもを救え』[2014]は，ネット依存，スマホ依存からの脱皮をめざすうえで示唆に富む多い。

　墨岡孝は下記の「診断基準」を作成し，ネット依存の診断と治療を行っている。

　1) インターネットの利用時間がコントロールできない。
　2) インターネットの利用時間過多により日常生活が困難になる。
　3) インターネット接続への強い欲求がある。
　4) インターネットの利用を禁止または制限すると禁断症状が出る。
　5) インターネットの過多利用で，家族関係が壊れる。
　6) インターネットの利用により，社会的活動に影響が出る。
　7) ネット利用によって，奇異な行動がある。
　8) 周囲の協力を得ても，ネットの利用時間をコントロールすることが困難である。
　9) 精神面の重度な変化がみられる。(別人格，幻聴，幻覚，万能感，自殺衝動など)

遠藤美季はネット中毒に対する「デジタルデトックス（解毒）のすすめ」を提言している。

1）自分なりの（スマホ利用の場所・時間の）ルールをつくる。
2）まずスマホという習慣をやめる。
3）使用しないアプリは削除する。
4）一日数時間，スマホを持たずに外出する。
5）休肝日のように「休ネット日」を設ける。
6）「今日は友達と向き合う日」を設ける。
7）友達や家族に一定の期間「断ネット」を宣言する。
8）週末にはスマホ・タブレットを置いて外出。
9）ネットに接続しない幸せを体感する。

そのほか，依存症の専門医樋口進が『ネット依存症』[2013] および『ネット依存症のことがよくわかる本』[2013] を出版し，ネット依存症の理解と予防の必要性を訴えているが，非常にわかりやすい啓蒙書であり，また精神科医岡田尊司『インターネット・ゲーム依存症―ネトゲからスマホまで』[2014] は，「ネット依存，ゲーム依存は覚醒剤依存と変わらない」と警告し，その克服と予防について記しており，家庭や学校で本問題を考えるための参考となろう。

石川結貴は『スマホ廃人』[2017] のなかで，筆者が「生活空間のそこかしこにあるスマホ関連の広告。学年 LINE のシビアな選別。ソシャゲのチーム内で課せられるノルマ。誰かをいじめなければ自分がいじめられる閉鎖的なつながり。「かわいい，お金をあげる」といったおとなの甘言。……はじめやすいが，やめにくい。欲求や願望，ときに不安や競争心を刺激される。そういう現象のひとつひとつが，いつの間にか子どもたちを取り込み「廃」へと誘ってはいないだろうか。」と問題提起しているとおり，人々が「スマホ廃人」にならないような，文明の利器であるスマホとの健全な共存を模索していくことが肝要であると思う。

2. ICT 社会の人間関係とメンタルヘルス

これまで述べてきたとおり，「ネット依存」，「スマホ依存」，人間関係の希薄

化などの問題は，ますます混迷を深めていると言っても過言ではない。世の中はインターネットやスマホに代表されるいわゆる"ICT社会"になりつつあり，われわれの生活がコンピュータや情報通信技術の発展と急速な普及とともに便利になっていくのは喜ばしいことでもあるが，同時に大切なものを失いつつあることを忘れてはならないであろう。われわれ人間の社会生活や人生は本来両義的であり，何かを得れば同時に何かを失っているのであるが，そのことに気づかない人々があまりにも多いのではないだろうか。

　筆者が何よりも気になるのは，ICT社会に生きる人々の人間関係（対人関係）の病理（関係性の希薄化もしくは喪失）であり，それによってもたらされる心身の病理である。今から約30年前の1986年，筆者は1970年以来コンピュータ企業で15年働いてきたコンピュータ・システムエンジニアの仕事を自ら辞し，社会人入試で思いもかけなかった大学院生となった。コンピュータ社会の光と影という両義性に着目し，主にその影の部分である「人間関係の病理としてのテクノストレス」についての学習と研究に明け暮れた。その問題意識は苛酷なコンピュータ労働に首までどっぷり浸かった中で，「何かがおかしい」と身体で実感していたものであったが，当時ははっきりしなかった。それを明確なものにさせてくれたのが，（"現象学的人間関係学"の創始者と言っても過言でない）大学院の指導教授早坂泰次郎先生であり，先生が読むようにすすめて下さった，エーリッヒ・フロム（Fromm, E.）の『正気の社会』，『希望の革命』，『人間における自由』，『愛するということ』などであった。大学院での勉学の成果をまとめたのが，拙著『コンピュータ人間—その病理と克服』［小川，1988］である。

　その後5年間の大学院生活を経て，1991年に「臨床心理士」の資格を修得し，臨床社会心理学，現象学的人間関係学の道に転じた。長野大学の社会福祉学科でこの17年間，心ある仲間と共に卒業後福祉の現場で相談援助や心のケアができる人間味あふれる専門職を育てる教育活動に力を入れるとともに，「臨床心理士」として民間相談機関での登校拒否児とその両親の心理臨床（カウンセリング），大学での学生相談，企業での管理職相談，産業カウンセリング，対人関係のトレーニングや研修などにも携わってきた。還暦を迎えた2007年からのこの10年間は，東京工業大学学生支援センター電話相談デスクアドバイ

ザー，神奈川産業保健総合支援センター産業保健相談員，社会福祉法人さくら草スーパーバイザー・臨床心理士として，学生相談，産業保健相談，メンタルヘルス・カウンセリングなどの活動に従事してきた。

　この30年間，ワープロ，パソコン，携帯電話，スマホ，ヘッドホンステレオ，TVゲーム，カラオケボックス，コンビニエンスストア，ファーストフードなどの急速な普及により，人々の生活が急激に変化するとともに，登校拒否，引きこもり，家庭内暴力，ドメスティックバイオレンス，幼児虐待，老親介護の悲劇（心中やシルバーハラスメント）などの家庭児童問題（家族関係や育児問題），エスカレートするいじめ，学級崩壊など学校教育問題の深刻化，一見普通な青少年や子育てに悩む母親や父親による犯罪，青少年，企業戦士，独居老人の自殺，過労死，ストーカー，摂食障害，アルコール依存，鬱病等の精神病理の増加，新興宗教の隆盛と破綻，地域社会の崩壊（地域住民相互の協力関係や連帯の喪失）などの社会現象，人間現象が激増してきた観がある。それらの問題の根底には，現代社会に生きる人々の人間関係（対人関係）の病理，人間性の喪失，感性の鈍麻が色濃く横たわっているような気がしてならない。全く八方塞がりのため息の出るような状況である。

　しかしため息ばかりはついていられない。人間関係（対人関係）の病理や深刻化する家庭児童問題や教育問題の克服，人間性の回復，感性の覚醒，実存の覚醒，地域社会の再生，再構築にむけて何をすべきか，ICT社会に生きるわれわれ現代人一人一人が真剣に考え行動を起こしていかなければなるまい。これからも心ある仲間と共に，山積するこうした問題と取り組んでいきたいと思う。

　近年のインターネットやスマホの普及により，人々の生活がたいへん便利になってきたが，それに伴い人々の人間関係やコミュニケーションが急速に変貌しつつあり，さまざまな弊害も明らかになってきた。そこで本稿ではIT時代に生きる人々の人間関係とメンタルヘルスについて臨床社会心理学，現象学的人間関係学の立場から考察を試み，今後の研究課題を明らかにしなければならない。

　スマホやインターネットはまさしく便利だが，一方でICT全盛の21世紀は，人間らしく心穏やかに生きていくのが大変な世の中になった。バーチャルな世

界と現実の区別が曖昧になったり，知らず知らずに周囲の人を傷つけるなど，一歩間違えば，社会生活や人間関係の崩壊を招きかねない状況にある。またバーチャルリアリティへののめり込みの問題も本人のみならず周囲の人間をも巻き込みかねない問題になりつつある。

ICT の利便性を享受する一方で，どのようにしたら ICT 環境に汚染されず，豊かな人間関係を取り戻し，メンタルヘルスを回復できるのかを考えていきたいと思う。ICT 社会の人間関係とメンタルヘルスを考えるにあたっては，人間関係学の基礎学習（例えば，筆者が大学教育，看護教育，福祉教育，心理臨床教育，社会人教育で実践している「現象学的人間関係学」のレジュメ［〈参考資料〉講座「人間関係学入門」］参照）と，日常の対人関係を各々が（グループ討議やグループ活動，社会的活動を通じて）互いに問い直すことが求められよう。また，先にも指摘したテクノロジー・アセスメントの能力や，自分にとって本当に必要な情報を取捨選択したり，情報の内容を吟味する能力を向上させていくことも急務であろう。

約 30 年前に筆者の研究テーマであった「テクノストレス（テクノ不安とテクノ依存）」問題が，ICT 革命の進展とともに「インターネット中毒」，「スマホ依存」などと呼ばれる嗜癖問題にエスカレートしたり，SNS の出会い系サイトを巡る犯罪が急増するなど，急速に深刻化しており，ICT がわれわれ人間に与える影響（特に影の部分）についての研究が普及のスピードに追いつかないのが実情である。ICT 社会に生きる人々の心理，生理，行動，人間関係，心身の健康，社会病理などに関する学際的研究（心理学，生理学，行動科学，人間関係学，保健学，精神保健学，社会学，社会福祉学，文化人類学，哲学）が急務であろう。

3. テクノストレス研究の系譜

本書の刊行までの，この約 50 年間の技術革新，コンピュータ革命，ICT（情報通信技術）革命における，テクノストレス，ネット依存，スマホ依存にいたる「テクノストレス研究の系譜」をたどり，本書の位置づけを明らかにしておきたい。

Ⅰ. テクノストレス以前の先行研究：1968 〜 1974 年
産業革命〜コンピュータリゼーションの技術革新と人間生活の影響についての問題提起

『希望の革命―技術の人間化をめざして』（エーリッヒ・フロム，紀伊國屋書店，1968 年）

　フロムが，50 年以上も前に，『希望の革命』の中で「技術や物質的消費だけを一方的に強調したために人間は自分との接触を失った。宗教的信仰とそれに結びついた人間主義的価値を失った人間は，技術的，物質的価値に専念し，深い情緒的体験とそれに伴う喜びや悲しみを感じる能力を失ってしまった」と警告したにもかかわらず，問題は深刻化するばかりである。われわれにとって未知の ICT 社会だからこそ，"古きをたずねて新しきを知る"「温故知新」の学問的姿勢や意識改革も大切である。また ICT をはじめとするテクノロジーの産物を盲信したり否定するのではなく，批判し，活用していく姿勢も重要であろう。

『ロボット症人間』（ルイス・ヤブロンスキー，法政大学出版局，1972 年）

『テクノロジカル・マン』（ビクター・C・ファーキス，サイマル出版会，1973 年）

『引き裂かれた人間・引き裂く社会』（ヴァン・デン・ベルク，勁草書房，1974 年）（歴史心理学的アプローチによる 18 世紀後半の産業革命から現代までの人間と社会の研究）

Ⅱ. 第 1 期：1984 〜 1990 年
コンピュータ技術の進展と人間についての問題提起（テクノストレス研究の必要性）

『テクノストレス』（臨床心理学者グレイグ・ブロード，新潮社，1984 年）（テクノロジーに健常な形で対処できないことから起こる不適応症候群）

　　①テクノ不安症（不適応），②テクノ依存症（過剰適応）

『シリコンシンドローム』（臨床心理学者ジーン・ホランズ，Bantam Books，1985 年）

『コンピュータ新人類の研究』（野田正影，文藝春秋，1987 年）

『「コンピュータ人間」―その病理と克服』（小川憲治，勁草書房，1988 年）

（「人間関係の病理としてのテクノストレス：テクノストレスの臨床社会心理学）

①時間観念の歪み，②感性の鈍磨，③過度の論理性，④完璧主義，⑤疎外感
『OA 症候群』（墨岡孝，三笠書房，1984 年）

『ファミコン・シンドローム』（内山喜久雄ほか，同盟舎，1989 年）

『職場におけるテクノストレス—現状と対策—』（労働省労働衛生課編，1990年）

『コンピュータの中の人類』（高橋英之，御茶の水書房，1990 年）

Ⅲ．第 2 期：1998 ～ 2005 年
ICT（情報通信技術）の進展と人間についての問題提起（ネット依存研究の必要性）

『インターネット中毒』（（心理学者キンバリー・ヤング，毎日新聞社，1998 年）

『「ケータイ・ネット人間」の精神分析』（精神科医小此木啓吾，飛鳥新社，2000 年）

『インターネットの心理学』（パトリシア・ウォレス，NTT 出版，2001 年）

『IT 時代の人間関係とメンタルヘルス・カウンセリング』（小川憲治，川島書店，2002 年）

『テクノストレスに効く 55 の処方箋』（佐藤恵里，洋泉社，2002 年）

『ケータイを持ったサル：「人間らしさ」の崩壊』（正高信男，中公新書，2003年）

『IT エンジニアの「心の病」』（酒井和夫ほか，毎日コミュニケーションズ，2005 年）

Ⅳ．第 3 期：2013 ～ 2018 年
ICT（スマホ, PC, ネット）の急速な普及の功罪（スマホ依存研究の必要性）

『一緒にいてもスマホ』（臨床心理学者シェリー・タークル，青土社，2017 年）
（SNS：Social Networking Service と FTF：Face To Face conversation）
（Reclaiming Conversation 会話の再生：デジタル時代の対話のパワー）

『スマホやめたら生まれ変わった』（クリスティーナ・クルック，幻冬舎，2016 年）

『ソーシャルメディアの罠』（コミュニケーション学者宮田穣，彩流社，2015

年）

『インターネット・ゲーム依存症（ネトゲからスマホ）』（岡田尊司，文春新書，2014 年）

『ネット依存から子どもを救え』（遠藤美季・精神科医墨岡孝，光文社，2014 年）

『ネット依存症のことがよくわかる本』（依存症専門医樋口進，講談社，2013 年）

『スマホ断食 ネット時代に異議があります』（藤原智美，潮出版社，2016 年）

『スマホ廃人』（石川結貴，文春新書，2017 年）

『IT 時代の人間関係とメンタルヘルス・カウンセリング（増補版）』（小川憲治，川島書店，2018 年）

　上記の「テクノストレス」の先行研究を踏まえ，臨床心理士，産業カウンセラー，精神科医により，今回本書を刊行することにした。本書では，近年のPC，スマホ，インターネット，SNS などの急速な普及の功罪を論じながら，今後の「ICT 社会の人間関係と心理臨床」の望ましいあり方を模索していきたい。

おわりに

　かつて精神科医であり，歴史心理学者でもあるヴァン・デン・ベルク（van den Berg, J. H.）が著書『引き裂れた人間・引き裂く社会』［1974］のなかで，その頃急速に普及しつつあったテレビジョン（TV）を，われわれひとりひとり異なった人間の存在を均等にしてしまう「均等化装置」であると批判した。
　「（テレビで）誰もが同じものを見ている。大なり小なり，見なければならないのだ。テレビジョンを見ていない人は，遅かれ早かれ非難を受ける。自分の子どもたちから。友人たちから。昨夜のテレビだよ。君は見なかった？　その質問は，どうしてなんだ。みな見たんだよ，という意味がこめられている」，「（テレビは）賢明な均等化装置。われわれの生活は均等化装置で一杯である。ラジオ，日刊紙，くるま，プラスチック，写真，映画……。テレビはその中で

一番若い，成功した一例である」。

　それから45年後の今日，これまでのTVに代わって，PC，スマホ，インターネット，SNSなどの新しい「均等化装置」が急速に普及してきた感がある。特に，いつでもどこでも，人々が皆スマホの画面を覗き込んでいる姿は異様であり，まさにスマホという「均等化装置」により，知らず知らずに同調圧力を強いられ，本来ひとりひとり異なる人間のあり方が，皆「均等化」されてしまったといってもいいだろう。最近の急速な「LINE」の普及や「インスタ映え」ブームなどはその一例である。

　本書ではそうしたICT社会の変貌した社会現象，人間現象（対人関係）のありようをさまざまな立場から論じていきたいと思う。

[小川憲治]

〔参考文献〕

芦崎治　2009　ネトゲ廃人　リーダーズノート

Crook, C.　2016　*The Joy of Missing Out*：*Finding balance in a wired world.* New Society Publishers.〔安部恵子（訳）　2016　スマホをやめたら生まれ変わった　幻冬舎〕

遠藤美季　2014　家庭でマスター！中学生のスマホ免許：依存・いじめ・炎上・犯罪…SNSのトラブルを防ぐ新・必修スキル　誠文堂新光社

遠藤美季・墨岡孝　2014　ネット依存から子どもを救え　光文社

フロム，E.／加藤正明・佐瀬隆夫（訳）　1958　正気の社会　社会思想社

フロム，E.／作田敬一（訳）　1970　希望の革命（改訂版）　紀伊國屋書店

フロム，E.／谷口隆之助・早坂泰次郎（訳）　1955　人間における自由　東京創元社

フロム，E.／懸田克躬（訳）　1959　愛するということ　紀伊國屋書店

大野志郎・小室広佐子・橋元良明・小笠原盛浩・堀川裕介　2011　ネット依存の若者たち，21人インタビュー調査　東京大学大学院情報学環情報学研究，調査研究編

樋口進　2013　ネット依存症　PHP新書

樋口進　2013　ネット依存症のことがよくわかる本　講談社

石川結貴　2010　ネトゲ廃女　リーダーズノート

石川結貴　2017　スマホ廃人　文春新書

磯村毅　2014　親子で読むケータイ依存脱出法　ディスカヴァー・トウエンティワン

宮田穣　2015　ソーシャルメディアの罠　彩流社

諸富祥彦　2016　スマホ依存の親が子どもを壊す　宝島社

小川憲治　1988　「コンピュータ人間」—その病理と克服　勁草書房

竹内和雄　2014　スマホチルドレン対応マニュアル　中央公論新社

Turkle, S.　2015　*Reclaiming Conversation： The Power of Talk in a Digital Age.*
　　Penguin Books.〔日暮正通（訳）2017　一緒にいてもスマホ— SNS と FTF —　青土社〕

ヴァン・デン・ベルク　1974　引き裂かれた人間・引き裂く社会　勁草書房

ヤング，K. S. ／小田島由美子（訳）　1998　インターネット中毒—まじめな警告です　毎
　　日新聞社

〈参考資料〉

講座「人間関係学入門」（担当：小川憲治）

1. テキスト
　　A：早坂泰次郎『人間関係の心理学』講談社現代新書 539
　　B：早坂泰次郎・足立叡・小川憲治・福井雅彦『〈関係性〉の人間学』川島書店
2. 学習内容
　　1）日本人の人間関係の一般的特徴（vs 欧米の人間関係）を理解する
　　（1）集団主義（vs 個人主義）
　　（2）単一言語国家（A：『人間関係の心理学』p.14），島国，閉鎖的（vs 開放的）
　　（3）同質文化（vs 異質文化）
　　　　・察する（vs 自己主張）
　　　　・異物を排除（いじめの構造，排他性）
　　　　・つながり（あいだ）（A：『人間関係の心理学』p.189）
　　（4）ウチとソト，世間（vs 自己と他者，社会）（A：『人間関係の心理学』p.149）
　　　　・ナカマ（つながりのある人々）とヨソモノ（つながりのない人々）（A：『人間関係
　　　　の心理学』p.17）
　　（5）タテマエ（vs ホンネ）
　　　　・よい人間関係（vs ほんとうの人間関係）（A：『人間関係の心理学』p.178）
　　　　・全員一致の議決がタテマエ（vs ユダヤでは全員一致は無効）（A：『人間関係の心理
　　　　学』p.190）
　　　　・関東（タテマエ）と関西（ホンネ）
　　（6）恥の文化（vs 罪の文化）
　　（7）甘え（vs 自立）
　　（8）タテ社会（vs ヨコ社会）
　　　　・子供中心の家庭（vs 夫婦中心）（A：『人間関係の心理学』p.164）女・母・妻
　　　　・親子－内－存在（vs 世界内存在）（A：『人間関係の心理学』p.169）
　　2）人間関係学の方法論的基礎を学ぶ必要性がある

2-1）グループ活動，人間関係を学ぶにあたって
(1) 苦労したり煩わしい面もあるが，かけがえのない出会いや喜びもある
(2) 頭で分かっているのと行動にうつせる（実践できる）ことは雲泥の差である
(3) 理論なき実践は盲目であり，実践なき理論は空虚（レヴィン）である
(4) 悩みや問題を抱えていても難しいの一言で不問に付されがちである
(5) 自身の対人関係，グループへの参加態度，リーダーシップなどを問い直さざるをえない
(6) 人間関係学としての現象学（B：『〈関係性〉の人間学』p.140）の基礎を学ぶ
2-2）現象学的人間関係の心理学による理解
(1) パーソナリティ
　　対人関係の場面場面，時点時点で微妙に変容していく，世界とのかかわりを通じて感知されるその人らしさ（相互主観的に感知される事実（A：『人間関係の心理 学』p.70～）
(2) 環境世界と体験世界
　　われわれ人間は「世界内存在」（ハイデガー）であり，以下のような時間，空間，自身の身体，さまざまな事物，自分以外の人間（他者），社会的事実性（第2の自然）などにより構成されている世界の中で，世界との関係の中で生きている。その世界は物理的な環境世界，一人一人の人間にとっての体験世界，他者との共同世界として理解できる。
①時計時間と体験時間（世界時間，私時間）（A：『人間関係の心理学』p.97～）
②物理的（光学的）空間と生活空間（体験的空間：歴史的空間，現前空間）（A：『人間関係の心理学』p.102）
③肉体と身体（身体の両義性：対他身体と主体的身体）（A：『人間関係の心理学』 p.130）
④事物との関係（不用品，必需品や大切な事物／自然物と人造物）
⑤よい人間関係とほんとうの人間関係（A：『人間関係の心理学』p.178），機能的関係と情緒的関係
(3) 社会的事実性
　　個人と社会とを相互浸透の関係にあるものとしてとらえる方法論的概念であり，社会的事実性の観点から社会的存在であるわれわれ人間の生きる世界をを問い直す必要がある。
　　B：『〈関係性〉の人間学』p.106（クワント，R. C., 1984『人間と社会の現象学』勁草書房 p.181-232）
　　社会的事実性の具体例としては，第2の自然とも呼ばれている集団，組織，役割，言語，制度（例えば自由）などが挙げられる。
①組織の中の人間と人間の中の組織，官僚的組織と活性化した組織
②社会的役割と役割行動

③文法，語法，語彙と話された言葉，書き言葉

④場（制度）としての自由と事実（体験）としての自由

(4) 集団（グループ）とは（A:『人間関係の心理学』p.83 ～ 84）

①何人かの人びとが対面的に存していること。

②それらの人びとのあいだに相互関係が成り立っており，おたがいが大なり小なり，「知り合い」であること。

③それらの人びと全員に一つの共通の目標，ないし共通の認識ができていること。

④その集まりが集団と呼ばれるためには，そうした状態がかなりの期間持続すること（体験時間の共有）

(5) グループへの参加過程（プロセス）:

・グループ体験（メンバー全員が今私達は一つと感じる）とグループ内体験（A:『人間関係の心理学』p.121 ～）

・グループ体験は共同主観的（A:『人間関係の心理学』p.123）

・主体的参加と形式的（義理による）参加

(6) 集団の病理（閉鎖性，自浄能力の欠如など）とその克服

・閉鎖性，同質性，排他性（異物の排除：いじめの構造）

・開かれたグループ，生産的なグループ（組織の活性化）をめざす

2-3) 現象学的人間関係学の方法論的基礎（B:『〈関係性〉の人間学』p.140「人間関係学としての現象学」）

(1) 関係の先験性（縁），関係的（社会的）存在（B:『〈関係性〉の人間学』p.98）

　　築いたり壊したりする機能的な人間関係（経験的事実）ではなく，普段は忘却しているが誰にも否定できない深い人との関わりの存在論的様相を"関係性"と呼ぶ。対象者と援助者は単なる機能的な援助関係ではなく，関係性を基盤とした対人関係の中で相互理解や関係性の発見を目指すことが求められる。

(2) 人間関係（human relations）と対人関係（interpersonal relationship）B:『〈関係性〉の人間学』p.7 ～ 9

　　前者は一般的な人間関係，後者は特定のAさんとBさんとの対人（人格間）関係

(3) 既知への問い vs. 未知への問い（B:『〈関係性〉の人間学』p.141 ～）

　　日々の人間理解（他者理解，自己理解）は，初対面を除き，"既知への問い"で ある。

(4) ～について知る（to know about someone）vs. ～を知る（to know someone）

　　人間の理解の仕方は2通りある。前者は情報として知る，後者は直に対象者と関わり五感（身体）を駆使し知る（W. ジェームズ）

(5) 頭でわかる／身体でわかる（ex. 腑に落ちない，肌が合う）B:『〈関係性〉の人間学』p.79 ～）

　　相談援助のプロセスは相互身体的なかかわりであり，理性と知性による知識の所有ではなく，相手の気持ちを身体で感じ，相互に理解し合い，変容し得ることが重要で

ある。

(6)「ある」と「いる」（B:『〈関係性〉の人間学』p.119～）

　「ある」とは事物や肉体としての人間（心ここににあらずの状態を含む）の実在を意味し，「いる」とは身体としての人間の存在（実存）を意味する。一般に"臨床的(clinical)"の語は医療，看護などの活動を行う場や活動そのものをあらわす言葉　（場や領域としての臨床）として用いられているが，本来は治療者や援助者が患者やクライエントと共に「いる」その在り方や態度（方法としての臨床）を意味する言葉である。（B:『〈関係性〉の人間学』p.117-118)

(7) 人間関係の二面性（両義性）

　ex. 同一（共通）／相違，つながり／あいだ，
　　　よい人間関係／ほんとうの人間関係，タテマエ／ホンネ
　　　機能的（役割）関係と情緒的（人格的）関係
　　　自立／依存，支配／服従，
　　　自由／規律，
　楽しい／煩わしい

(8) 相互性（ex. 助ける／助けられる，教える／教わる等）：育児＝育自，教育＝共育
　　相互浸透性（B:『〈関係性〉の人間学』p.102)

　援助活動は一方的なものでなく，相互的（相互浸透的）な営みである。一人よがりな一方的な援助は対象者に不全感や不快感を残し，援助者は疲労感や徒労感にさいなまれる（もえつき症候群に陥る）可能性が高いので，常に援助関係の問い直しが必要である。

(9) 援助者と対象者の役割（援助）関係

　援助者と対象者の役割関係は常に固定的なものでなく，援助のプロセスの中でさまざまに変化し得る。たとえば役割を超越し，ブーバー（Buber, M.）が述べた"我と汝の関係"のような人間同士の出会いに到ることもあり得るのである。援助者は単に役割を機能的に遂行するだけでなく，役割に自由（role free role）であることが望ましい。

　　社会的役割と応答的役割（役割行動）（B:『〈関係性〉の人間学』p.195～）
　　役割意識と役割距離
　　役割行動
　　役割演技（role playing），
　　役割採用（role taking），
　　役割創造（role making）

(10) 良心的エゴイズム（B:『〈関係性〉の人間学』p.15～）

　援助者やボランティアが陥りやすい，対人関係の「関係性」の障害の概念である。目の前に存在している他者に関心を向けようとしている〈その自分だけ〉にしか意識

や関心を向けていない存在様式。他者の存在を前にしていながら，他者との関係の中での感受性（sensitivity）ではなく，もっぱら「自己という〈もの〉への関心と凝視への敏感さ（sensibilITy），閉ざされた感じやすさを磨き続け，その自分という〈もの〉だけにどこまでも誠実，かつ良心的に反応している人の態度を，早坂泰次郎が「良心的エゴイズム」と命名した。

3）より豊かな人間関係を実現する（相互理解を深める）ためには

　頭で理解するだけではなく，以下のような人間関係教育（体験学習，社会的活動など）が求められよう。

（1）他者の生きる世界（時間，空間，身体，事物，対人関係）の理解

（2）対話の精神（話す vs 言う）：見る，聴く，感じる，受容する，応える，共にいる

（3）言葉にこめられた気持ちの理解（共感）と豊かな感情（ホンネ）の表出

（4）思いやりの精神（相手の立場，気持ち，自分との相違）：押つけは禁物

（5）お互い様の精神（自分が嫌いだと相手も嫌ってることが多い，人間関係のトラブルは一方だけに非があることはほとんどない）

（6）相手の長所を発見して誉める（欠点の目立つ人にも長所あり）

（7）成長（変化）の可能性を信る（信頼関係）

（8）「良心的エゴイズム」の克服

（9）よい人間関係とほんとうの人間関係のバランス

（10）仕事（WORK）と余暇（LIFE）のバランス

2章　スマートフォンによる交流アプリの最新情報

はじめに

　近年，携帯電話の代名詞であったフィーチャーフォン（日本では通称ガラケー）から，スマートフォンが主流となってきた。総務省の調べでは，2011年からスマートフォンの普及率は急激な成長を遂げ，2015年には，世帯保有率はパソコンに迫る7割に達している。(図2-1)

　年齢階層別でのインターネット利用率は，20～29歳が最も高く99%であり，利用率が9割を超えている年代を見ると13～59歳までの幅広い年齢層に普及していることがわかる。

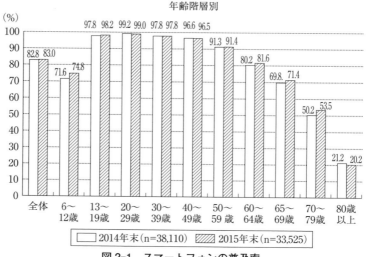

図2-1　スマートフォンの普及率

2章　スマートフォンによる交流アプリの最新情報　23

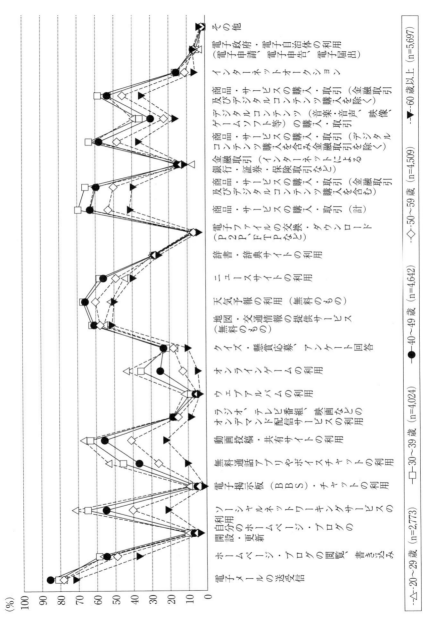

図2-2　年齢階層別のインターネットの利用率

急激な普及率にもかかわらず，すでに人々には馴染みのあるアイテムとなりつつある。しかし，幅広い年齢層に受け入れられているとはいえ，利用目的は年代によってさまざまである（図2-2）。残念ながらこの調査では10代にまで対象が拡げられていないが，20代と30代の傾向が似ているため，その傾向を追うことで目的を掴むことはできるであろう。また，筆者自身もスクールカウンセラーとして高校生と接する機会があるため，臨床経験と照らし合わせることも可能である。するとやはり，近年では社会問題にもなりつつある "ソーシャルネットワークサービス（SNS）の利用" が圧倒的に多く，最近ではそれに追随する勢いで "動画投稿・共有サイトの利用" が広がっている。

SNSはフィーチャーフォン時代からもあったが，掲示板サイトやブログ，ミニゲームがメインのサイトに付属する日記といった長文に向いたものがほとんどだった。もう少し複雑で多機能なサイトを利用したい場合には，パソコンを使わなければできなかった。しかしそれがスマートフォンが登場してからもっと手軽に，多種多様なサービスをだれでも利用することが可能となった。元来の利便性から，SNSはあっという間に普及していった。

筆者は高校にてスクールカウンセラーを行っていることと，SNSの問題が特に10代〜20代に着目されていることから，この年代を中心に記載していくこととする。また，ここでは機器をスマートフォン（およびiPhone）に限定することとする。

1. 交流アプリの種類

SNSとは，インターネット上で他者とコミュニケーションをとることができるサービスである。インターネットを介して他者と交流できるツールは，遡ればポケットベル（通称ポケベル）から始まり，電子メールへと移行し，ブログなど個人が作成したサイトから不特定多数へ情報を発信していくスタイルが増え，その後，掲示板サイトなどの交流を主目的としたサイトへと移り変わってきた。その変化は目覚ましく，SNSの分類を試みようとする研究はあるものの，ユーザーの利用目的やテーマによる分類はあっても，機能別にしての研究はあまりない。なにしろ時代に合わせて新たな機能をどんどん付属していっ

表 2-1　利用者の多いアプリケーション

SNS		SNS 類似サービス	
チャット・通話	文字・画像配信と閲覧	動画配信と閲覧	ミニゲーム・日記
・LINE ・Skype ・カカオトーク	・Twitter ・Facebook ・Instagram	・ニコニコ動画 ・YouTube	・mixi ・モバゲー／グリー ・ブログ

たり，新たな仕様に変化させたりと流動的なため，分類を試みているうちに変わってしまうという，研究者泣かせな対象である。その中で，総務省［2009］はSNSについて「人と人のつながりを促進・サポートする機能を持ち，ユーザ間のコミュニケーションがサービスの価値の源泉となっている会員専用のウェブサービス」と定義した。これをもとに，近年利用者数の多いアプリケーション（以下，アプリ）に限定して，分類してみた。

　ちなみに，表2-1の中には上記したようにさまざまなサービスを盛り込んだアプリもあり，中には他者と個人間で交流が可能な機能も付属しているが，基本的に主だった機能や従来からある機能に焦点をあてて分けてみた。利用している人たちからすると，この分類に首を傾げる部分もあるかもしれない。動画配信サイトやブログ内でもSNSと同様に密にコミュニケーションをとっている人はいるだろうし，実際のところ，交流することは可能である。そのため，本章では，交流することが可能な機能を持つアプリを，SNSも含んで「交流アプリ」と記載することとする。

　さて，上には有名どころをまとめたものの，世に出回っているものからするとほんの一部に過ぎない。特にチャット機能に特化したアプリはかなりの数が存在する。多くの人に知られているアプリもあるだろうが，本章の目的でもあるため，それぞれの機能と特徴を簡単に説明する。

1）チャット・通話機能特化型アプリ
○ LINE
　トークルームというページで，個人間での会話はもちろんのこと，複数人と会話ができる。文字でのやりとりのほか，表情や状態を表すスタンプを送りあ

ったり，短時間の動画や写真も共有することができる。また，無料で通話ができ，同アプリで繋がっている友人にだけ一方的に情報を発信できるタイムラインと呼ばれる機能もついている。

○ Skype

　無料通話とチャット機能がついている。チャット自体は LINE と同じだが，こちらはパソコンからの利用者が多く，データファイルなども転送することができる。また，通話の際にカメラを使って相手の表情を見ながら行うビデオ通話をすることができる。

○カカオトーク

　こちらも LINE と同様に個人間，複数人での会話ができ，写真や動画などを送受信することができる。無料通話もビデオ通話も可能。文字・画像配信と閲覧機能特化型アプリ。

○ Twitter

　140 字で全世界に（範囲制限可）文字・写真・短時間の動画・画像を発信することができる機能を持つ。他人の投稿を見たい場合には，その人を「フォロー」することで，ホーム画面に最新の投稿から順に掲載される。投稿にコメントをしたり，お気に入りを指す「いいね」ボタンを押せる機能もついている。また，自分がフォローしている人が「いいね」をした投稿もホーム画面に表示されるため，この機能によって「拡散」が生じ，不特定多数の人の目に触れる機会が増えていく可能性がある。投稿者の判断で公開範囲を制限できるように，「フセッター」や「プライベッター」という機能も付属されている。ひとりで複数のアカウント[1]を取得することが可能。

○ Facebook

　文字・画像・動画・写真を発信することができる。これも発信する範囲制限は可能。一度に投稿できる文字制限は 6 万文字程度。海外の利用者が多数を占めることもあり，実名登録や住所・所属といった個人情報を掲載する欄が多い。コミュニティと呼ばれる関心事でグループを作って交流することのできる機能もある。

○ Instagram

　文字を投稿できるが，こちらは主に写真に特化しての投稿が圧倒的に多いア

プリ。動画も投稿できる。他と比較して，高品質の写真の投稿が多く，文字は
つけないユーザーも多い。文字制限は2200字程度だが，投稿した写真をより
多くの人に見てもらうために，ハッシュタグ（＃）と呼ばれる検索ワードを文
字の代わりにたくさんつける特徴がある。「インスタ映え」という言葉の流行
りとともに，利用者数も増加した。

2) 動画配信と閲覧機能特化型アプリ

○ニコニコ動画

　加工した動画を投稿する他,「ニコニコ生放送」というLIVE配信機能がある。
閲覧者のコメントが画面上を右から左へ流れる機能が特徴的。配信は30分区
切りだが，配信者，もしくは閲覧者が課金によるアイテムを利用することによ
って延長することができる。配信はパソコンからに限定される。近年では機能
を拡充し，週遅れでアニメを無料配信したり，漫画を投稿したりすることもで
きる。

○ YouTube

　全世界にユーザーがいる，超大型動画アプリ。投稿はパソコンからに限定さ
れる。他の機能はなく，動画配信のみ。ただ，他のアプリよりも運営側の監視
が厳しく，規定違反の配信を発見すると削除したり，投稿者のアカウントを凍
結するまでの行動が迅速に行われる。

3) ミニゲーム・日記機能特化型アプリ

○モバゲー，グリー

　無料でたくさんのゲームを利用できる。フィーチャーフォンの全盛期はかな
りの利用者数を獲得し，一部のゲームはブームにもなった。マイページにプロ
フィールと，アバターと呼ばれる自由にカスタマイズできる人型イメージを設
定できる。アバターに着せる洋服は多種多様なものがあり，「ガチャ」を回す
ことで獲得することができるが，何度も回したい場合には課金が必要になる。
日記機能があり，500〜1000字の文字制限がある。誰でも閲覧，コメントす
ることができる。また，関心事のコミュニティを作ったり，質問を投稿するコー
ナーなどの機能もある。

○ mixi

交流用とゲーム用のアプリがある。国内で最も早く SNS の運用を始めたアプリのひとつ。交流用では日記投稿やコミュニティといった機能がある。モバゲーなどとの違いは，当初，利用ユーザーからの招待がないと利用登録することができなかった点である。そういった点から，実際の知り合いと繋がっている割合が多いのも特徴的である。

○ブログ

Weblog（ウェブログ）という造語から生まれた言葉。インターネット上にLog（ログ），つまり長文を載せることを目的としたサービスである。個人や企業がサービスを提供しており，有名なところでは Ameba や　FC2，Yahooや goo，楽天などがある。時系列や記載内容で分類することができる機能を持ち，関連する他ブログとの連携（トラックバック）機能を持つ。多くは閲覧者からコメントが書き込める機能もついている。有料版になると自身のブログページをカスタマイズできる自由さが広がり，閲覧者の多いブログはアフィリエイトと呼ばれる企業からの広告掲載で収入を得る機会がある。従来は個人の日記を掲載する人が多かったが，近年では経営者が自社製品の宣伝に利用したり，個人の趣味の記録（食べ歩き，イベントの感想など）のために利用したりしているものを多く見かける。検索にヒットしやすいという特徴もある。

　以上，簡単に各交流アプリについて概観したが，細かな機能の違いはあれど，相互の類似性は高い。上記したアプリのほかにも同じカテゴリのアプリはかなりの数があり，需要の高さを感じる。利用頻度は個人によってかなりの差があるだろうが，現実の人間関係で悩みを抱える人が多い一方で，こういった交流アプリが普及してくるのは，何らかの関係があると思えてならない。

2. 近年の変化

　総務省が平成 27 年版情報通信白書内で発表した統計によると，主要な交流アプリの利用率は図 2-3 のようになっている。2 年前のデータであるため，現在の普及率はさらに向上していると考えてよいだろう。

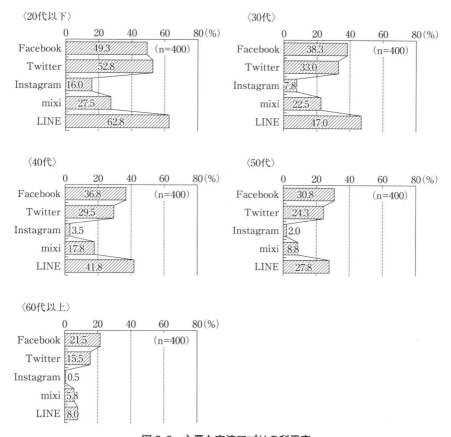

図 2-3　主要な交流アプリの利用率

　この統計データを見ると，全体的に Facebook，Twitter，LINE の利用率が高く，特に 20 代以下の SNS 利用率は母集団に対しておよそ半分以上が利用している。これは驚くべき普及率である。数年が経った現在，特に首都圏に焦点を当てれば，おそらくクラスのほぼ全員が SNS を使っているであろう。そうだとしたら，これを使わなければひとりだけ話題についていけなくなるという状況に陥る可能性も高い。そうすると，たとえ SNS のトラブルが頻発し，周囲の大人が使用をやめるように言ったとしても，自分のグループの大多数が利

用をやめないのであれば，自分だけやめられるはずもないだろう。

3. LIVE 配信アプリの登場

　こういった交流アプリが話題に上がるようになってしばらく経つが，近年は新たなアプリのジャンルが急速に普及率を伸ばしていっている。それは，LIVE 配信アプリである。その中でも利用者の多いものは，TwitCasting とLINE LIVE である。まずは両者の機能と特徴を以下に記す。

1）LIVE 配信と閲覧機能特化型アプリ
○ TwitCasting
　通称ツイキャス。アプリ自体は，発信用と閲覧用がある。動画を配信している最中に閲覧者はコメントを送信することができ，それは配信者も他の閲覧者からも時系列で見ることができる。ライブ配信は 30 分が上限だが，閲覧者からコンテニューコインと呼ばれるアイテムをもらえると，最大 4 時間まで配信することができる。ライブ配信だけでなく，音声のみのラジオ配信もある。パソコンからの配信も可能（もとはパソコンでのサービスが先）。「差し入れ」というアイテムを配信者に送って応援する機能があり，配信者がレベルアップするとポイントがもらえる。そしてそのポイントがまたアイテムとなる。ポイントは一定時間ごとに付与される分もあるが，それ以上は課金となる。
○ LINE LIVE
　動画配信とラジオ配信があり，配信の上限時間は一律 60 分。配信中にコメントが時系列で表示される。LINE スタンプと呼ばれる，犬の鼻や猫の耳などの部分イラストを画面に表示したまま配信できる機能がある。配信中に「ハート」という応援グッズを送ることができるが，これは課金が必要。
　芸能活動をしているユーザーは，これらを利用してパフォーマンスをしたり，ロケ現場の実況をしたりしているようだが，一般ユーザーは，カラオケで歌っている様子を配信したり，顔は映さずに朗読をしたり，旅番組のリポーターのように歩きながら周囲のようすを実況したりと，使い方はひとによってさまざまだ。このように自身の得意とするパフォーマンスを発信しようとする人々が

いる一方で，目的や方向性なしに配信するユーザーも，意外と多い。友人とお
しゃべりしている様子（内容はさまざま）を配信する人もいれば，目的地まで
歩いているところを配信するだけの人もいる。中にはなにも行動せず，閲覧者
からのことばにも反応せずに，ひたすら自分の姿だけを配信している人もいる。

2) LIVE 配信アプリ人気の理由

　こういったアプリが注目を浴びるようになった背景のひとつに，YouTube
があるだろう。YouTube で動画を配信している人は YouTuber（ユーチュー
バー）と呼ばれるが，近年の YouTuber 人気は目覚しいものがある。人気の
YouTuber の配信動画再生数はすさまじく，ひとつの動画で数百万回もの再生
回数をだすこともしばしばある。以前はパケット通信量の多さからパソコンで
の閲覧に限定されていたが，Wi-Fi 環境の普及によってスマホでも通信量を気
にせずに動画を楽しめるようになったこともその理由としてあげられるだろう。
YouTube ではさまざまなジャンルの動画が膨大にあり，ひとつの動画を閲覧
すると，関連動画の一覧が表示される仕組みになっているため，閲覧者の関心
を掴んで離さない。気軽に楽しめる環境が整っていれば，暇つぶしにはうって
つけであろう。

　ではなぜ，それほどまでに動画の投稿数が多いのだろうか。理由はいくつも
あるが，一番シンプルな理由は「お金」だろう。YouTube はかねてより，配
信動画の再生回数に応じて報酬として金銭が支払われている。その金額は明確
にはされていないが，従来では 1 再生あたり 0.1 円程度といわれている。つまり，
1 つの動画あたり 100 万回の再生数であれば，投稿者にはおよそ 10 万円の報
酬があることになる。そのため，人気の YouTuber の中には投稿自体を生業
としている人もいる。たしかにそれだけ稼げれば，生活をしていくぶんには申
し分のない収入を得ることができるだろう。といっても，最近ではそのレート
も半分近く下がってしまったため，投稿のみを収入源として選択するのは難し
くなってくるだろう。

　YouTube において人気の投稿者になるということは，それだけ多くの人の
目に触れるということである。それはテレビや新聞，雑誌といったメディア媒
体と同じ特徴を持ち，同じ作用をあらわす。つまり，芸能人と同じ枠組みに入

ってくるのである。YouTuber である彼らは，どこの事務所にも所属していない，完全な一般人だった。しかし，近年では人気のある YouTuber は，個人でライブを開催したり，CD やキーホルダーといったグッズの作成・販売をしている人もいる。こういったことは YouTube だけに限らず，他の動画投稿アプリであっても同じ現象が起こっている。だが知名度もあり，「動画投稿者＝YouTuber」という図式が広く浸透している。小学生の将来の夢として「YouTuber」の名前が上位にランクインしたことは，記憶に新しいだろう。そういった人気と知名度の後押しもあってか，動画の配信者になるための専門コースを開講したスクールもあらわれた。人気の高まりとともに YouTuber のための事務所も増加傾向になり，多くの YouTuber がそこに所属し，イベントやグッズ販売を任せている状況がある。そのため近い将来，テレビや雑誌などを主体とした従来の芸能界にくわえ，ネット世界を活動の拠点とした新たな芸能界が確立されてくることだろう。

4. 拡がりを見せる交流アプリ

ここでは主流の交流アプリについて述べたが，すでに述べた通り，他者と交流することができるアプリはどんどん増えている。上で紹介したジャンルとは異なった視点のアプリについて，簡単に紹介していこうと思う。

1）nana

歌や演奏を配信することを目的としたアプリ。最長 90 秒間の音声のみ投稿することができる。他者が投稿した楽曲や歌に，自分のものを重ねることができる「コラボ」という機能がついていることが特徴。また，500 万人のユーザー数があり，全体の 8 割近くが女性であり，6 割近くが高校生である。独自の音楽イベントを実施している。

2）メルカリ

フリーマーケットをアプリ化したものである。投稿者は，販売したいものの写真を撮り，値段やブランド，商品の状態，発送方法といった項目を設定し，

出品する。売買が完了したら，販売者と購入者はそれぞれ，相手を評価して終了となる。通常のフリーマーケットと異なるのは，メルカリが仲介として入る部分である。これによって，発送されなかったり，写真と異なる商品が送られてきたりした場合に，対応してもらうことができる。

3) MMORPG

Massively Multiplayer Online Role-Playing Game の略。いわゆるロールプレイングゲームを多人数でプレイすることができるゲームである。ドラゴンクエスト（ドラクエ）やファイナルファンタジー（FF）のようなRPGを，インターネット上にあるサーバーにアクセスして遊ぶことができる。そこには他のプレイヤーもキャラクターとして存在する。従来のゲームでは，NPC（Non Player Character）というあらかじめプログラムされた言動をするキャラクターしか登場しなかった。しかしこのシステムによって登場人物の多くが，誰かが操作するキャラクターであり，会話をすることができる。そのため，だれかと一緒に架空の世界で一緒に旅ができ，相談しながらミッションに挑戦していくことができる。これはパソコンでもスマホででも遊ぶことができる。

4) FPS

First Person Shooting の略。シューティングゲームの一種で，一人称視点であるのが特徴。シューティングゲームの多くは主人公が画面上にあり，そのキャラクターを操作してゲームを進めていくタイプだが，このFPSは自分の目線で行動することができる。そのため，プレイヤーはより臨場感を味わうことができ，あたかも自分が戦場に在るかのように行動することができる。ゲームの進め方はシンプルで，ミッションに従って，主に銃やナイフを用いて敵モンスターや他プレイヤーを倒していく。他プレイヤーとチームを組んで闘うことができ，世界中にファンを持つゲームである。パソコンが主流であったが，近年スマホ版も登場している。ちなみに，プレイヤーは圧倒的に男性の割合が多い。

5) Pixiv

　読み方はピクシブ。小説や漫画，イラストを投稿・閲覧することができる。閲覧した作品に評価をつけたり，コメントをつけることができ，評価が高い漫画作品は系列サイト（アプリもある）の「Pixiv コミック」で連載を持つこともある。さまざまなジャンルのコンテストが Pixiv 社・他社主催で頻繁に開催されていたり，作品を投稿することで企業から仕事の依頼があったりするため，アカウント登録をしているクリエイターは多く，利用者は 2,800 万人にのぼる。

5. 今後の流行

　こんにち，数多くの交流アプリが登場してきているが，ユーザー数が多いからといってこの先何年も続くとは限らないだろう。上記した Twitter 社は，現状でかなりの赤字が累積しており，いつサービスが終了するかわからない状況にある。もしかするとこの本が出版される頃にはすでになくなっているかもしれない。これにより，昨年 2017 年の春に，Twitter に代わる SNS と話題になったサービスが注目を集めた。それは"マストドン"である。サービス自体は Twitter とかなりの類似性があり，Twitter ユーザーは利用しやすいだろう。その大きな違いは，「拡散」しにくい点と運営形態という点である。Twitter は，Twitter 社が一括管理しているサービスだが，マストドンはサービスそのものの名前を指す。Twitter に似たマストドンのサービスはどの企業でも独自に持つことができ，それぞれを"インスタンス"と呼ぶ。細かい規定はインスタンスによって異なり，ユーザーは好きなインスタンスを選ぶことができる。一例をあげると，上記した Pixiv が運営しているマストドンは，Pawoo という名前のインスタンスが存在する。ユーザーはどのインスタンスを選んでも，すべてのインスタンスのユーザーとつながることができる。このような利点から話題になったものの，認知度や利用者数はまだまだ圧倒的に他の SNS に及んでいないため，これから普及していくかは不透明である。上記してきたことを踏まえると，利用者数の多いインスタグラムに移行していく可能性や，LIVE 配信や動画投稿のアプリに人気が移行していく可能性のほうが高いだろう。

6. 交流アプリの年齢制限

　以上のように，幅広い年齢層によるスマホ利用が広がっている現代において，大人が理解できていない新たな機能を備えた高度なアイテムを次々と使っていく子どもたちのようすは，スマホに馴染みのない時代を生きてきた世代からすると，とても危険に感じることだろう。大人の目が届きにくく，制限もかけにくい上に，どうやって枠付けをおこなったらいいかもわからないのだから。

　LINE を使ったいじめやいやがらせ，深夜にまでおよぶ止められない会話など，世間を騒がせたニュースはまだまだ記憶に新しい。こういったニュースが話題に上るようになり，交流アプリへの関心の広がりに対して，それぞれのアプリを運営する母体も，策を講じ始めている。

　表 2-2 は，先ほどの交流アプリを利用する際の年齢制限についてまとめたものである。

　これをみると，利用規約と OS によって年齢制限にばらつきがあることがわかる。アプリのインストールの際に年齢制限が明確にされている iPhone に対し，Android は制限がない。既知の方もいるだろうが，iPhone はアップル社のみで販売している機種であり，Android 搭載の機種は総じてスマートフォンと呼ばれ，こちらはいくつもの販売会社が存在する。そのため，独自に制限をかけることができないのであろう。ペアレンタル・コントロール[2] というサービスは，そういった機能的な問題から，どうにかして制限をかけようとして生まれた策なのかもしれない。また，表には記載していないが，一番認知されているサービスはフィルタリングであろう。もはや既知のことだろうが，暴力や性的表現のあるサイトやアプリなど，未成年に悪影響が考えられるものを除外することができるサービスである。昨今はネット利用の低年齢化が進みつつあり，犯罪に巻き込まれるケースが現れてきているため，今後ますます必要とされてくることだろう。

　年齢制限の話に戻ろう。表 2-2 を見ると，多くが 12 歳以上，つまり中学生以上から利用することが望ましいとされていることがわかる。そこで気になるのは，LINE の推奨年齢である。20 ～ 40 代の利用率平均が 50% を超える普及

36 第Ⅰ部 ICTの急激な普及の功罪

表2-2 交流アプリを利用する際の年齢制限

	アプリ名	利用規約に明記されている推奨年齢	iOS（iPhone）	Android（スマートフォン）
	LINE	記載なし	4歳以上	独自の制限はなし ※保護者によるペアレンタル・コントロールという制限機能はある
	Skype	記載なし	12歳以上	
	カカオトーク	記載なし	4歳以上	
	Twitter	14歳以上	17歳以上	
	Facebook	14歳以上	4歳以上	
	Instagram	13歳以上	12歳以上	
	mixi	20歳未満は親権者の同意を得た上で開設せよ	17歳以上	
	TwitCasting	14歳以上	4歳以上 ※ビュワー 12歳以上	
	LINE LIVE	記載なし	17歳以上	
	ニコニコ動画	記載なし	17歳以上	
	YouTube	14歳以上	17歳以上	

率を誇るLINEであるが，利用規約では対象年齢については触れておらず，iPhoneでも「4歳以上」と最小年齢の設定になっている。これは，もともとLINEが家族や友人といった親しい相手とのコミュニケーションツールとして作られたアプリであることが理由だろう。しかし当初の想定とは異なり，現在は人間関係がこじれてしまいやすいSNSという話題には必ず名前があがるほどに知られるようになってしまった。また，LINE独特の「既読」マークについても，「既読無視」「未読スルー」といった言葉が認知されるほどに注目度が高まっている。これについてLINE株式会社はマークの意図について，災害時の安否確認を行えるようにするためにあるとのことのようである。このような想定から，年齢制限を設けていないようであるが，この機能をなくしてほしいという意見は多く，筆者としても，利用者がこの機能によって不利益を被るこ

とがあるという意見が多く寄せられているのならば，一考の余地くらいはあるのではないかと思う。

おわりに

　この章では交流アプリについての情報を簡易的にまとめてきた。これらに馴染みのある人からしたら大したことは書かれていなかっただろうが，急速に発展してきたネット社会に追いつけていない人は少なくないだろう。むしろ，しっかりと特徴を理解し，高度な情報リテラシーを用いて使いこなし，旨味を甘受できている人のほうが稀だと感じる。この章を書く任を与えられた筆者でさえ，全容を理解しているとはいえない。臨床現場で実際に子どもたちと接していても，彼らが利用するアプリは非常に限定的で，一部の交流アプリの使い方は知っていても，地図アプリの使い方やインターネットで単語の意味の検索の仕方を知らないケースに遭遇することは少なくない。それほどに急速に拡大をしつつあるネット世界は，便利であると同時に，全容の知れないブラックボックスでもあると言える。このような道具の普及に特に馴染みのない中高年の世代の人たちからすれば，得体の知れない宇宙人が地球を侵略しに来たような感覚なのかもしれない。しかしこれからも発展することが確実である電子機器から逃れるすべはない。我々はこの得体の知れない道具に遊ばれないように，学び続けていくことが必要だろう。

［深澤　静］

注）
1) アカウント：各アプリやサイトのサービスを使う際に取得するもの。簡単にいえば，あるサービスを利用するときに，そのサービスの世界の中に自分の部屋を契約するようなものである。アカウントはその部屋であり，さまざまなサービスはその部屋を拠点にして受けることができる。
2) ペアレンタル・コントロール：携帯電話などの電子機器において，性的表現や暴力表現といった子どもに悪影響を及ぼす可能性のあるサービスやコンテンツに対して，保護者が閲覧制限を施すことができるサービス。

38　第Ⅰ部　ICTの急激な普及の功罪

〔引用文献〕

総務省　2009　ブログ・SNS の経済効果に関する研究報告書　http://www.soumu.go.jp/
　　iicp/chousakenkyu/data/research/survey/telecom/2009/2009-I-13.pdf
総務省　2016　情報通信白書　http://www.soumu.go.jp/johotsusintokei/

〔参考文献〕

LINE　2013　利用規約　http://terms.line.me/line_terms/?lang=ja
Twitter　2011　利用規約　https://twinavi.jp/terms
Skype　2017　利用規約　https://www.skype.com/ja/legal/tou-connect/#22
カカオトーク　2014　利用規約　http://www.kakaotalk.jp/terms/
Facebook　2015　利用規約　https://ja-jp.facebook.com/legal/terms
Instagram　2013　利用規約
https://ja-jp.facebook.com/help/instagram/478745558852511/
mixi　2014　利用規約　http://mixi.jp/rules.pl
TwitCasting　2015　利用規約　http://ja.twitcasting.tv/indexlicense.php
LINE LIVE　2016　利用規約　https://terms.line.me/line_live_terms
niconico 動画　利用規約　https://account.nicovideo.jp/rules/account
YouTube　2010　利用規約　https://www.youtube.com/static?template=terms&hl
　　=ja&gl=JP

3章　児童・青年期発達障がい児・者とICT

はじめに

2001年5月22日に第54回国際保健会議（WHO総会）で，国際障害分類（ICIDH）の改訂版が採択された。正式名称は「生活機能・障害・健康の国際分類（ICF）」である。略して国際生活機能（ICF）分類と呼称する。従来の国際障害分類（ICIDH）の視点は，障がいを障がい者個人の「機能・属性・本質」として捉えていた。ところが国際生活機能（ICF）分類では，地域や環境の配慮不足不備が障がい者個人の社会生活に対して障壁（バリア）として塞がり，彼らが社会参加できない状態を障がいである，という視点に転換した。

したがって「ショウガイ」という言葉の使用にあたっては「障がい」という表記を使用する。なぜならば，「ショウガイ」のガイの字に対して「害」を充てることは障がい者個人を「害の在る者」としてレイベリングする結果となり，ICF分類すなわち世界標準の視点に反することになるからである。ただし，2006年12月10日に制定された発達障害者支援法は，そのまま「障害」と表記しているので，翻訳や行政上の名称や呼称も含めて一般的には従来の表現にとどまっている。

発達障がいのタイプは具体的には発達障害者支援法の分類にもとづき，いわゆる，①自閉スペクトラム障害と，②学習障害及び，③注意欠陥多動性障害，を指す。さらに発達障害者支援法施行令の分類にもとづき，④発達性協調運動障害と，⑤言語の障害も発達障がいカテゴリーに含まれている。なお筆者は，アメリカ知的・発達障害学会（AAIDD）の定義に依拠して⑥知的障がい，を発達障がいのカテゴリーに含めて用いる。

発達障がいカテゴリーの1つである学習障がい児・者との関わりは，20数年

40 第Ⅰ部 ICTの急激な普及の功罪

表3-1 発達障がいのタイプとその根拠

発達障がいのタイプ	根　拠
1　自閉スペクトラム障害	発達障害者支援法
2　学習障害（LD）	発達障害者支援法
3　注意欠陥多動性障害	発達障害者支援法
4　発達性協調運動障害	発達障害者支援法施行令
5　言語障害	発達障害者支援法施行令
6　知的障害	アメリカ知的・発達障害学会（AAIDD）

前に社団法人LD教育研究協会のキャンプに参加したことがきっかけだった。
当時は「LDとその周辺の子どもたち」と呼ばれていた。これは東京都立療育
センター院長だった故・大島一良氏の「重症心身障害児」（児童福祉法第7条
第2項）の分類（縦軸に知能指数，横軸に運動能力を設定し，重症度を区分け
する方法）になぞらえて呼称されていたようだ。つまり発達障がいという言葉
は当時一部の団体や学会が使用していたマイナーな言葉だった。また「発達」
の概念も生物学的な側面にとどまらず，社会・心理的側面から広い意味で人間
の成長発達をとらえていた。

　現在一般的となっている「発達」の意味は生物学的な側面が強調されている。
そこで発達障がいとは「先天的もしくは乳幼児期に疾患や外傷の後遺症により
脳機能の発達に影響をおよぼしている状態」と狭めて定義する。

　また本章で述べるケースや事柄に関しては，児童・思春期以前に確定診断が
ついた人々からの一般化を試みている。成人における実践（成人に対する支援
開始はまだ日が浅い）と，成人期に診断がついたケース（誤診が多い）から，
ICTとの関係を述べることは質的データとしては足元がおぼつかないからで
ある。

1. ICTの発展と発達障がい児・者

　発達障がい児・者とICTとの関係について理解を深めるため，まず発達障
がい児・者の特徴とICTの特性に通底するポイントを検討したい。

1）限界設定の大切さ

　発達障がい児・者にとって，安定した枠や一定の構造を確保し，暗黙のルールも含めて当事者がわかりやすく取り決め，規則を明示して限界設定を保証することは療育も含めて対応の基本である。なぜなら先行きや見通しが持てないことは不安や不穏を惹起してしまうからである。これはあらゆるタイプの発達障がい児・者に当てはまり，関係者が留意すべきベーシックなポイントである。

　例えば『我，自閉症に生まれて』の著者テンプル・グランディンは，暴れる牛や落ち着かない仔牛の体を両側から締め付ける「牛樋」という調教器具にヒントを得て，「締め付け機」という機械を製作した。これは自分の身体を「締め付け機」で束縛することによって，心の安定を図っている。また，同書においてグランディンは「扉」に対する思い入れを吐露しており（12章のうち5章を扉というテーマに割いている），「扉」という安定した枠と構造への希求性と，「扉」から外界へ出る，という新しい未知の世界への志向性という双方に対して想いをはせている。一部の発達障がい児・者にとっては，○○したいけれど○○できない，という両義的（アンビバレント）な，あるいは強い葛藤を抱えているような心模様をグランディンは「扉」という表現で喩えていた。

　また『自閉症だった私へ』の著者ドナ・ウィリアムズは，もう1人の自分「キャロル」や「ウィスプス」「ウィリー」という名前のキャラクターを創り上げていた。「キャロル」はいつもニコニコして社交的でよく笑っている人物である。「ウィスプス」「ウィリー」は夜の恐怖や闇の侵入者から守ってくれる。こうした人格やキャラクターを使い分けながら変化の激しい外界との交渉を辛うじて乗り切っていた様子がその手記によってわかる。

　筆者が支援した中学3年女子は「なめこちゃん」というキャラクターのぬいぐるみを常時携帯していた。ハンドサイズのそのキャラクターは本人が困った時，課題にぶつかった時などに的確なアドバイスを本人へ投げかけていた。それはさながら腹話術のようだったが，このようにして日々迫り来る嵐を乗り切っていた。

　多くの発達障がい児者，とりわけ自閉症スペクトラムを持つ人々にとっては，刺激の多い流動的な外界に対して何らかの安定した枠や構造を必要しようとする。しかも目に見える形でなるたけ外在化して対処していくケースが多い。

よって進路選択に関しては，ルールや規則が緩い学校や「自由」を標榜する学校への進学はかえって発達障がい児・者を混乱させたり，学校不適応に到らせる可能性があり，奨められない。そもそも，自由の獲得には義務と責任を引き受けなければならないので，自分自身をコントロールできる能力（自律）と，市民としての倫理的自覚（シチズンシップ＝現実検討能力）が要求される。こうした事情を踏まえると，枠や構造の緩い自由度の高い世界は発達障がい特性を持つとりわけ高校生や大学生にとって，自律とシチズンシップの獲得のためにはもう少しモラトリアムが必要なので慎重にならなければならない。

当事者でもある翻訳者ニキ・リンコはグニラ・ガーランド著『ずっと「普通」になりたかった』の「訳者あとがき」の中において，「気楽に，素直に，自然体で。論理と計算と秩序にすがって，どうにか周囲に適応している自閉症スペクトラム上の人々にとって，これほど厄介なメッセージはありません」と述べている。したがって，基本的には発達障がい児・者にとっては安全が確保された枠や構造を用意する必要があろう。

2) ICT の特質たる新しい世界

ドン・タプスコット［Tapscott, 2013］はインターネット上で不特定多数の人々がつながり，オープンに情報を公開する中でコラボレーションを始めることによって既成概念を打ち破るような「知」や画期的なイノベーションが生まれる，と分析している。そしてそこから新しいビジネスモデルや経済活動へと発展，拡大していくような今後の ICT 社会を展望している。さらに人種や性別，属性などを超えてフラット化・オープン化・ネットワーク化する ICT 社会をいかに生きるかを説いている。

ICT は「時間・空間の限界設定を取り払い，それらを超えていくという本質的な性能を備えている」［ポスター，1991］。また，「社会的役割や地位，場面によって使用される言葉の使い分けが流動的に急速に変化していく可能性も指摘される」［Meyrowitz, 1985］。

すると ICT の特性と発達障がい者の特徴を比較したとき，そのベクトルが反対である可能性が高い。そこで次節では ICT の発展がもたらすメリットやディメリットに分けて整理していきたい。

2. ICT の発展が発達障がい児・者にもたらしたメリット

1）ICT による支援用教材

　発達障がいの1カテゴリーに入る学習障がい（LD）は読みや書き，計算などにつまずきを示す状態であるが，それらを補うために認知のトレーニングを積み上げる必要がある。かつて親や療育者，指導者たちは定規による手書きやワードプロセッサー，ワープロソフト「一太郎」などで作成した原稿を複写して，子どもたちに供与していた。しかし現在はインターネットを通じて多くの教材をダウンロードできるようになった。例えば「全国親の会」はデータベース化して，サポートツールを公開している[1]。通級学級・支援学級・支援学校の教職員のみならず，塾や家庭教師，余力のある保護者・親たちがこれらをダウンロードして活用している。「プリント」「学習」「発達障がい」などのキーワードを入力してインターネット検索すれば，認知トレーニングの教材や各教科の教材は容易に入手できる。かつては親・保護者は口コミや相談員の情報を頼りに，評判の高い療育機関や塾へ遠方から足を運んで学習教材等を購入したのである。

　ICT のおかげで，どれだけの労力と手間や教材作成時間が省けたか，実際に学習障がい児や学習困難児に対して指導した経験があるならば，その有り難さは言葉では表現しつくせないであろう。

　また，子どもがつまずきやすい認知領域や課題に特化して，より的確なトレーニングを実施するソフトも開発されてきた[2]。あるいは DAISY（デイジー）のように読字や識字が困難な子どもの学習を手厚くサポートするツールも登場した[3]。

　従来の療育・治療的アプローチに対して，こうした ICT によるアプローチを代替的アプローチと位置付けてその適応を検討する試み[4]があるが，アナログとデジタル ICT の問題と，治療的アプローチと代替的アプローチの次元を混同交錯させている。その定義づけ自体から学際的検討を行わなければ勇み足になろう。

　いずれにしても，これらはすべて ICT による恩恵である。名もない奇特な

指導者や療育者，保護者たちが手づくりした教材や実践技術も含めて，全国に散らばっている英知や工夫を ICT のおかげで一瞬にして動員することができるのである。

2）人間関係のネットワークや支援システムが拡がったこと

学校現場では，対人志向性の高い自閉スペクトラム（もちろん対人志向性の低い児童・生徒もいる）を備える発達障がい児・者が「友達が欲しいけれども友達を作れない」「友達は欲しいけれど，友達の作り方がわからない」と訴えて欲求不満を表現するケースは多い。

また保護者や親も，自分の子どもに友達がいないことや，幼少期に公園で他の子どもたちと遊ばせることができなかった孤立した体験に対して，保護者や親なりの傷つき体験や自責の念を抱いているふり返りを筆者は多く受けてきた。

長らく発達障がい児童の療育や学習サポートに携わってきた椎野正久は幼児からかかわってきた，現在は成人のケースについて適応行動尺度（Vinland ABS，Vinland-Ⅱ など）を用いて追跡調査をしており，「幼少期に他者と遊び，豊かな余暇を過ごせたケースほど社会参加や適応が良好である」旨を報告している［上岡ら，2016］。この実践報告によれば，遊びと余暇の領域において社会参加を広げるために，どれだけ ICT を応用，活用できるかが1つのポイントと言えるであろう。

NHK E テレの「ハートネット」という番組で，「第1夜　自閉症アバターの世界　脳内への旅」（2017 年 9 月 26 日放映），「第2夜　自閉症アバターの世界　仮想と現実を生きる」（2017 年 9 月 27 日放映）が放送された。これは2003 年にインターネット上の 3D サイバー空間として誕生した「セカンドライフ」を通じて自閉スペクトラムを持つ人たちが交流している様子を取材した番組である。「セカンドライフ」とはアメリカのリンデンラボ社が運営する3DCG で構成されたインターネット上のサイバー空間のことである。ゲームのようなシナリオはなく，利用者は「アバター」と呼ばれて，自分の分身を操り，仮想空間の住民と交流しながら生活を営む。仮想空間の中にアバター自身が町や施設を建てて交流し，さまざまな活動が可能となる。現在は，SNS 等の登場でインターネット上のサイバー空間ブームは収束した。

コミュニケーションに困難を抱える自閉スペクトラムの人々が「セカンドライフ」というネットの世界で共感を育み，充実した様子をこの番組は描いている。視聴者にとっては衝撃的であったろう。ただし「セカンドライフ」に参加できる発達障がい児・者はインターネットを利用して仮想空間で活動できるほどのリテラシーや認知能力の高さを備えた一部の人間に限られる。自閉スペクトラムという名の通り，タイプというよりも特性の強弱に位置する多くの自閉症の方がいるわけである。映像を見る限り，自閉スペクトラムを持つ主に若者が（高齢者もいたが）「アバター」を通じて仮想空間へアプローチしていた。

筆者としては特別支援学級や支援学校の児童・生徒たちが，支援学級教員と保護者たちのしっかりとした管理のもとに「LINE」「Skype」「メッセンジャー」のようなコミュニケーションツールを使って，愉しみながらソーシャルスキルを獲得していく，という試みを行ってもよいと思う。もちろん，ツールの操作も簡便であり，特定の端末本体を所持する者だけが使用できるクローズドな環境を設定している条件も大切だ。

つまりプラットフォームがしっかりと出来上がっていれば，そこを起点として発達障がい児・者がコミュニティの世界へ舞上がることはできる。「セカンドライフ」のように多くの発達障がい児・者がICTを活用して自助し合える環境を創れば，親・保護者にとってはおおきな安心材料になるであろう。

それはあたかも頸椎損傷・脊椎損傷者のECS（環境制御システム）機器や車椅子を当初は第三者が研究開発していたが，やがては障がい当事者が法人の代表となって当事者の視点から開発・製品化されていくように，である。

すでに第三者の立場からICT機器を活用して，発達障がい児・者のための人間関係ネットワークや居場所づくりに関して支援を行っている実践報告もあり[5]，今後の展開が楽しみである。

3. ICTの発展が発達障がい児・者にもたらしたディメリット

1) 発達障がいの2次障がい

筆者は，2次障がいの対応に苦慮しておられる現場のスクールカウンセラー，臨床心理士や養護教諭，巡回相談員，支援員，言語療法士の方たちと共に，2

次障がいに関する研究会を 16 年前から立ち上げてケースの検討を行ってきた。

　発達障がい児・者の 2 次障がいとは，発達障がいの原因で起こる失敗や挫折の繰り返しから行動，感情や思考に歪みが生じ，不適応行動を起こしてしまう状態を指す。もともと認知面や能力面において特異的な遅れや偏りが強いために，基礎的な学力（読む，聞く，書く，話す，計算する，推論するなど）の習得困難から各教科において躓きやすく，学習態度や内発的動機づけを形成できずに学習意欲が低下し，不適応症状を出している。

　さらに，その能力，認知特性ゆえに対人関係から獲得できる同世代間の合意や各発達段階にふさわしい精神的な許容範囲（妥協や感受性等）をもともと獲得しにくかったというハンディキャップが重なって，学校で，とりわけ通常学級ではつらい不都合な体験を繰り返し受けている可能性が高い。

　こうした体験を回避するために，まさに発達障がい児・者は 2 次障がい（登校拒否・不登校，ひきこもり，いじめ・いじめられ，非行化傾向，うつ傾向，いわゆる神経症など）をおこしているわけである。

　こうしたケースの中で ICT トラブルにまつわるケースも当然見受けられる。以下典型的なケースをコラージュして 3 つ記述する。

2）ICT にまつわる 2 次障がいのケース

《事例 1》—高 3 男子 A 君

　A 君の保護者は「A 君から執拗な要求と乱暴を受けている」という訴えで来室した。A 君は生まれつきマイペース欲求が高く，小学校低学年では朝礼や演劇発表会などの集団活動において，場面を読めずに立ち歩いていたことが多かった。小学校中学年の時に医療機関において，広汎性発達障がいの診断を受けた。認知能力は高く，学力もあったので中学校時代は通常学級で無難に過ごしていた経緯がある。しかし，高校入学式のあと，学校のガイダンス週間を経てから突然，長期欠席になった。大型連休明けには，昼夜が逆転して夜中に格闘ゲームやレーシングゲームをやり始めた。ゲームの対戦相手になるように母親に要求し，母親が拒むと，執拗な乱暴・

暴行を繰り返すようになった。やがて父親に対しても乱暴を働くようになり，父親・母親とも本人の要求に従わざるをえなくなった。そして，A君は両親を半ば脅迫してパソコンを購入し，恋愛相談サイトを開設する。サイトを通じて知り合った複数の女性と関係を結び，やがて拉致監禁罪で逮捕されることになった。

☆

《事例2》──高2男子B君

　高校1年の時に療育手帳を取得したB君は「防犯と安全のため」という名目で保護者から携帯電話を供与された。同学年で同じようにつまずきの多い生徒，とりわけ身体の弱い生徒に対して，大人の気づかないところでB君による隠れた暴行がもとよりひどかった。学級担任からその件で報告を受けた保護者が困り果てて相談室へ来室した経緯がある。カウンセラーに対してB君は「彼女が欲しい」と訴え，保護者が見つけてきたサークルへ入会し，そこで知り合った女性たちと携帯メールを通じてやりとりをするようになった。このパターンで何人もの女性とメールでのやり取りを続けてきたが，その度に相手の女性に金品で振り回され，あるいは約束を反故にされた。結婚の意味をどこまで具体的に理解していたのか筆者は理解できなかったが，B君は「早く結婚がしたい」とカウンセラーへ訴えるようになった。抜毛癖がひどく，キャップで頭部を隠したまま相談室へ来室していた。

☆

《事例3》──中3男子C君

　C君は小学校入学以前から落ち着きがなく，物忘れが激しいなどの行動で教員や親が梃子ずってきた経緯がある。医療機関の受診と療育を受けた結果，小学校高学年の頃から少しずつ落ち着きのなさが改善されていった。C君は真面目な性格で学習に対しても諦めずに努力した甲斐もあって，中

学校まで通常学級で過ごしてきた。しかし，中学3年になり，不得意な科目を克服できず，高校受験に関しては自信がないまま進路先が決まらず，やがて学習全般に取り組めなくなってしまった。夏休みが明けてから登校渋りや五月雨登校の状態になり，母親は困り果てて相談室へ来室した。中学3年の秋には昼夜が逆転し始めて，一晩中ゲームをやっていた。母親の表現では真夜中にゲーム機を操作している最中，C君はゲーム機のディスプレイに向かって大声で叫び，ゲームのキャラクターに対して怒りや罵声を浴びせていたという。あまりの大声に母親がC君に対してたしなめると，本人からは「叫ぶことをやめられない」という返答であった。やがてC君は「このままでは自分がだめになってしまう」と泣きながらゲーム機を母親に返還して，手の届かないところへ封印，隠蔽するようにC君自ら母親へお願いしたという。宣伝にて有名になっているのでゲームソフト名はつまびらかにはできないが，それはアクションという分類に入るゲームだった。

✚ 事例考察

○ A君の事例

A君は「相手と婚約をしていたので同意のもとで行った」と主張していた。A君が理解する恋愛の意味と相手が理解する意味は大きな乖離があるので，何らかのトラブルが発生することは想定できた。A君はたやすく恋愛相談をする相手がどれだけ弱者の可能性が高いかも判断できず，自分のことを恋愛対象だと思い込んだのかもしれない。A君はこれが恋愛だと捉えていたのかもしれない。あるいは，恋愛の意味さえわからなかったのか。そして，A君のケースに関して関係者が一番困ったのは限界設定をかけられないということだった。「モバイル機器を所持していれば，もはや本人の行動に制限をかけることはできない」と保護者が涙ながらに訴えていた。1節で述べたとおり，ルールや限界設定をかけられないことがネックになっている。

○ B君の事例

B君は療育手帳を取得したが，B君のように知的にボーダーラインの人が IoT や SNS を上手く扱えずトラブルを引き起こしたり，反対にトラブルに巻き込まれることはケースとしては多く見受けられる。とりわけスマートフォンなどの所持率が9割に上る高校生以上になってから，ICTリテラシーの低さからこうしたトラブルに関して高校デビューすることになる。知的にボーダーラインの方であれば，ICTを利用するにあたって基本的な操作はできるはずだ。しかしながら，SNS等に関しては高いリテラシー能力やマナーが要求されるゆえ，親・保護者，指導者が目の行き届かないところでトラブルが発生してしまうのである。議論の深入りは避けるが，知的ボーダーラインの方が抱えるこうした苦しみや課題は実は高度産業社会に根差した奥が深いテーマである。

B君はメールの内容に振り回されていて，サークルで出会った女性たちの発言や表現をうのみにしている様子がうかがえた。メールで女性たちとデートの約束をして，2時間近く待ち合わせの場所に一人で居た旨の報告をB君から受けた。相手はB君に対して誰が聞いてもわかる嘘をついていたのだが，B君は同じような嘘に何回も振り回されていた。ICTを使用する人のリテラシーの低さや現実検討能力の弱さが事件やトラブルに巻き込まれる事態へ繋がってしまう。

○ C君の事例

C君のケースに関しては，発達障がい児・者の療育や相談に携わっている者であるならば，似たケースに多かれすくなかれ遭遇しているはずである。発達障がい児・者がICTに依存しやすいことやゲームにのめり込みやすいことは各国で報告されている［Macmullin et al., 2016］。とくに大脳の前頭連合野（前頭前野）の働きが弱い注意欠如多動性障がい（ADHD）の状態にある人にそのリスクが高い［Mazurek et al., 2013］。前頭連合野（前頭前野）は行動の抑制や情動のコントロールをつかさどっているので，嗜癖性の高いゲームにはまると，脱抑制や易怒性が現れてしまう[6]。

かつての「ファミリーコンピューター」ROM カセットのような容量の低いソフト（2メガバイトぐらいまでか。現在のスマートフォンで撮影した写真1枚分ぐらい）はプレイ時間も短く単調で，あたかも線香花火のようにエンディ

ングがすぐさま到来した。さながら 2D（二次元）の電動紙芝居なので，すぐ
さま飽きてしまう代物（ファンタジー）だった。

　ところが現在のゲームソフトやゲームプログラム（平均 30 ギガバイト）は
映画顔負けの水準にまで映像や音楽・音声の完成度が近づいている。しかもマル
チエンディングというよりも，エンディングそのものが設定されていない底
なしのゲーム（限界設定なし）まで存在する。つまり嗜癖性がより強くなって
いるともいえる。親・保護者や支援者・指導者が盾になってフィルターをかけ
ないと，単なる嗜癖から依存症のレベルへ容易に陥ってしまうのである。

　これらのケースを振り返ってみると，ICT がもたらすリスクとは，発達障
がい児・者を 2 次障がいへ導く促進要因，助長要因としてとらえることができる
かもしれない。ICT の恩恵も大きいが，それに劣らずリスクも高いといえる。

3）「フィルターバブル」の罠

　先述したタプスコットによれば，ICT は人種や性別，属性などを超えてフ
ラット化・オープン化・ネットワーク化する社会を志向しており，人類に横た
わる壁を乗り越える可能性を持っている。

　ただ，筆者は ICT が創りあげるあらゆる情報空間やコンステレーション（布
置）において，人間の意識の囲い込みが起きてしまうのではないか，という一
抹の不安を感じる。

　発達障がい児・者が ICT の嗜癖性にハマってしまうことはインターネット
やスマートフォンの誕生以前から相談ケースとしては多く見受けられてきた。

　もとより，ICT にたずさわる人間がそれにとりつかれてしまう問題点は
1980 年代から報告されている［Hayes, 1989］。「人は誰しも自分の見たいもの
を見たがるし，自分の見たくない者は見たがらない」［荻上，2007］という人
間の特性は ICT が発展する以前の課題ではある。

　ただ，疾病障がい，という点に着目した場合，例えば「フィルターバブル」
の罠に陥るケースはどうしても懸念される。フィルターバブルとは情報の蛸壺
化状態のことである。インターネットやスマートフォンの検索機能が後押しし
て，根拠・エビデンスの弱い狭隘な情報の洪水に当事者が振り回されてしまう
ことになる。

たとえば，発達障がい児・者本人がドクターショッピングを行うケースは相談ケースの中では比較的多く見受けられる。

こうした行動は疾病障がいの状態にある本人（癌患者や難病患者など）と，その親・保護者全般にあてはまるリスクではあるが，とりわけ発達障がい児・者の親・保護者は子どもの将来と健康に相当な懸念と不安（予期不安）を抱いている。そのために発達障がいの状態や症状を改善できるのであれば，ワクチンであれ，キレーションであれ，あらゆる治療法や療育法をトライすることになる。

筆者の所見では，発達障がい児・者の親・保護者にはそれぞれ障がいの受容段階がある。障がい受容のモデルもいくつか提唱されているが，実践的には親の会アンケートの調査報告（5段階説）と照らし合わせたカテゴリーが教育現場では活用しやすい［白石ら，2008］。障がい受容段階の中で，とりわけ努力期にいる親・保護者は子どもをメインストリーム（主流派つまり健常者の世界）へ戻そうと，熱烈に働きかけトライするのでフィルターバブルにハマる可能性は大きい。

フィルターバブルではICTの閉じたシステムの中で似たような情報が反復されることによって，エビデンスや根拠のない治療法や療育法もそれが正しいことだ，と親・保護者は少しずつ信じてしまうことになる。

さらに森健は「もともとネットワーク上では考えが異なる別の集団の意見を排除し，同じ集団内で考えが極端に偏る傾向」の危険性を説いている［森，2006］。同じ意見の人間だけが対話しているうちにその話が正しいと信じこんでしまう「エコーチェンバー現象」が起きやすいのだ。

おわりに

人類は精神作用をもたらすアルコールや糖という便利なツールを太古に発明した。次いで空間と時間をコントロールできるICTという便利なツールを発明した。ところがICTが備える電子媒体の嗜癖性が人間の脳や臓器へ「依存症」という名の誤作動やダメージを誘発する可能性があることは多くの報告が指摘するとおりである。その成立機序はやがて科学的に証明されるであろう。どん

な薬も使用方法・用量を誤れば，毒になる。人間にとって便利をもたらす発明品は凶（狂）器にもなりうる，ということである。

ICTはあくまでもツールであり，発達障がい児・者が高いリテラシーを身につけ，自分の特性を受け容れながら主体的に使いこなさなければ，なかなか理想的な活用へ届きそうもない。しかしながら，このことは定型発達の子どもたちや成人一般に対しても同じである，と悠長な発言はできない。刺激やストレスに対する脆弱性を鑑みれば，発達障がい児・者が視知覚を通じてICT・IoTの影響を最も受けやすいことは否めないからである。高度に情報化高速化される産業社会［バートマン，2010］から発達障がいという概念が醸成されてきた経緯を鑑みれば，彼らが社会の最先端の技術や価値観に対して敏感であり，最も影響を受けやすいことは否めないのである。

では自分の特性を受け容れた主体的な発達障がい児・者とはどういう有り体なのか。

熊谷晋一郎は当事者研究の視点から，自閉症スペクトラム児・者の適応困難の原因を社会性やコミュニケーションの障がいという形で本人へ帰属させる昨今の傾向を批判している。コミュニケーションやその障がいは「経験や特定の異なる複数の人の『間』に生じるものであり，決して１人の個人の『中』に存在するものではない」とする［熊谷，2016］。

その上で個々人が仲間と共に自分の経験や特性の固有性を探求し，共有性を目指し，その過程を大切にすべきであると示唆する。その理由はこうした実践が自己アイデンティティの統合性に関係していることや他者の気持ちを汲む能力を育むから［綾屋ら，2008］である。ところが障がい者や民族少数派など主流派（メインストリーム）に包囲され分断された場合に上述した機会と経験を失うことになる。熊谷は「社会的排除の問題を個人的能力の問題とみなすことは危険である」［熊谷，2016］と指摘する。

この知見によると，われわれは他者の特性や異質性を受け容れ，異なる考え方や文化を受け容れる忍耐力と寛容性を培わなくてはならない。そして対話や交流によって，対立する意見や見解を止揚する力を育むことが大切になる。自主自立した個人でないとフィルターバブルやエコーチェインバー現象に巻き込まれるからである。巻き込まれた結果は偏見に裏付けられた社会的排除があら

われるだろう。

　『変光星』『平行線』の著者であり，当事者たる森口奈緒美が自分自身を異質な「変光星」と喩えていた 20 年前の社会から何か変化したのであろうか。

　ICT が人間にとってリスクが高いか，メリットが大きいかは結局のところ，障がい児・者が生きやすい社会かどうかにかかってくるのだ。つまり自分の特性を受け容れた主体的な発達障がい児・者が活躍できる社会に近づけたか否か，がひとつの物差しになるだろう。

[織田孝裕]

注）
1）NPO 法人「全国 LD 親の会」ホームページ www.jpald.net/kyozaidb.html（2017 年 11 月 30 日アクセス）。「発達障がい児のためのサポートツール・データベースで多くの教材を検索できる。
2）中邑賢龍・近藤武夫『発達障害の子を育てる本　ケータイ・パソコン活用編』（講談社，2012 年）および，特別支援教育士資格認定協会編『LD ADHD & ASD 〜特集 ICT 活用で苦手さのある子の学びを保証する〜』（15 巻第 3 号，2017 年）を参照されたい。
3）デイジーとは Digital Accessible Infomation System の略。視覚障がい者や読字障がい（ディスレクシア）など印刷物を読むことが困難な人々のためにデジタル録音図書の国際標準規格として，50 か国以上の会員団体で構成するデイジーコンソーシアムにより管理が行われている情報システムのことである。一部のマルチメディア化されたデイジー図書は，音声にテキストおよび画像をシンクロさせることができるので，ユーザーは音声を聞きながらテキストを読み，同じ画面上でイラストやグラフィックを見ることもできる。
4）研究委員会企画シンポジウム「治療的アプローチと代替的アプローチの対立」（LD 研究，第 26 巻第 2 号，2017 年）
5）富永大悟・日高茂暢・室橋春光「発達障害のある青年たちが社会につながるための支援の試み」（子ども発達臨床研究，第 9 号，2017 年）
　茂大祐「発達障害を持つ生徒の ICT を活用した支援」（日本福祉大学全学教育センター紀要，第 4 号，2016 年）など。
6）医療情報科学研究所編『病気が見える vol.7 〜脳・神経〜』（MEDIC MEDIA，2011 年，pp.20-21）を参照した。

〔引用文献〕

バートマン，S.／松野弘（訳）2010　ハイパーカルチャー——高速社会の衝撃とゆくえ——ミネルヴァ書房，pp.71-103.

ガーラント，G.／ニキ・リンコ（訳）2000　ずっと「普通」になりたかった　花風社

グランディン，T. ＆スカリアノ，M.／カニングハム久子（訳）1994　我，自閉症に生まれて　学習研究社

Hayes, D.　1989　*Behind the Silicon Curtain*. South End Press, pp.81-100.

Macmullin, J. A., Lunsky, Y. & Weiss, J. A.　2016　Pluggedin：Elctronic use in youth and young adults with autism spectrum disorders. *Autism*, vol.20（1）, 45-54.

Meyrowitz, J.　1985　*No Sense of Place：The Impact of Electronic Media on Social Behavior*. Oxford University press, pp.307-313.

Micah O., Mazurek, M. O. & Engelhardt, C. R.　2013　Video game use in boys with autism spectrum disorder, ADHD, or typical deevelopment. *Pediatrics*, 132; 260, 261-265.

森健　2006　グーグル・アマゾン化する社会　光文社新書，p.212.

荻上チキ　2007　ウェブ炎上——ネット群衆の暴走と可能性——　ちくま新書，p.75.

ポスター，M.／室井尚・吉岡洋（訳）1991　情報様式論——ポスト構造主義の社会理論——岩波書店，pp.220-230.

白石泰夫・柴田薫・常山吾郎・林幹夫　2007　「軽度」発達障がい児童・生徒保護者の障害受容（理解）と心理面接　日本心理臨床学会第 26 回大会発表

タプスコット，D. ＆ウィリアムズ，A. D.／夏目大（訳）　2013　マクロウィキノミクス　ディスカバー・トゥエンティワン，pp.580-587.

上岡義典・椎野正久・土田玲子　2016　発達障がいの二次障がいに対する理解と対応　日本 LD 学会第 25 回大会シンポジウム

ウィリアムス，D.／河野万里子（訳）　1993　自閉症だった私へ　新潮社

4章　教育現場から見えるスマホの功罪

はじめに

　かつて，1960年後半〜70年代にかけて，カラーテレビが急速に普及し，一家に一台が当たり前になった。以降，テレビ視聴については，目に悪い・睡眠不足などの健康被害，学力低下，コミュニケーションの機会やスキルへの影響など，多くの問題点が指摘されている。これらについては，日本でもさまざまな研究がなされてきており，悪影響を支持する結果も支持しない結果も見られる。中でもNHK放送文化研究所[1]やBPO（放送倫理・番組向上機構）[2]は，縦断的・継続的研究を行ってきている。よりよいテレビとの付き合い方については，今後も，継続して検討していかなければならない課題である。そして，現在,カラーテレビに負けない急速な勢いで普及してきたのがスマートホン（スマホ）である。

　今では，保有率56.8％［総務省，2018］と2人に1人がスマホのユーザーであり，高校生においては，保有率96.5％［内閣府，2018］という時代になった。無数に生み出されるアプリを自由に選択利用でき，PCに近い機能性を持ち，軽量でコンパクトながら使い勝手がよい電話である。「簡単・素早い・リアル」につながることができるスマホは，人々の実生活をより豊かに，便利にしてくれている道具の1つであることは間違いない。

　しかし，その一方で，さまざまな弊害が生じていることは見逃せない事実である。まだ記憶に新しいのが，2017年10月に発覚した神奈川県座間市の事件[3]である。高校生を含む10代・20代の若い男女9人の遺体がアパートから見つかるという凄惨な事件だ。犯人と被害者をつないだものは，SNSの1つ，短文投稿サイト「Twitter」であった。「Twitter」は，140文字以内という限ら

れた文字数で自分の思いを発信することができ，非公開に設定していなければ，見えない不特定多数の人とつぶやきが共有できる。さらに，ハッシュタグ（#）を使えば，共通の目的がある人と簡単につながることもできるのだ。犯人は，「首吊り士」を名乗ったアカウントで自殺方法などを助言するような投稿を発信し，「死にたい」などの自殺願望が込められたアカウントに対してはメッセージを送るなどを繰り返すことで，見えない距離を縮めていった。この事件は，こういった「Twitter」の機能を巧みに利用した犯罪で，その犠牲者の中に高校生がいたことは，SC（スクールカウンセラー）として教育現場に携わる著者にとっては，非常に大きなショックであり，憂いを感じずにいられない。

　このスマホをはじめとするICTの急速な普及は，今，教育現場やそこに関係する教師・親・子どもたちの人間関係にどのような影響を与えてきているのか。学校現場で格闘する先生方や子育てに奮闘する親の声とともに，小学校・中学校・高等学校のSCとして，また，自治体の子ども相談室に勤務する立場，そして，中学生の子を持つ親である筆者から見えてくるスマホの急速な普及の功罪やさまざまな現状と課題について，検討と考察を試みたい。

1. スマホをはじめとするICTの発展と教育現場における変化と現状

　教育現場では，ICTの発展とともに，教育現場にICTを取り入れた教育の充実を進める研究が重ねられてきており，普及が進んでいる。筆者の子ども時代は，ラジカセやOHP（オーバーヘッドプロジェクター）が唯一のICT機器であり，これらを学習で利用するときは，わくわくしたのを覚えている。SCとして教室を参観させていただく機会が多いので，そのたびに，さまざまな教科や学習場面でICT機器が活用されており，それを子供たちが簡単に使いこなしている姿に驚くことが多々ある。例えば，かつてのOHPは，実物投影機やパソコンをプロジェクターにつないで利用する方法に代わり，画像から動画までさまざまなものが自由に映し出せるようになっている。子供たちは，グループごとに調査した内容を，機器を操作しながら発表する。また，教室で全員がタブレット端末を利用して調査したり意見交換したりする学習などもある。

さらに，筆者が SC として勤務している自治体は，文部科学省「少子化・人口減少社会に対応した活力ある学校教育推進事業」（平成 27 年度より採択）により，「小規模校におけるデジタル教材の開発・活用と学校間ネットワークの構築による教育活動の高度化」の研究を進めているため，ICT 機器を積極的に教育活動の中に活用しており，その成果と課題も中間報告されている。これらのように，学習に ICT をどう生かしていくかという研究や実践が重ねられて充実していく一方で，学力低下の一因としてスマホの存在が取り上げられている。

　平成 26 年度全国学力・学習状況調査の結果について国立教育政策研究所の分析結果では，「メディアと学力の関係」について，「携帯電話やスマートフォンで通話・メール・インターネットをする時間が短い，テレビゲームをしている時間が短い児童生徒ほど，教科の平均正答率が高い傾向が見られる」としている。この分析には，docomo が「使用方法によって学力やコミュニケーション能力は逆に向上することもあり得るのでは」[4]という正反対の見解を示したようだが，学校現場の教員や子供たちの親からは，学力低下への影響は危惧されている。特に，自由にスマホを持ち歩けるようになる高等学校では，授業中の学習態度や集中力等への影響が浮き彫りになっている。また，スマホ依存や睡眠障害をはじめ，危機的な状況のケースもあり，子供たちの健康や精神・心理に重大な影響を及ぼしている。

　これらスマホの功罪については，筆者がある地域で高等学校の生徒指導や養護教諭の先生方に講演会を行った際，スマホに対して感じられていることについてアンケートをお願いした。その結果，便利さについては，緊急連絡をはじめ，学校側から情報を迅速に生徒に発信できることや，学習でアプリを活用したり，調べ学習が簡単にできたりするので，以前より便利になったと感じられているようである。さらに，就活・進学に関わる情報収集やエントリーなどでは，もはやスマホ無しには行えないなど，すでに教育現場でも重要なアイテムだと認めざるをえないようである。しかし，その便利さ以上に，スマホに絡んだ様々な問題に苦慮し，葛藤を抱え，疲弊しているのが現状のようである。

〔健康・生活・学習面〕
　・睡眠不足で朝起きられず遅刻，昼夜逆転
　・体調不良（頭痛・腹痛等不定愁訴，視力低下）

・ゲーム依存・スマホ依存の増加
・活動力，活動時間の低下
・自主性の低下
・ながらスマホによる登下校における交通事故，地域住民からの苦情の増加
・学習時間の低下
・授業中のスマホ使用（ゲーム，SNS，音楽）
・時間の使い方がうまくできていない
・ゲームでの課金

〔指導上の問題〕
・スマホの管理が困難（使用禁止は不可能，ある程度容認し，管理せざるをえない状況）
・SNS上のトラブル増加（把握が困難，展開が早い，複雑化，広域化，長期化）
・バーチャルな世界での行動範囲（交流範囲）の拡大と現実世界との交錯
・大人以上に情報を入手しているが，それらの情報を適切に活用できない
・問題意識の希薄さ，見通しの甘さ（指導困難，繰り返し）

〔人間関係〕
・SNS上でのトラブル増加（写真，動画，生徒同士の悪口，書込み）
・紛失，故障，盗難などのトラブル
・コミュニケーションスキルの問題
　　口で言えないことを文字で表す
　　直接会話が苦手で，SNSでのコミュニケーションに依存
　　感情の伝え方，自らの思いの伝え方が下手な生徒の増加
　　人との関係がうまく作れず，休み時間や行事等は，スマホで一日過ごす
・今まで以上に目に見えない「いじめ」につながっている
・人間関係の希薄化
・人間関係がスマホ（SNS）に左右されている
・LINE [5]など，すぐに返信しなければならない感覚で，本当の自分の時間（ひとりで考えられる時間）が減少
・偏った情報からの偏った考えと狭い視野

学校教育では，これらのさまざまな課題に対し，スマホの正しい使い方や家庭でのルール作りについてなど，情報リテラシー教育に力を入れたり，SSTやアサーショントレーニングといった人間関係力の育成を予防的対策として重視する傾向が強まってきている。そのため，人間関係力育成のための心理教育には，SC への期待も大きく，そのニーズに応えるための研修も必須となっている。また，生徒指導的課題は重く切実で，先に述べた座間での事件のように，世の中を騒がせる事件につながりかねない問題が数多く起きているのが現状である。これは，スマホの「つながる」力の強さが一因だと考えられる。この「つながる」力の強さを逆に利用したのが SNS 相談であり，全国に先駆けて，長野県で初めて試行された（2017 年 9 月）[6]。その後，座間事件を受け，文科省でも SNS 相談の実施に予定より早く踏み切るとの決定がなされたのである。スマホの「つながる」力を心理的側面から考え，理解を深めることは，学校現場での臨床に携わる SC にとって急務である。

2. 教育現場でのスマホの急速な普及による功罪──「つながる」力の強さ

スマホの「つながる」力は強力である。「簡単・素早い・リアル」という三拍子がそろっている。某電気メーカー CM の「誰ともつながらない時間を」というキャッチコピーは，スマホが欠かせない現代の状況をよく反映している。SC として教育現場に携わっていると，スマホの「つながる」力が絡み合っている事例と数多く出会う。それらのほとんどが，スマホの「つながる」力によって状況がより複雑化し，対応や解決を困難にしていると感じる。ここでは，筆者が作成した架空のエピソードをもとに，SC の立場からスマホの「つながる」力によって生じうる（可能性のある）心理的影響や課題について，以下のエピソード 1 〜 4 をもとに考察したい。

《エピソード 1》──不安増幅の弊害

中学校 1 年の A 子は，4 月に新しい仲間たちとの生活が始まった。小

学校で仲の良かった友だちと離れてしまって不安だったが，クラスの中で
元気で目立つ存在のB子が声をかけてくれて，B子を中心とした4人グ
ループに入ることができほっとしていた。そんなある日，同じグループで
はないC子から，突然，「A子って，親にいろいろ買ってもらえるんでしょ。
いいなあ。」と言われてびっくり。「え？なんでそんなこと……。そんなに
買ってもらってないよ。」と言うと，「へ～，だって，LINEで回ってたよ～」
「え！？」驚いたA子は，声をかけて来たC子に，C子が話したというこ
とは絶対言わないという約束でどういうことか詳しく聞いた。すると実は，
新しいクラスができたとき，クラスのLINEグループができていたのだっ
た。B子中心に呼びかけられたようで，自分のスマホがある人はもちろん，
親のスマホでLINEをさせてもらっている子も入ってグループが形成され
ており，その中で，B子は，A子が親からプレゼントをもらったことにつ
いて流していた。そこには，「なんか，自慢げでむかつく」という一言も
添えられていたようだ。A子は，この事実を知り，「どうしてそんなこと
言ったのか」という怒りも感じたが，それ以上に，学校では何食わぬ顔で，
毎日変わらない様子でいたB子やクラスLINEに入っている人たちのこ
とを思うと，なんだか怖くなった。これ以降，A子は，なんとなく落ち
着かない不安な気分になった。学校に行く前に，ふと「昨日の夜は，
LAINでどんなことが回っていたのかな。自分のこと何か言われていたら
どうしよう……。」と思うと，学校に行くのがとても不安で怖くなるのだ。

✛ 考察

　思春期は，アイデンティティーの確立という大きな発達課題があり，他者と
自分との比較の中でさまざまな葛藤を抱きながら進んでいく。この時期の最大
の関心事は，自分自身であり，周囲の同年代の仲間たちである。その仲間たち
に「悪口を言われる」ことは，とても大きな傷つきになる。この傷つきは，も
ちろんスマホ出現とともに始まったことではない。しかし，スマホの出現とと
もに，傷つきと不安の深さは，より深刻になったように感じる。「もう悪口い
いません」という約束が，表だけのものであり，裏ではLINEで悪口が続く。
こういうことを他者がされているのを見たり聞いたりして，自分の時はやられ

ていないと信じられるわけがない。いつ，どこで，誰が自分のことを噂しているかわからないという不安は，一昔前よりも，強く，解消されにくくなっているように感じる。スマホの「簡単・素早い・リアル」に加えて「広く」「つながる」力の強さが一因であろう。どんな人にどんなことが拡散されているのか見えないことは，悪口を言った人への不安だけにとどまらず，誰を信じて良いかわからない，誰も信じられないという人間不信を抱くことになる。他者への信頼を失った生徒たちは，「きっと大丈夫」という気持ちに回復するまでに，とても長い時間が必要になる。

☆

《エピソード2》—身体的・心理的距離の混乱と「間」の欠如

> 高校2年生の女子D美。母親と二人暮らしだが，母親は，男の人と出かけて留守のことが多い。学校での人間関係は，入学してすぐから，学内の男子と代わる代わる付き合っていたので，周囲の女子からは，「男好き」としてレッテルが貼られ，遠巻きにされることが多い。そういう中でも，なんとなく一緒にいてくれていた2人の女子がいた。D美にとっては，その2人がいるから教室にいられるといってもよいくらいの存在だった。ある朝，D美は母親と大喧嘩をし，「もうこんな家帰るか！」と吐き捨てるようにして家を出た。学校に登校したものの，イライラした気持ちが抑えられず，一緒に行動している2人に対して，荒々しい口調をぶつけてしまった。当然，この2人は不快な気持ちになり，3人のLINEグループを解消し，クラスLINEでD美への非難を流した。はじめ，クラスで一人頑張っていたD美も次第に苦しくなり，だんだんと教室に行けずに保健室にいることが多くなった。自宅では，寂しさや不安を紛らわそうと，ツイッターで男性との関係を求め，男性から性的行為を強要されるような事態になってしまった。

✚ 考察

D美のような寂しさや人恋しさは，Twitterで出会う男性にも，きっとすぐに感じることができるに違いない。当然，座間事件[3]のようにその気持ちを利

用しようとするものもいる。ちょっと寄り添うような言葉をかけて，共感的に話を聞いてあげることで，D美は寂しさを感じずにすんだ。物理的距離は意味を持たず，実際に目の前にいるかのように会話が進んでいく。より早く，リアルに，心理的距離は接近していく。D美に寄り添う気持ちが本心かどうか，素性のわからない相手から読み取ることは難しいからこそ，本当は，「間」をもって，振り返る時間を持つ必要がある。しかし，スマホの「つながる」力の強さによって，立ち止まる間もなくどんどん加速し，押し流されていってしまうのだろう。この様なケースは，大変短い時間でものごとが進んでいく。周囲が気づき，関わる間もなく，結果として被害に遭ってしまってから SC が関わりを持つことが多い。心身の回復には，長い時間が必要になる。

☆

《エピソード3》─見えづらさの弊害

> 高校2年生男子E樹は，行動面のテンポが遅く，周りからからかわれがちな男子生徒だった。ある日の下校時，電車の踏切で不慮の事故に遭う。夜にはテレビのニュースで放送された。連絡を受けた学校は，すぐに危機対応委員会を立ち上げ，対応について協議した。翌日の朝には，全校朝会を開き，E樹のことを報告した。E樹の死について知らされた生徒たちからは，わずかにどよめきが起こったが，取り乱す生徒もなく，そのまま落ち着いた状態が維持されるかのように思われた。が，数日たってから，保健室に体調の悪い女子生徒F子が訪れた。聞くと，数日間，よく眠れていないという。食事もとれず，体を支えているのがやっとという様子。話を聞く中で，E樹の死について，全校集会の前には，LINE でさまざまな情報が飛び交っていたことがわかった。「あいつは，いじめられてたから自殺したにちがいない」「先生たちはごまかそうとしている」「遺書があったらしい」など，出所がわからない情報が錯綜し，LINE のグループの1人だったF子は，とても怖くなってしまったのだが，なんだか口に出してはいけないと思い，必死で怖さと戦っていたという。

中 考察

SCは，時に通常の勤務とは別に，緊急時の対応を求められる。多くは，事件・事故・自死など，命に関わる場合である。緊急支援時には，初期対応が重要であり，誰をどのように支援していくかは，本人との関係も含めてアセスメントする中で優先順位を検討していく。F子のように，生徒たちがスマホを持ち始め，クラスLINEなどのつながりができてからは，現実的な関係性だけでは，アセスメントしきれない状況が多々起こる。このエピソードのように，事実とは異なった理解が勝手に先走ることもある。事実の把握について，以前は全校集会で初めて知ったという生徒が多かった。しかし，今は，それよりも前に「簡単・素早い・リアル」にLINEで拡散されていることが多い。これが強烈なショック体験となり，強い精神的ストレスがかかってPTSDを引き起こすときもある。特に，人の死に関わることについては，口に出すことが悪いことのように感じ，表に出せず，胸に秘めてしまっていることも多い。傷つき方や程度が正確にアセスメントできず，対応に遅れや不十分さができてしまう可能性がある。

☆

《エピソード4》―親のLINEによる人間関係力への弊害

小学校3年のG男は，自分の気持ちを言葉で表現するのが苦手で，嫌なことが嫌と言えないタイプ。同じクラスにいるH太は，落ち着きがなく，口が達者ですぐに相手を傷つける言動が多い。担任の先生は，G男には，自分の気持ちを相手に伝えらえるようになってほしいし，H太には，相手の気持ちを考えた言動が少しでも上手になってほしいという，個々の成長に対する目標を持って接していた。

ある日の昼休み，G男が自由帳にお絵かきをしていた。大好きなトラックを書き上げたところで，H太が近寄ってきて，「何書いてるんだ？　これ，トラック？　似てない。へんなの」とG男に言った。G男は，完成したばかりのトラックを「似てない。へんなの。」と言われてしまい，悲しくて泣き出した。この一件については，周りで見ていた友達が先生に伝え，先生がそれぞれに話を聞いて，お互い「ごめんね。」で終わったはず

だった。

　数日後，母親から電話があり，G男が欠席した。内容は，「G男がH太にいじめられて心の傷を負っている。今回が初めてではなく，これまでも何度となく繰り返されてきているらしい。また，ほかのお家のお子さんもこれまでいろいろと嫌な思いをさせられてきている話をたくさん聞いている。みんなが悲しい思いをしていることを，H太の親は知っているのか？親も謝るのが当然だ。また，それが続いてきているということは，これまでの先生の対応はどうだったのか。今のままでは，安心して学校に行かせられない」というものだった。

　この一件の背景には，G男が，宿題をやりたくなくてぐずっていたところ，母親に学校で何かあったのかと聞かれ，言い訳のようにしてH太にやられたことを伝えたということがある。いじめに遭っていると驚いた母親が，詳しく状況を聞き出し，その内容をママ友のグループLINEに流したのだ。すると，「うちもこんなことがあった」「たたかれたこともあった」「何度も繰り返しやられる」などがLINEですぐに回り，G男の母親は，これからもっといじめられのではないかという不安と，今まで何もしないでいる担任の先生への怒りでいっぱいになってしまった。

✛ 考察

　たわいもない子ども同士のケンカは，学校現場にいれば，日常茶飯事である。特に，年齢が低ければ，「どこかで誰かが泣いている」という状況は，年齢相応で微笑ましく感じることさえある。ただ，この「子ども同士のケンカ」の解決が，なかなか難しいことがしばしば起こるようになっている。

　一般的には，ケンカが起こると先生たちは，それぞれの言い分や周りで見ていた子供たちから状況を聴いて，まず，誰が，どんなふうに，どうしたかという状況の把握をし，お互いがどんな気持ちだったかを考えさせ，相手の状況や気持ちを理解した上で，お互いがお互いを受け入れることができるようにすることを目指す。この過程を経て，「自分の責任を自覚する」「許す・受け入れる」「折り合っていく・気持ちが通い合う」という感情・感覚体験をする。その過程を体験させることは，頭だけでは理解できない，理屈と体験が一致してこそ

獲得できる大事な過程である。その体験の機会を設定することは，豊かな人間関係のための大事な教育の一環である。

　こうした解決の方法を子供たちが学び，体験していくことで人間関係の修復の仕方を知り・感じ・獲得していく。「親が子どものケンカに口を挟むとろくなことにならない」，こういうことは以前は当たり前であったが，口を挟まずにいられない親も多くなってきた。そして，それを良い意味でも，悪い意味でも手助けするツールになっているのが，スマホである。

　スマホは，現実社会を多重構造にすることができる。表の世界と裏の世界とをはっきり分けることができるようになってしまった。子供たちの表と裏だけでなく，親同士の表と裏。世界が多重に重なり合う構造になっている。そのため，教師が，先に挙げたようにお互いの状況や気持ちの理解を丁寧にさせて，一見，折り合えたように見えても，LINE が作り出す裏の世界では，悪口を言い続け，先生からの指導も非難し合っていることもある。また，特に，親の関わりがまだまだ多い小学校では，学校から帰ってきた「○○ちゃんに悪口言われた」の一言に，親の LINE が回ることある。一夜のうちに，情報は広がり，親同士にも重要な問題になってしまう。一つの子供同士のささいなトラブルが，学校社会の中で収まらず，子どもと先生だけで終結できない。また，すっきり終わることがなく，折り合っていくことが難しくなってしまった。お互いに謝ってから，徐々に関係を取り戻すという過程は，体験でなければ培われないことの１つだと思うが，その過程に横やりをいれるのが，親の LINE なのである。

　親たちの関係が子供たちの関係に直接影響を与えてしまう。以前は，親同士の関係も限られていたが，今のように，タイムリーに，その場で井戸端会議をしているかのように話ができるようになってしまったからこそ，子供たち同士の出来事に親の感情が入り乱れ，収まりがつかなくなるのだろう。親元から離れて，社会の疑似体験をする場の学校としての機能が低下している。親同士の確執が生まれ，グループ化が進み，親元から離れて社会を疑似体験する子供たちと親との境界線が危うい。義務教育の SC は，こういった複雑に絡み合ったケースで，加害，被害の両者への関わりを求められることはもちろん，どうにもならなくなった状況をどう打開していくか憔悴しきった先生方からコンサルテーションを求められることも多い。

3. スマホの急速な普及による心理的距離と関係性の変容

1) 教師・生徒・親

　携帯電話登場以前は，教師と親の関係は，固定電話に限られていた。固定電話では，自宅で，家族がいることが前提となるので，先生から家に電話があったときも，親から先生に電話するときも，傍らでは，子どもがじっと耳を澄ませているのが一般的であった。携帯電話が登場してからは，どこでもいつでも，家以外の場で自由に連絡できるようになり，教師と親との距離をぐんと縮めている。この教師と親だけという閉鎖的な空間は，親密さも，攻撃性も生み出す。親は，感情を強く，ストレートに，感じた時に伝えられるようになった。その分，先生方は，対応の数も対応に必要な時間も増え，勤務時間に明確に終わりを作ることが難しくなっている。電話での会話だけでなく，メールや LINE でのやりとりが行われることも多い。意図が伝わりづらく，間違った理解をされ，それが怒りとなって返ってくるということも多々ある。どれだけというほど長い非難のメッセージを送りながら，教師側のメッセージには，全く無反応で，連絡が取りたくても連絡が取れないということもある。「つながる」力の強いスマホも，相手の意思によっては，実際の距離よりも，つながれていない感じを抱かせるような正反対の心理的距離を生み出し，一方的なコミュニケーションの道具となる。

　文字として言葉が残り，通話も録音できることで，動かぬ証拠として攻撃の道具となることもある。今や，いつ，どんなことで非難を向けられるかわからない教師は，訴訟への対策の1つとして，損害賠償保険の加入者も増加しているという。

　また，生徒と先生の関係性も，スマホが絡むと現実的な距離を保ちづらい。若い教師は，スマホ世代の先駆者であるため，生徒との LINE のやりとりもハードルが低く，部活の連絡などにも利用することが多い。LINE で連絡しあうということの枠のなさを，何か問題が起きるまでは，とても危うい関係だと感じていないことが多い。時に，「死にたい」という LINE がきて慌てて生徒に電話をするというような，コントロールされる事態になって初めて，いつでも

「つながる」ことの大変さを知ることになる。時には、親でさえ、LINEで生まれる心理的な距離の近さを親密さと勘違いしてしまうことがある。担任の先生に我が子を心配し、相談し、自分の気持ちを受け止めてもらっているうちに、自分の気持ちへの共感をそれ以上の感情と錯覚してしまうのである。

2）親と子

　学校で親子と関わっていると、スマホをはじめとするICT機器が、親子の関係にさまざまな影響を与えていることが感じられる。例えば、「タブレットの動画を見始めるととまらない。どうしたらいいか」、「ご飯中もスマホでLINEをしている。ご飯の時ぐらいはやめてほしいのだけど」などは、親面接をした際によく話題になることである。そんな困り感を語っている隣には、まだ保育園にも入園しない小さいお子さんが、母親のスマホを両手でしっかり握りしめ、目を見開いて画面を凝視している。「今は、学校行かないなら取り上げるよって、夫が取り上げて使えないようになっているんですけど」などなど、母親は自分の苦労を語る。その傍らで1時間何も言わず、スマホを巧みに操作する幼児を見て、違和感を感じずにはいられない。母親からは、「父親がゲーム好きで、帰ってくると部屋にこもってパソコンでゲームしているんです」とか、子どもから「母親は、ゲームや動画ばかりみていて、ご飯が遅くなる時がある」などの話も多く耳にする。スマホの使用にあたっては、家の中でのルール作りがまずもって重要であるが、その枠作りが難しい家庭が多い。

　諸富祥彦『「プチ虐待」の心理』[2016]にもあるように、「面倒くさい」が先に立って、「スマホやタブレットに子どもの相手をさせ」てしまう。自分の感情がルールである家庭では、スマホを適切に利用するルール作りは難しい。親が便利さを優先すればするほど、スマホとの適切な付き合い方は、子供たちにとっても難しいことになる。また、中学・高校生の子供を持つ親たちと話をしていると、スマホを持たせるかどうかについては、間違いなく10人中10人が「心配」と答える。しかし、その後に必ずといっていいほど「仕事で遅いとき、どうしているかLINEでわかるから安心」とか「待ち合わせやお迎えに時間の無駄がない」という言葉が続き、最後は「やっぱり、あった方が便利なんだよね」とみんなで肯定して終わる。不安がありながらも持たせてしまったり、

使わせてしまったりしていることへの，親自身の負い目を隠すかのように。中学生の子どもを持つ著者も，このような親の心理が子どもとの間に生じるのは，よくわかる。プラス面を強調することで，マイナス面に対する不安を弱めることができるのだ。

　以上のように，スマホをどう使わせるかという利用の枠付けの問題も重要だが，スマホの存在が，親子のコミュニケーションにも変化をもたらせている。同じ家の中にいても，LINEで話をするという話題はよく出る。顔を合わせて言葉を交わしていると感情的になり，上手にコミュニケーションがとれなくなってしまう親子にとって，LINEは害にならない程度にお互いの意思疎通ができ，都合の良い道具なのである。強い葛藤を感じずにすみ，つながれている感覚を持てることで，「お互いほどほどにわかり合えている」「友達のように仲の良い親子」と特に親側に安心感がもたらされるように感じる。子ども側からみると，親と話をすること自体が面倒だし，踏み込まれすぎない安心感があるにすぎず，表面上はわかり合えているようでも，深くわかり合えているわけではない。

　結局は，スマホである程度の距離をとり，親子の葛藤を回避しているだけなのかもしれない。また，心理的距離は離れている反面，物理的距離は密着していると感じることがある。「今○○駅にいるから迎えに来て」とか，「仕事の帰りにコンビニでジュース買ってきて」とか，離れた場所にいても，子どもからのLINEは，親を動かす力がある。子どもからは，「してほしい」ということを伝える道具であり，それを聞いてあげるのが親の役目であり，子からの信頼と取り違えている親もいる。スマホは，知らないうちに依存性を高め，自立を阻んでしまう一面もあるように感ずる。筆者自身，一人の中学生の親として，スマホについては，常に心配や不安を抱いている。幸い，未だ「ほしい」と言われたことがないので，現実的な心配や不安になっていないが。おそらく，「ほしい」と言われた瞬間から，スマホについてありとあらゆる悩みが終わることなく続いていくのだろう。ただ，SCとして，さまざまな親子関係にふれあう中で感ずるのは，スマホの枠付けに始まり，起こり得るさまざまな葛藤については，それに正面から対峙し，直接的なコミュニケーションを持って折り合う努力をしていかねばらないということだ。

4. まとめと今後の課題

　この章を通じて，スマホをはじめとする ICT の急速な普及が，教育現場やそこに関係する教師・親・子どもたちの人間関係にどのような影響を与えてきているのかについて，現状と課題について検討と考察を試みてきた。スマホの「つながる」力によって生じうる心理的影響や問題点，今後の課題については，以下のようにまとめることができる。

〔心理的影響や問題点〕
1. 人間関係の多重構造化（LINE 等による裏面でのやりとりの複雑化）
2. 「間」の意味の変化（関係性や感覚の混乱・親密性の高まりやすさ・考えることや振り返ることができない・孤独になれない）
3. スマホを持つことで生じる新たな葛藤（子供，親，教師）と葛藤の回避
4. 対人不安の大きさ（見えない世界の存在への不安）
5. トラブルが起きた時の傷つきの深さ（広く，早く伝わる）
6. 依存性・身体化（自己の一部）
7. 感情コントロールの低下（切れやすさ・忍耐力低下）
8. 親のスマホ依存・親の養育態度・愛着障害

〔今後の課題〕
1. 人間関係力向上に通じるスキルの育成
　　自己理解，SST，アサーショントレーニング，アンガーマネジメント，ストレスコーピング
2. 情報リテラシー教育
　　スマホの使い方，スマホの弊害についての知識と具体的対処法
3. 親力向上のためのサポート
　　子供の発達とスマホの影響についての学びの機会
　　ICT にまつわる親の悩み相談の窓口

　学校現場で格闘する先生方の生の声と，SC として教育の現場にいる著者自身の主観とを基に学校現場の現状をまとめてみると，そのたった 1 つの機械が与える影響のなんと大きく多方面に及ぶことか。生活面だけに限らず，学生の

本分である学習，生徒指導上の問題，そして人間関係に至る。また，教室の中の生徒同士という限られた空間・人間関係だけにとどまらず，多重構造で果てしなく広がる。生徒は，被害者でありつつ，時に簡単に加害者にもなり得，他者との関係も近くて遠く，遠くて近い関係性の混乱の中にいる。教員は，「教科指導」という本来の職務以外の職務が増大し，対応に追われ，時には巻き込まれる日々を送っている。このような学校現場で心理的サポートに携わる SC にとっては，この状況の理解，とりわけスマホの「つながる」力の理解なしには，適切なサポートには至らないであろう。

　今回は，筆者自身の主観や地方の一部地域の先生方からの言葉を中心に現状や課題の理解を深め，スマホの「つながる」力によって生じうる心理的影響や課題について，起こりうる状況を想定し，エピソードを基に検討・考察したにとどまっている。スマホの「つながる」力によって生じうる心理的影響や課題について，その力の大きさを自覚し，理解し，対応していく必要を提示したのみである。

　昨今，学校現場でもニーズが高まっている情報リテラシー教育や人間関係力（SST・アサーション）の育成など，予防的側面については，SC が具体的に求められる役割も明確になってきており，実際に支援に入る機会も増えた。ただし，それらの事例にどうアプローチするかという点においては，今後具体的事例を扱いながら検討を重ねて行くことが必要であり，検討を重ねる中で見えてくる心理臨床家としての専門性や専門的役割，さらには，他職種との協働・連携がどうあるべきかについてもより鮮明になっていくのではないだろうか。今後とも本研究を継続していきたい。

[小澤エミ]

注）
1）NHK 放送文化研究所「"子どもに良い放送" プロジェクト」
　　2001 年（平成 13）年 11 月発足。2003 年以降，約 1,200 名の 0 歳児を対象として 映像メディア接触が発達に及ぼす影響について縦断的に検討されてきている。
2）BPO（放送倫理・番組向上機構）・放送と青少年に関する委員会『青少年へのテレビメディアの影響調査（4 年間の追跡調査）』2005 年 2 月 22 日
3）2017 年 10 月に発覚した，神奈川県座間市の殺人事件。

毎日新聞「座間事件」参照 https://mainichi.jp/ch171189693i
4) 文＝ソマリキヨシロウ／清談社，http://biz-journal.jp
5) 場合によっては，LINE だけではなく，Twitter などほかの SNS によるやり取りもあるが，それを代表して「LINE でのやり取り」と記した。
6) 長野県教育委員会　学校生活相談
SNS による相談「ひとりで悩まないで @ 長野」試行結果の概要参照
https://www.pref.nagano.lg.jp/kyoiku/kyoiku/shido/sodan/sodan.html

〔引用文献〕

諸富祥彦　2016　「プチ虐待」の心理　青春出版社
総務省「通信利用動向調査」図表 6-2-1-1　情報通信端末の世帯保有率の推移」
　　http://www.soumu.go.jp/johotsusintokei/statistics/statistics05.html
　　56.8%（2016 年）
内閣府　平成 28 年度青少年のインターネット利用環境実態調査調査結果（速報）　2018. 2,
　　p.14

5章　ICT企業のSEの最新事情

はじめに

　近年のICT（情報通信技術）の進展はめざましいものがある。本章では，その進展を牽引しているICT企業の技術者たちの過酷な労働の実情を，ICT技術者（主にSE：システム・エンジニア）へのインタビュー調査などを通じて，明らかにしたい。[1]

1.　ICT技術者の業務概要と仕事の特徴

1）ICT技術者の業務概要

　ICT企業における，情報通信技術を駆使したシステム開発業務は，一般的には，おおむね次のような流れで，さまざまな職種の技術者によって，行われている。[2]

（1）企画段階（企画案の提案，仕様打ち合わせ，見積書，開発工程表の作成）

　システム営業，システムコンサルタントなどが顧客会社に企画立案を行い，開発するシステムの仕様打ち合わせを経て，見積書，開発工程表の作成などを行う。

（2）システム開発段階（プロジェクト管理，システム設計，プログラミング，テスト）

　受注契約の成立時点で，どのようなメンバーと人数で，どのくらいのコストでシステム開発ができるか，詳細に検討後，プロジェクトマネージャー，開発SE，プログラマー，Webデザイナー，スマホプログラマー，CG，アニメクリエイターなどによるシステム開発プロジェクトチームを編成し，開発業務にあ

たる。

(3) 運用段階（システムの運用，セキュリティ管理，メンテナンスなど）

開発作業が完了したら，顧客会社とともに，システムを運用するための体制（サービスデスク，セキュリティ管理者，運用 SE，インストラクター，ソーシャルメディアマネージャーなどによるチーム）を構築し，システムの運用段階に移行する。また運用開始後，必要に応じシステムのメンテナンスを行う。

2) ICT 技術者の仕事の特徴

ICT 技術者の仕事は，小川［1988］がその著書『「コンピュータ人間」—その病理と克服』で述べているように，従来の職業の枠を超えた厳しさがある。[3]

(1) 要求される完全性（ミスが許されない）

種々のミスを犯しやすい不完全な人間にとって，限りなく完璧に近いシステムを開発することは至難の技である。しかし，コンピュータ技術者はその完全性が要求される。起り得るあらゆる状況を想定してシステムを設計し，プログラムを設計し，プログラムを書き，テストをする。たとえばプログラムを 1 万ステップ（行）書いたとき，1 文字の誤りも許されない。新聞，雑誌などの文章では，たとえ 1 文字誤っていても，読者が前後の関係から，その誤りを発見し自分で修正することがある程度可能であるが，コンピュータのプログラムの場合は，そうした融通がきかないため，プログラムが暴走したり誤動作したり，途中停止（異常終了）したりする。場合によってはそのような小さなミスが，銀行のオンラインシステムを停止させ，利用者をパニック状態に落とし入れる恐れもある。そのためプログラムの論理（アルゴリズム）設計後のレビュー（見直し）及びプログラムのデバック（不良個所の摘出と修正）およびテストの作業には細心の注意と集中力，根気，体力を必要とする。

(2) 苛酷（ストレスフルな）な労働環境（長時間労働）

コンピュータシステムの開発業務は，企業間の過当競争や，ユーザーの一刻も早く使いたいというニーズなどにより，かなりきびしいスケジュールを強いられることが多い。またソフトウェアという形のないものを作る性質上，実際の作業量が当初の見積もりに比べ大幅に増加したり，技術者の実力不足などにより当初のスケジュールを消化しきれなくなるなど，過酷な長時間労働を生む

ような不確定要素が多い。一方では完全性が要求され，片やスケジュールに追われた緊張した状況の下での長時間労働は心身の極度の疲労を生む。さらに慣れない顧客先での作業（ユーザ派遣）は顧客への気遣いやプレッシャーを感じるなど，自社での作業より環境はさらに劣悪なものになりやすい。

　また会議，打ち合わせを除くと，設計やプログラムのコーディングの机上での作業，コンピュータ端末に向ってのデバッグ作業はほとんど個人ベースの作業である。したがって同じ室で仕事をしている同僚とのコミュニケーションも希薄になりやすい。

(3) 種々の不安がつきまとう

　コンピュータ労働においては次のような種々の不安が作業を行う技術者につきまとう。

　①形の無いもの（ソフトウェア）を作る漠然とした不安。

　②ブラックボックス化したコンピュータ（特にオンラインシステムでは，コンピュータの本体は遠隔地にあり見えない）との対話は相手が見えないため，ある種の不安を感じる。

　③本当に自分が設計した通り，システムが動くかどうかという不安。（設計時）

　④見積もりが大幅に狂ってないかという不安。（熟練したプログラマーと初心者では同一の仕事に対して20倍の時間（工数）のひらきが出る場合もあり得る。）

　⑤フィールドリリース（客先でのシステム稼働後の引渡し）以降にトラブル（製品不良）が発生しないかという不安

　⑥新しいコンピュータを導入し，開発業務に使用する際使いこなせるだろうかという不安（不慣れから生じる不安）

　このように見積もり段階から設計，プログラミングを経て，システムが完全に稼働するまでは①〜⑥のような不安（弱気）と強気（いけるという感じ）が交互にやってきて心が休まらない。実際に稼働し始めて，はじめて安心感（自身らしい気持）がわいてくる。しかし客先で一度トラブルがあると，またいつ起こるかという不安はどこまでもつきまとう。以上のようにコンピュータ労働は不安の要素がかなり多いという特徴がある。

(4) 達成感と徒労感

システム・エンジニアやプログラマーが労働の喜び，達成感を感じるのは，自分の手掛けたシステムが完成し，いわば「生き物」のごとく動き出したという実感を持つときである。キーボードからあるプログラムの実行を指示するコマンドを打ち込むと，その結果がディスプレイに表示され，帳票がプリンターから印刷される。設計したとおりに動いているという手ごたえを感じるときである。しかしその手ごたえをゆっくりかみしめている暇もなく，そのシステムの第二次システム（機能拡張）や他のシステム開発の仕事に移らなければならない。つまり，心身の疲労が回復する暇もなく流れ作業のように次から次へ新しい仕事にとりかからざるをえない。その上，精魂込めて開発したシステムの寿命（システムライフ）は短くて3年，長くても10年（平均約5年程度）と極めて短い。これは技術革新のスピードの速さとユーザーのニーズの多様化，高度化により，システムが開発されてから数年で陳腐化し，廃棄されてしまう現実は，それを手がけた技術者に一抹のさびしさ，むなしさを感じさせるだけでなく，徒労感をいだかせ，生産物への愛着を失わせ，次の仕事への意欲を減少させる恐れがある。まさに生産物や技術者自身に対する「使い捨て」傾向が顕著となってきているともいえよう。

(5) 急速な技術革新と技術の陳腐化

コンピュータの技術革新のテンポはきわめて速い。その道のエキスパートとしての実力を維持していくためには常に新しい技術を習得していかなければならないきびしさがある。コンピュータに関するマニュアルは1つとして3年と同じものはあり得ないと言われるくらいである。システム設計の技法（ウォーターフォール，プロトタイピング，アジャイル）や普及しているプログラム言語（BASIC，FORTRAN，COBOL，C言語，JAVAなど）を駆使するプログラム技法についても，ある程度普遍性が保持されているものと，既に陳腐化されつつあるものが混在し，レガシーな技術を継承しつつ，新たな技術を勉強しなくてはならない。そのためこれでよいという精神的な安定感が感じられにくい。新製品が出るたびに似たような新しい利用技術を習得しなければならないことは過酷な労働環境下で働く技術者にとっては大きな負担でもあり，また中高年の労働者にとっては億劫に感じられがちである。

(6) コンピュータへの親和性

コンピュータ労働者は仕事がらコンピュータを使うことが多いため，当然ながらコンピュータとの親和性も高くなる。そのためコンピュータ労働者は知らず知らずコンピュータの特徴である，速度，能率，従順性，正確性などに馴らされてくる。またシステムの設計やプログラムの作成にあたっては論理的な思考様式が要求される。すなわち曖昧さを排除した二者択一的思考でシステム全体の論理を組み立てることが求められるのである。こうしてコンピュータ労働者はきわめてコンピュータ的な思考で物事を処理しがちとなる。こうしてコンピュータに同一化してしまったコンピュータ労働者を通称「コンピュータ人間」と呼ぶことが多い。このいわゆる「コンピュータ人間」は他者に対しても，コンピュータで習い性となった完全性，スピード，論理性などを要求するようになり，他者と正常な人間関係が保てなくなる可能性がある。コンピュータ労働には，多くのいわゆる「コンピュータ人間」を育てる土壌があるとみることもできる。本来コンピュータ労働者は SE やプログラマーである以前に人間であり，コンピュータとの関係，人間関係の両者に関し，バランスのとれた人間存在であることが望ましい。

上記（1）〜（6）は，小川［1988］[3]によるところであり，30年という年月が流れても現在も同等な厳しさが存在する。また加えて下記の一点を加えたい。

(7) コミュニケーションツールの常用

システム開発を推進する上で，また開発プロジェクトを運営する際のコミュニケーションツールとして，メールは非常に便利であり今や使用しない訳にはいかない状況であることは言うまでもない。使い始めた当初は混乱や情報錯綜が頻発したが今ではマナーも改善されつつあると感じる。ただ一方で，社内コミュニケーションでは「メッセンジャー」という簡易的な「チャット」が行えるツールもあり，特に若手がよく使用している。公式的な通達以外の個人同士のやり取りが可能な状況である。但し，公式，非公式の二重構造が起きる危険性があり，コミュニケーションがさらに複雑さを増すことで，今まででは考えられないコミュニケーショントラブルに発展すると言う危険性も持ち合わせている。「メッセンジャー」の使用を制限し始めた企業も出てきている。

2. ICT 技術の仕事の特徴とストレスについて

2011 年，厚生労働省の「職業別ストレス対処テキスト作成委員会」がまとめた資料をもとに，ストレスフルな ICT 関連の仕事をする ICT 技術者のストレスについて確認してみよう。

(1) 厳しいスケジュール，人手不足
　①いつも納期に追われて仕事をしている
　②納期までの作業期間が短すぎる
　③仕様変更があっても納期の変更ができない
　④チームの人員が不足している
　⑤開発に必要な機材やデータの不足

(2) チーム運営
　①チーム内で情報が十分に共有されていない
　②リーダーとメンバーのコミュニケーションが不足している
　③チーム内の仕事の割り振りが不公平である
　④メンバーの能力差が大きい
　⑤困ったときに助け合う雰囲気が無い
　⑥複数の人からそれぞれ矛盾したことを要求される

(3) 顧客との関係
　①顧客からの要求が厳しい，クレームが多い
　②顧客からの情報が十分得られない
　③顧客と対等な立場で仕事ができない
　④仕様が頻繁に変更される
　⑤顧客企業に常駐して仕事をする際のストレス
　⑥顧客から感謝されることが無い

(4) 経験，知識不足
　①経験したことの無い仕事で，手探り状態，先が見えない
　②顧客の業務に関する知識が不足している
　③経験が浅いのに能力以上の仕事を要求される
　④仕事に必要な技能や知識の研修の機会や勉強時間に不足
　⑤今の仕事のプロジェクト全体の進捗情況が見通せない

⑥今の仕事の経験や技術が次の仕事に生かせそうもない

（5）リーダー（上司）のマネージメント，リーダーシップ不足

①上司が多忙のため，指示不足，チェック不足となり，サポートされている感じがしない

②個人の裁量でどこまで仕事をしていいかわからない

③顧客との打ち合わせや交渉を，きちんとやってくれない

④業績評価基準がはっきりせず，どのように評価されているかわからない

（厚生労働省，中央労働災害防止協会『IT業におけるストレス対処への支援』2011年3月）

30年前からのICT技術者の厳しい環境，現在に至るまでのストレスに関して確認してきたが，さらに筆者が経験してきた最近の動向や実態を産業カウンセラーの立場で確認しながら，どのように対処していくかを考察していきたい。

3. ICT技術者の最近の動向とその課題

1）ICT技術者の開発環境

（1）開発体制

開発体制としては，昨今プロジェクトチームという形で組成することで目的・ゴール達成をミッションとした期限付きのチームを立ち上げることが多い。システムの開発規模や難易度に応じて経験豊かなプロジェクトマネージャーが任命されることが最大のポイントであるが，プロジェクトマネージャーはシステムの3種の神器であるQCD[4]の管理だけでなく，コミュニケーションマネージメント，モチベーションマネージメント，ステークホルダーマネージメントなど，人間関係を良好に保つマネージメントが行える人間性が高い人物が必要となってきている。これは，PMBOK[5]の中でも上記のマネージメント領域が追加，更新されてきていることからも明らかである。加えて，チーム体制の中でもユーザー業務に精通している業務系スペシャリスト，製造から実装までの技術的な課題を担当する技術系スペシャリストが配置されることが望ましく，各サブシステムごとに次期のプロジェクトマネージャー候補と言われる中堅のプロジェクトリーダが，各チームをマネージメントしていくのが理想的である。

(2) 開発場所

　理想的には自社での開発が望ましい。理由は２つある。ひとつはある程度の
マイペースさを保てること。ユーザから矢継ぎ早に投げかけられる変更要求に
悩まされることなく，集中した作業が生産性を上げ，チームワークの構築に専
念することができる。もうひとつは，チームの状況がプロジェクトマネージャ
ーの上長あるいは上司である開発責任者や幹部に見えることで，重大な問題や
リスクが発生した場合に経営的な判断や変動するリソースへの対応，重要フェ
ーズや工程終了時期に発生しやすい長時間労働の抑制など，健全性の維持を随
時チェックでき，開発状況を客観的にトレースすることができ，迅速なリカバ
リーが可能なことである。

(3) 能力向上

　チーム組成時にタイミングよく経験者・有識者だけが集まるとは限らず，集
まったメンバーの中には若手や新人が参画することがある。若手，新人の投入
はチームの活性化と同時に次世代の有識者，中心メンバーを育成するためにも
極めて重要であり，開発作業を行いながらのOJT（On-the-Job Training）は
メンバーの能力向上の絶好のチャンスである。但し，現場の受け入れ準備とし
て一定の知識・技術の習得ための教育計画があるか，技術向上のための開発実
習が行える実機をある程度自由に操作できる環境があるか，など点検・調整し
ておくことが必要であろう。

　ICT企業が顧客からシステム開発を受託し開発作業を行う場合，上記のよ
うな理想的な開発環境で行うことはもちろんあるが，最近は，セキュリティの
関係や個人情報保護の観点から顧客先の開発部門に常駐しながら開発作業を行
うのが主流となっている。ネットワークも外部との接続に制限があり，自由に
通信することができないケースや，携帯電話を持ち込むことさえできない場所
もあるなど，非常に厳しくなっている。

　したがって，自社からの連絡も限られ情報も少なくなり，帰属意識や所属意
識が希薄になる傾向がある一方，開発受託の条件でもあるため，ビジネス推進
のためにもその対応力がICT企業としても最優先課題となっている。

　そこで，そういう環境の中で苦労しているエンジニアのA氏とB氏の事例，

80　第Ⅰ部　ICTの急激な普及の功罪

およびＣ氏の事例をもとに考察を試みたい。

《事例1》─リーダー格としてのＡ氏

Ａ氏　職種：SE（プロジェクトリーダー）　社歴：7年　男　独身　35歳

＊

　彼は，28歳で中途入社して，前職でも同じ ICT 業界でそれなりに実績を積んできたが，自身のキャリアアップを考え，7年前に転職をしてきた。入社早々，大手企業の大型システムの担当チームに配属。それ以降7年間同じ部門の同じチーム，同じ案件に携わっていた。

　担当はシステムの保守・運用系のチームのリーダー格となっていたが，顧客からの改善要望や運用で回避していた不具合の改修を行う一方で，システム障害が発生した場合の原因追究，運用での回避策，暫定対応，本格対応など管轄範囲は広く，場合によっては一分一秒を争うような重大事態にも遭遇するような極めて重要な作業を担当していた。

　Ａ氏は自宅から開発拠点まで約1時間半かけて最寄りの駅に着くと，その拠点へ向かう人の大群と一緒にビルへと吸い込まれていく。階層別のエレベーターの前はピークのこの時間帯はすでに長蛇の列。2〜3分とかからないと思うが慣れてきたとは言え，とても長く感じる。何とかエレベーターを降りるとほとんどの物は持ち込み禁止のため，用意されている個人ロッカーに鞄やスマフォなどはしまい，ID セキュリティカードだけを取り出し，駅の改札のような入館ゲージにカードを翳しながら通り抜け，さらにガードマン風の係員が厳重に持ち込みチェックを行い，やっと執務室へと到着。

　今度は室内の個人ロッカーから資料やノート，文房具，そして拠点内連絡用の PHS を取り出し，ようやく自分の机に。

　ひと息入れる間もなく，朝会が始まるため所定の会議室に急ぐ。顧客の主担当者，各社各チームのリーダーが一堂に介して，始業前の10分間今日一日どんな作業があるかチーム連携に問題がないか開発イベントとしては何があるのか共有しあう。たった10分ほどの会議だが顧客のリーダー

格か爆弾発言がないか緊張する。たまに午前中が潰れてしまうほどの緊急の依頼事項があったりするが，今日は何事もなく連絡事項だけが話された。ほっとしながら自席に戻るが，そういえば今週になって体調不良で休んでいた若手のM氏が今日は来ているか気になる。また，昨晩遅くまでちょっとした認識の違いで協議しあっていた結論にも気になっている。いろいろ気にしながらももう次の会議の開始時間が迫ってきて憂鬱な気持ちになる。もう一人自分と同じスキルをもったメンバーが居てくれたらどんなに楽になるかなあと常々考えていて，先日も幹部がこの拠点に来ていたので少し増員の相談をしたつもりだったが，うまく伝わったかわからなかった。励まされて社に戻っていったがこれ以上頑張れる気はしなかった。今でもいっぱいいっぱいだと感じている。

　そう言えば本日，昼前に社内の幹部との開発案件の状況報告会議が予定されていた。通常は大規模プロジェクトが対象であるが何故か当チームの案件も対象になった。そこで何か問題と認識される事柄があるとそのための対策レポートが必要になる。こういうのも思いのほか負担になる。とにかく，本社との電話会議のため会議室でWi-Fiでの通信などのセッティング，通話の確認など10分ほどは時間がかかるが，いつも若いメンバーにお願いしているが今日も休みだと報告を受けたため自分で行う。20分ほどの会議だが，そのための準備などで幹部相手に遅れるわけにもいかず思いのほか気を遣う。移動時間を節約することができるが，電話会議で果たしてこちらの臨場感が伝わったか疑問である。何とか切り抜け昼食の時間になった。

　常駐先のユーザーから各種問合せや矢継ぎ早やの質問を受けると言う毎日で，気持ちが休まることが無い状態が続く傍ら，メンバーへの指示出しのための準備やメンバー育成のための指導用資料の作成なども，リーダーの役割と感じていて，チーム内の活性化のための作業も抱えていた。独身と言うことで比較的，生活時間に自由度があるとはいえ，プライベートな時間を割き，仕事一辺倒にならざるを得なかった。

　このようにメンテナンス作業推進，メンバー管理，ユーザーとの調整，社内調整など忙しさに埋没する環境に染まっていってしまっていると感じ

ているが，問題はそれだけではなかった。

　彼は，ここではやりきった感があり，もうこれ以上ここにいても自己成長は望めず，自身のキャリアアップのためにはもはや一刻も早く違うシステムを担当することを望んでいた。またリーダ格からプロジェクトマネージャーへのレベルアップのためのスキル習得をしたいとも考えていた。キャリアアップやキャリアチェンジというキャリアパスを描くことに漠然と不安を感じながら，モチベーションの維持に苦しんでいた。

　半年ほどかけて彼の話を聞きながら，管轄の部門長や関係の幹部などの理解や協力を得て，異動ローテーションが確約され喜んでいたにも関わらず，次の週に急に体調を崩し，半月ほど休むことになった。

　休日作業や深夜でのシステムの切り替えなどもあったため，生活のリズムを狂わされることもあり，知らず知らずのうちに精神的，肉体的な負担となっていたのかもしれない。

　せっかく切望していた異動がやっと確定し，そのための引継ぎなどの準備を始めた矢先の体調不良なので，本人も非常に困惑していたが，なかなか改善の見込みがたたなかった。保健師・産業医・専門医などと連携した結果，今までの疲労蓄積が主たる原因ということでしばらく静養しながら治療に専念するため３か月ほどの休暇を勧められた。

☆

《事例2》─ SE（システム・エンジニア）のB氏

　B氏　31歳　妻と長女・長男の4人家族

＊

　B氏は入社9年目，社内で開発作業を行っていたが，急遽あるプロジェクトの要員不足から，顧客先に常駐することになり1か月ほど順調に従事していたと思われたが，ある日をさかいに休みがちになり，常駐先への勤務が困難になり，社内に戻ることになってしまった。社内での仕事を約半年ほど続けていたが再度体調が悪くなり，産業医・専門医の判断で一旦静養が必要とのことで休職することになった。

そもそも発端となった顧客先常駐のプロジェクトでの状況を，当初話したがらないB氏だったが徐々に過去を振り返った。

　毎週金曜日に行われている顧客との定例週次会である報告書の作成を依頼された。提出期限は翌週火曜日と言われたが，今日と月曜日だけではとても間に合いそうにないと思ったが断り切れず，自身の判断で土日に出勤しながら作成することにした。その日はたまたまいつも出席している上司は別の開発プロジェクトのフォローのため不在であった。土日に出勤するための休日出勤申請を行い，サポートしてくれるメンバーにも協力要請ができたので作成そのものに自信があったわけではなかったが，とにかくその場の流れで一連の作業段取りが決まったと言う。当然，その状況はメールや電話で上司に伝わっていたし，サポートメンバーも協力を快諾してくれたので，何とか乗り切れるだろうと考えていたそうだ。ただし，その結果として，その報告書の記載不備を顧客の前で指摘されたことが起因し，心が折れていったとB氏は言う。

　それをきっかけに，B氏は顧客先に行くのが苦痛となっていったと言う。自分の能力の足りなさや後悔など自責に捉われ，しかし休む事は逃げることだと感じ，何とか電車には乗ってみたが，目的地にたどり着けないという状態がしばしば発生した。自信喪失と自己嫌悪という感情が自分の中で繰り返され，相談する人も見当たらず自分の中でも処理しきれず，やがて休むことが多くなっていった。かつては，いくら仕事で遅くなっても同僚と飲みに行くことがあったり，本音で話し合う雰囲気の中で，仲間同士の会話により，自分の立ち位置や自分が起こしてしまったことへの思いなどを確認したり，行動を修正したりできていたように思うが，今回はそのようなこともなく，今から考えると孤立していたような状態だったと言う。

　このケースでは，B氏のスキルや知識のレベルと，要求されていたレベルにギャップがあったことが要因のひとつであると言って良いと思われる。知識やスキルのレベルが要求されるレベルに達していない状況で，プロジェクトに組み込まれることは，ICT業界ではしばしば起きる。そこでは，OJTによる具

体的かつ実践的な指導がなされるわけだが，そこには基本的なコミュニケーションがベースにあることが必要であろう。逆に言えばOJTを行いながらコミュニケーション基盤が構築されると言って良いのではなかろうか。

　B氏が重い口を開いて分かったことだが，参画当初から，このプロジェクトの漠然とした居心地の悪さを感じ早く社内に戻りたいとも感じていたようだ。上司は複数の案件や顧客対応に追われ忙しく，サポートメンバーも自分のことで精いっぱいという状況で話しかけづらい雰囲気があったようだ。また，そのような状況の中で，上司からは「もっと積極的に！」と何度か言われたと言う。つまり消極的な性格だというレッテルを貼られていたわけだ。この「積極的」というのは，なかなか難しいことではないだろうか。積極的とはいったい何なのか。このあたりから実はコミュニケーション・ギャップが発生しうる前触れがあったのかもしれない。

　期待されている役割と既に保有しているスキルとのギャップの問題。そのギャップを認識するのも，補おうとするのも良好なコミュニケーションがベースにあった上で計画的な育成活動があって然るべきであり，不運が重なっただけではなさそうである。

2) 今後の課題

(1) メンタル不調をめぐって

　A氏は，当初は，発熱と吐き気が続き，夏風邪でも引いたかと言う程度だったが，なかなか復調せず，かかりつけの内科医師からの勧めもあり，心療内科に罹ったところ，「適応障害」と診断された。薬を飲みながら今の職場を続けるか，会社と相談して職場を変更するか，まずは産業医・会社と相談するようにとの診断結果と同時に，身体的な失調も出ており，約3か月間の静養をとることになった。幸い，身体的な疾患を除去することで回復しつつ，一定期間，休職前の現場に戻りながら，予定通り，次の職場に異動することになった。役割もリーダ格からプロジェクトマネージャーという立場となり，生き生きと仕事をこなしていると聞いている。

　B氏は，約半年間は社内で従事することになるが，再びメンタル不調となり3か月間の休職。常駐先での出来事が関係しているかわからないまま，その後

も回復傾向に向ったと思い，出社しようとすると「足がすくむ」「吐き気がする」と言った症状に悩まされ，通勤が出来ず，睡眠障害にもなってしまった。家族を養っていかなければならないという気持ちから，復帰を焦る気持ちと，一方で叱責されたことを思い出すとエンジニアとしては戻れないのではという葛藤や不安感に押しつぶされそうになり，いつまでも不調な状態が継続された。

B氏とは何度も面談を繰り返して，体調が戻ったことを確認したうえで次の職場をどうするかを考えていった。

大学卒業後9年もエンジニアとして経験を積んできたこともあり，他の職種へ変わることへの不安，一方で，「エンジニアとしての限界」とまではいかないが，また同じことを繰り返してしまうのではないかとも感じていたと言う。社内に戻ってからの上長や保健師とも連携しながら，今後のキャリアに関して前向きに検討している。

(2) 常駐者の課題
① 孤立感・疎外感，社内との温度差
　　—少しずつ現場と社内のギャップが生じてくる
　　—「また来るから」は，来月か，半年後か？
　　—「何かあったら遠慮なくいつでも言ってくれ」

常駐開発というのはビジネス上の条件であるとともに，顧客との距離が近いことからコミュニケーションも闊達になり，最も重要な顧客ニーズを競合他社より早く正確に知ることができる。このメリット感を感じつつテンション高く従事しているメンバーがいる一方，それをプレッシャーに感じ，基本的な技術力や対応力が醸成できずに期待とのギャップに苦しんでいるメンバーも少なからず存在している。

社内との情報が遮断されているとまではいかないが，どうしても少なくなってしまい，他のメンバーなどとの交流もないことから疎外感を感じてしまい，そのような問題が発生しても，現場との物理的な距離は結果として，気付いた時には手遅れな状態に陥る危険性が多く，セーフティネット施策にかかりにくい。

② 常駐者のスキルアップ
昨今の開発環境は顧客サイドで厳重に管理されていることがセキュリティの観点でも最重要事項であり，テスト・デバック機でさえ制約が付き物で，想定

外の事を起こしてはいけないような環境になっている。スキル向上・習熟度向上のためには，トライ＆エラーができるある程度の自由度が必要であるが，顧客サイドの環境では実践の経験値を増やすことができず，ドキュメントやマニュアルなどの机上での確認によることが多く，自身の理解度を十分に満足させ，手応えを感じることが出来ないなど，ギャップを埋めるためのスキル向上策にもより自由度の許されない状況も起因していると言っている現場のエンジニアの声は多い。ドキュメントやマニュアルで記載されている内容の確認を手応えあるものにするためには，何より実際に操作や検証をしながら現象や結果をデータとして感じることが重要であり必然であろう。まさに「百聞は一見にしかず」である。ただし，前述の通り，シナリオ通りルール通りに扱わざるを得ないという制約で管理された環境が多いのも事実である。

③ 常駐者のキャリアパス

一方で，これは常駐者だけに限らないが，ICT技術者の今後のキャリアがどうなっていくのか不安に感じているメンバーが散見されている。特に常駐者の場合は，うまく組み込まれたら最後，なかなか抜け出せないと感じているようだ。やはり物理的な距離というのはいくら通信手段が発達しても，臨場感や本音が伝わりにくいものであるようだ。同じことの繰り返し，会議の多さも相まって，自分の成長が止まっていると感じると同時に自社という組織に忘れ去られていると感じている現場エンジニアの声はよく聞く。成長が感じられないことを長くやっていると惰性となりミスにつながり，またモチベーションも上がらず，評価も上がらないという悪循環に飲み込まれていく。ローテーションの輪の中から外れている感覚と言って良いかもしれない。

A氏の場合は，何度も異動希望を出しているにもかかわらず，要望が届かず，やっと実現すると思った矢先に今までの蓄積した疲労と「荷下ろし鬱」に近い事象，要望していた異動が確定したというようなほっとしたことから体調不調になってしまった。B氏は逆に体調不良になって初めて職種の変更を検討するという状況である。キャリアパスのイメージ共有や，ジョブローテーションの活性化などは，ICT企業の課題としてのメンタルヘルスと非常に深い関係があると言える。

一方《事例3》のC氏の事例のように，顧客側に常駐しながらも，十二分に

パフォーマンスを発揮し生き生きと活動しているエンジニアも少なからず存在する。彼らには一定のストレス耐性があり，基準以上のスキルとコミュニケーション能力が備わっているケースが多い。

《事例3》―メンタル不調と無縁だったSEのC氏

　C氏（入社9年目，妻と2人家族）の場合は，学生時代に体育会系運動部に属していて，そこでのいろいろな軋轢や体育会系独特な上下関係などを経験し，それがストレス耐性を育んだのではと振り返っていた。体力も精神的なタフさ，また問題への取り組みも「何とかしよう。何とかなる。」と言うような思考であり物事をやり抜こうと言う意識も，学生時代の体育会系クラブ活動で培ったと言っていた。

　技術的スキルに関しては，明確に新人時代に指導を受けた先輩がとても教え方が丁寧で上手であったと言うことを言っていた。分からないことがあった場合の調べ方，考え方など，約1年位の指導を受けながら従事したことが，今となっては自立的に活動できている大きな要因だと断言している。

　基本的なことを教えてもらいながら，自立するためのガイドライン的なものを培ってきたことが，現在，常駐先でも課題に対応して行ける大きな要因だと言う。むしろ，顧客との距離が近いため，他の競合会社より早く情報が伝わったり，真っ先に相談されることも多くなり，顧客から信頼されていると肌で感じるため，やりやすい上にやり甲斐にも繋がっている。

　常駐していることのメリットを享受していると言ってよいだろう。立ち位置に苦しむことなく，対応していけているという一例である。

4. ICT技術者の今後の課題

1) コミュニケーション能力の向上

リーダ格のエンジニアから聞いたことだが，メールだと闊達な記載による積

極的かつ論理的な発言をするのに，いざ対面になると全く要領を得ないメンバーがいて，コミュニケーション手段の使い分けにも苦労すると困惑していた。また，物理的な距離ではなく，小川［1988］によれば「たとえ，隣に同僚が作業をしていても，人間と人間の関係に発展しないことが少なくない。その同僚の彼独自の別の世界を構成しており，それはまるで電車の椅子に並んで座った人がそれぞれ本を読んでいるような物。その空間は居ながらにして地球規模の広がりを可能にする」[6]。

　スマホを操作しているものは，隣にいる職場の仲間や家族よりスマホを優先してしまっているように，ICT 技術者のコミュニケーションが技術の進化に伴い，より闊達になったかと言うと，むしろ，問題を複雑化しているように感じる。

　ICT 技術者が現実問題として，指示された内容の定義付けや範囲，プロジェクトの各種課題への対応，選択肢の中での判断などに対応し，調整・推進する場面では，どんなにガイドラインやドキュメントを充実させても，個人 対 個人のコミュニケーションに依存するところが断然大きい。その場合，どのようなコミュニケーションを取るか，健全な自己主張が行えるかは，ICT 技術者として重要な課題のひとつである。

　ネットワークを含めたコミュニケーション手段等，環境・設備・ツールの問題にはなかなか踏み込めないかもしれないが，個人のコミュニケーション能力に関しては，①如何にアサーティブなコミュニケーションを習得することで健全な自己主張を行えるようになる，②グループワークなどの研修により自己理解と他者との関係構築を学び，疑似体験することで，十分にコミュニケーション能力の向上を図ることができると考えている。

2）ストレスケア対策
（1）グループアプローチの活用

　コミュニケーション能力の向上策やネット依存・スマホ依存の克服の対策としても効果的であるが，ストレスケア対策の最重要な人間性の確保・回復という観点では，グループアプローチ以外に有効な手段は無いと言うくらい効果的である。

グループアプローチの最大の効果は気付きによる自己理解であるが，前述の小川［1988］で紹介されている IPR トレーニング（T グループ）他，多くの文献にて取り上げられているので，ここでは省略するが，ICT 企業においても技術的な研修だけでなく，グループアプローチでの集合教育に力を入れている所である。

(2) 自然環境との融合

職場環境がメンタルヘルスに与える影響も少なからず配慮すべきであろう。特に東京一極集中している現状において，自然豊かな地方で，リモートワークを実現したサテライトオフィスを積極的に利用している企業[7]や，リラクゼーションスペースを取り入れている企業も見受けられる。サイバー対策やセキュリティ関係での課題もあるとは思うが，ICT 技術の向上と働き方の多様性への対応として自然環境との融合は有用であると考えられる。

(3) EAP・産業カウンセリングの活用[8]

青木羊耳氏著『ほんものの相談』[9]の「まえがき」に次のような記載がある。

「アメリカではカウンセリングを受けることが日常茶飯事だという。…（略）…ところがわが国では，カウンセリングを受けていると聞いただけで，心の病に罹っている人であると受け取られる。身体が疲れた日にマッサージに立ち寄ってさっぱりしてから帰宅するように，…（略）…人生上のエポックについて気持ちが定まらないときや，…（略）…気軽にカウンセリングを受けてさっぱりした気持になって帰宅するようにならないものかと思う」と記載されているように，まだまだ，日本ではカウンセリングに対する認知・理解が遅れている。本章でも随所に記したが，迷った時，落ち込んだ時，何か違和感を感じた時に，EAP なり，産業カウンセリングなりの効果をぜひ取り入れて行って欲しいと思う。特に ICT 技術者の葛藤や心労を必ず軽減できると確信する。

3) ICT リテラシーの養成

コミュニケーションツールとして，メールやリモートネットワークの ICT 技術の進歩は生産性向上に大いに貢献している一方で，コンプライアンスやセキュリティ問題という社会的な側面と，誤解や軋轢を招くなどの業務上の倫理的・心理的な側面も課題として重要な要素である。総務省の「情報通信白書」[10]

90　第Ⅰ部　ICTの急激な普及の功罪

においても ICT リテラシーの向上についてはほんの数行である。今後，マナーやルールを逸脱しないための ICT リテラシー研修や教育の在り方も大きな課題であると考える。

4）ライフキャリアプランの充実と支援

　「IT 人材白書 2017」[11]によると，「自分のキャリア目標は実現可能である」，「将来のキャリア目標を持っている」では，「全く当てはまらない」および「どちらかと言うと当てはまらない」が 6 割，「将来のキャリアパスが明確である」では，「全く当てはまらない」及び「どちらかと言うと当てはまらない」が 7 割ということで，ICT 技術者の不安感の根底にあるこのキャリアパスという課題は，非常に重要かつ切実であると言ってよい。

　開発プロジェクトが終結し，システム開発が完了したことで，燃え尽き症候群のように疲れ果て，次にどういうステップを踏んで良いのか迷うようなこともなく，エンジニアとしてギアを入れ直し，前向きに自己成長に向うためのキャリアパス指針は極めて重要である。

　そして，「35 歳定年説」「35 歳限界説」と言われて久しい ICT 技術者が，ワークライフバランスを積極的に取り組みながら，エンジニアとして更なる自己成長を迎えられることを願って止まない。

［中村幸夫］

注）

1) 本稿は，本書編著者の小川憲治先生に助言を頂き，先生の著書である『「コンピュータ人間」―その病理と克服』（勁草書房，1988）を参考にこの 30 年間の ICT の進展を踏まえ筆者なりに新たに記したものである。

2) 荒井進『よくわかる情報システム＆ IT 業界』日本実業出版社，2003 年，pp.66-67.

3) 小川憲治『「コンピュータ人間」―その病理と克服』勁草書房，1988 年，pp.23-30 参照。

4) QCD：生産管理において重要な 3 つの要素の頭文字をとった用語
“Quality”（品質），“Cost”（費用），“Delivery”（納期）

5) PMBOK（Project Management Body of Knowledge）とは，プロジェクトマネジメントに関するノウハウや手法を体系立ててまとめたもの。1987 年にアメリカの非営利団体 PMI が “A Guide to the Project Management Body of Knowledge” という

ガイドブックで発表してから徐々に知られるようになり，今ではプロジェクトマネジメントの世界標準（事実上の標準）として世界各国に浸透している。

6) 小川憲治『「コンピュータ人間」—その病理と克服』勁草書房，1988 年，p.102 参照

7) 徳島県（株）プラットイーズ，静岡県ゾーホージャパン（株）など。

8) EAP（Employee Assistance Program）とは従業員支援プログラムのことで，組織的なメンタルヘルス対策，健康増進やコンプライアンスなど，職場のパフォーマンスを向上させるためのもの。

9) 青木羊耳『ほんものの相談　ひたすら寄り添う自立への伴走』朱鳥社，2014 年，p.3 参照。

10) 総務省の「情報通信白書」において ICT 人材の育成として e-ネットキャラバンを推進し，特に青少年の ICT リテラシーの向上を推進していると記載されている。

11) 「IT 人材白書 2017」独立行政法人情報処理推進機構（IPA）が年に 1 度実施している，IT 関連産業における人材動向，産学における IT 教育等の状況，IT 人材個人の意識を把握すること等を目的とした調査の結果を取りまとめた書籍。

6章 急速なスマホ，PC の普及の功罪
——精神医学の立場から——

はじめに

　パソコン，携帯電話・スマートフォン（以下スマホ）はわれわれの日常生活にすっかり定着しており，仕事でもプライベートでもこれらを使うのが当たり前になっている。しかしよく考えてみると，筆者の世代（1960 年代生まれ）にとってパソコンを日常的に使い始めたのは 20 代半ば，インターネットが身近なものとなり，携帯電話を初めて所有したのが 30 歳過ぎ，そしてスマホを手にしたのはそれからさらに 10 年経ってからなので，現在のような ICT 機器に囲まれた環境というのはこの 10 年以内ということになる。機器だけでなく通信環境も格段に向上しているので，パソコン，タブレット端末，スマホでできることの差がずいぶん縮まっていることは多くの人が実感しているだろう。テレビ CM におけるスマホやゲームアプリなどの宣伝の多さも，これに関連する企業の経済活動の規模の大きさを物語っている。

　わが国全体でみるとパソコンの世帯所有率は 2000 年代前半に 80％を超え，スマホの個人保有率は 2011 年の 14.6％から 2016 年には 56.8％まで急激に増加しており，とくに 10 代（13 〜 19 歳）：81.4％，20 代：94.2％，30 代：90.4％と若年層での普及率が著しく高くなっている（データは総務省通信利用動向調査による）。ICT 環境が小児期から現状に近いかたちで身近にある世代と，青年期以降にその普及を体験している世代とでは，影響の受け方が異なることは想像に難くない。

　急速な ICT 環境の普及がわれわれにどのような影響をおよぼすのか，という問いはアプローチの仕方によっては膨大な領域を視野に入れなくてはならない。個人にとって，集団や社会にとって，科学，社会学，経済学あるいは倫理

学や哲学の領域においても議論されているテーマであるが，ここでは主に精神医学・心身医学，神経科学の立場から，急速なスマホ，PC の普及の功罪について考えてみたい。

1. ネット依存症

医学的にもっとも深刻な具体的な問題は依存である。元々，医学用語としての「依存症」は何らかの物質（精神作用物質：薬物や化学物質）の反復的使用が制御困難になっている状態にあることを示し，そのメカニズムとしては物質使用による身体的依存，精神的依存の形成が関係している。「依存」は「乱用」（本来の用法・用量から逸脱した薬の服用，アルコールや違法薬物などの社会規範から逸脱した摂取）を繰り返すことにより引き起こされる。すなわち，同じ効果を得るためにより多くの量を必要とするようになり（耐性の形成），使用を中止しようとすると苦痛をともなう身体症状・精神症状（離脱症状）が生じるために乱用が繰り返される悪循環（強迫的使用）に陥ってしまう。一方，精神医学や臨床心理学では，主には心理療法的観点から，物質使用によらない「依存」もその病理について論じられてきた。共依存など関係性や状況に対する依存，特定の行動についてその不適応的側面に注目した行動嗜癖（behavioral addiction）といった概念がこれにあたる。なお用語について，諸家が指摘する通り，物質使用によらない行為や状況に関連する制御困難は，本来「嗜癖（addiction）」というべきであるが，本邦ではより一般的な語である「依存」が使われることが多い。

精神医学的診断には，操作的診断基準といわれる 2 つの基準，米国精神医学会による DSM-5 と，WHO（世界保健機関）による ICD-10（それぞれが現行の最新版）が臨床の現場では用いられている。両者ともその数字に表われているように，改訂が重ねられ現行版に至っている。行為についての依存（行動嗜癖）では，すでにギャンブル依存（Gambling disorder）が DSM ではひとつ前のバージョンの DSM-IV（1994）から，ICD-10（1990）では「習慣および衝動の障害」の中に病的賭博（Pathological gambling）が独立した診断分類として挙げられている。インターネット使用をめぐる依存については，DSM-5

94　第Ⅰ部　ICTの急激な普及の功罪

(2013) では "今後研究が進められるべき障害" のひとつとして「インターネットゲーム障害（Internet Gaming disorder)」が挙げられており，2018 年夏に予定されている ICD の大改訂(ICD-10 から 11 へ)では「ゲーム障害(Gaming disorder)」が独立した診断分類として正式採用されることが報じられている。

　インターネット依存の概念は，ヤング（Young, K.）による 1990 年代の実証的研究[1]がその嚆矢となっているが，その診断基準の策定にあたっては物質使用による依存症の定義が下敷きになっている。ヤングは依存が疑われる対象へのスクリーニングテストとして，DQ（Diagnostic Questionnaire for Internet Addiction）と IAT（Internet Addiction Test）の 2 つを作成した。本邦では樋口，三原らがこれら指標を用いて調査を行っている。DQ を用いた中高生 10 万人を対象とした調査研究[2]からは全国で 52 万人の中高生に，IAT を用いた 20 歳以上の成人を対象とした調査研究[3]からは全国で 421 万人の成人にネット依存の傾向が疑われるという。ネット依存が具体的にどのような指標を基に診断されるのか，前述の DSM-5, ICD-11 草案におけるゲーム障害の診断基準の項目でみると，主に以下の 4 つの要素からなっていることが分かる。第 1 には行為へのとらわれが顕著でその制御が困難になっていること，第 2 には行為に費やされる時間の増大により社会生活に支障をきたしていること，第 3 には問題があるにも関わらず使用を止められないこと，そして第 4 にこうした状況からさまざまな身体的，精神的不調が生じていることである。なおここではネットゲーム依存の診断基準から述べたが，ネット依存にはゲームだけでなくサブタイプとしてさまざまな（依存の）対象がある。サイト閲覧（動画サイトなど），ソーシャルネットワーク（SNS），ネット上でのギャンブルやショッピング，性行動についても依存症という観点からの議論があり，実際にこのうちのいくつかは診断分類への採用が検討されたものの，エビデンスが現状では十分ではないとの理由で見送られたという経緯があるようである[4]。

　観察される行動や症状といった特徴だけではなく，依存症においてわれわれの身体に何が起こっているのかについて，最近では脳科学の分野での研究も盛んにされている。fMRI や PET，脳磁図などの脳イメージングの手法を用いてさまざまなタイプの依存に関する知見が蓄積されており，ネットゲーム依存についても治療的介入の前後での脳活動の変化が報告されている[5]。

6章　急速なスマホ，PCの普及の功罪　*95*

　国の政策としてインターネットの導入・普及をいち早く進めた韓国では，依存をはじめとする問題にも早くから社会の関心が向けられさまざまな対策が講じられており，問題が深刻化しているわが国においても多く参考にされている[6]。そしてネットの過度の使用～依存のリスクが10代，20代においてとくに高く，他の物質依存に比べより若い年代において問題となっていることは，ICT環境の急速な普及がこの世代にもっとも影響を及ぼしていることを示している。

　ネット依存には他の精神障害が合併しやすいことも指摘されている。久里浜医療センターのネット依存専門外来を受診した患者のデータ[3]によると，種々の尺度を用いた評価により，受診者のうち広場恐怖が10％，ADHD傾向が29％，社会不安傾向が36％，広汎性発達障害が疑われた者が18％であったという。広場恐怖や社会不安障害などの神経症性障害と先天性の脳機能障害である発達障害は分けて考える必要があるが，いずれもネット依存が先行して（原因となって）発症するとは考えにくく，これらの精神障害はその特徴からネット依存を合併しやすいと捉えるべきであろう。すなわち社会不安障害や対人恐怖傾向のある人にとっては，ネットへの没入は社会的対人場面を回避することにつながるし，発達障害傾向の強い人にとっては，対人コミュニケーションの様式を部分的なものに限定できること（苦手な準言語・非言語コミュニケーションをとらずに済む），ADHDでは衝動コントロールや過集中といった特徴がネットへの没入を強化しやすくしている可能性がある。これらは後述する治療においても重要な視点である。

2.　睡眠，心身の健康面への影響

　先にも触れた久里浜医療センターのネット依存専門外来を受診した患者の初診時に起きている問題として最も多いのは「昼夜逆転」であるという[3]。インターネットやゲームへの長時間の没入，とくに夜間の使用が睡眠覚醒リズムに影響を及ぼし，昼夜逆転の生活になりやすくすることは容易に想像される。

　ICT機器画面の背景光にはLED（light emitting diode）が使われ，その光の中でもブルーライトといわれる光成分の眼毒性が指摘されている。ブルーラ

イトの全身的精神神経的作用として、①体内時計のリセット・メラトニン調節、②覚醒、③頭痛・眼痛、が知られており[7]、就寝前に寝床で消灯した状態でスマホやタブレット端末を使用することが不眠の直接的な原因となることも指摘されている。

　10代や20代の若者においてICT機器の過度の使用が問題となりやすいことを踏まえると、短時間睡眠や睡眠覚醒リズムの乱れが常態化することにより、この年代にとって重要な睡眠の機能が損なわれることも大きな問題である。睡眠には大きく分けて2つの状態、徐波睡眠（ノンレム睡眠）とレム睡眠があり、ヒトでは1晩の睡眠の中で約90分の周期でこの2つの睡眠が交代して現れ、後半になるに従いレム睡眠の割合が多くなり、徐波睡眠はその深度が浅くなっていき、朝覚醒するパターンをとる。レム睡眠においてわれわれは夢をみていることはよく知られているが、徐波睡眠については"脳が休んでいる状態"と長く考えられてきた。しかし最近の睡眠研究では、眠っている間も脳は活発に活動しており、とくに記憶の定着や学習にとって重要な働きをしていることが明らかになっている。睡眠はヒトの成長発達過程でその構成が変化し、新生児は1日のほぼ3/4の時間を眠って過ごし、徐波睡眠とレム睡眠の割合はほぼ半々で構成される。年齢が上がるほど合計の睡眠時間は少しずつ短くなり、睡眠に占めるレム睡眠の割合も少なくなる。そして小児期・思春期では、成人に比べ時間的に長い徐波睡眠において学習の効率が高められている[8]。つまりネットやゲームに長時間没頭し、これが前述のような睡眠への支障を来すようになると、子どもの知的発達にも悪影響を及ぼす可能性があるということである。実際、10代を対象としたネットやスマホの使用状況と睡眠時間や睡眠満足度、学業成績などの関係を調べた研究では、長時間のネット・ゲーム使用と睡眠の質の悪さ、学業成績の低さが関連すると報告しているものが多い。

　またICT端末の長時間使用は長期的には身体健康面にも影響を及ぼす。成人において睡眠不足（短時間睡眠）が続くと肥満、耐糖能の異常（～2型糖尿病）が起こりやすく、高血圧、高脂血症のリスクが高まることが知られているが[9]、小児期・思春期を対象とした研究においても、長時間のメディア接触と睡眠時間や質の低下、肥満や生活習慣病のリスクとの関連が複数の研究で示されている。一方で、長時間のネットやゲーム使用による不規則な食事が逆に低

栄養状態を引き起こすこともあり，久里浜医療センターのネット依存専門外来では受診時の身体医学的スクリーニング検査にヘモグロビン A1c（直近 1 ～ 2 カ月の血糖値の状態をみる血液検査）を含めているという[4]。

　睡眠の不調（睡眠障害）は多くの精神障害においてみられる症状でもある。依存症の議論は別にして，長時間の ICT 端末の利用が精神障害の"原因である"といった単純な因果関係を措定するのは乱暴だが，慢性的な睡眠の不調による不快気分や疲労・消耗の悪循環が，身体面のみならず精神面の不調をもたらし精神障害の発症リスクを高める，あるいはすでに発症している障害の増悪因子となることは十分考えられる。これはストレスとストレス関連疾患（心身症）の関係になぞらえることができるだろう。

3. 子どもの成長発達への影響

　前項まで，急速なスマホ，PC の普及の功罪の「罪」についてばかり述べてきたが，「功」についてはどうだろうか。多くの人がこれらの通信手段（通話，メール，SNS）としての利便性の高さとともに，情報収集の容易さを思い浮かべるだろう。総務省が年代別に行った情報収集を行う際の手段に関するアンケートの結果[10]によると，調べたいことがらによらず，年代間であまり大きな差はなく，概ね 7 ～ 8 割の人はインターネットの検索エンジンを使うと回答し，またインターネットの質問サイトの利用と答えた人も 6 ～ 9%に上っている。「仕事や研究，勉強について」調べる場合は，他のことがらに比べ「本や雑誌等で調べる」と回答した者の割合は高くなるものの，こう回答した者がもっとも多かった 20 代以下でも 10%にとどまる（筆者には 40 代以降のいずれの世代も「本や雑誌等」と回答した者の割合が 30 代以下の数字よりも低いことが意外であった）。

　ネットで情報検索をすると膨大な量の情報（検索語が含まれるウェブページ）が瞬時に表示される。その中から必要な／正確な情報にたどり着くには，いわゆる情報リテラシーの能力が必要となる。ICT 環境がこれほど身近になった現代社会において情報リテラシーの向上は必須であり，（子どもだけがその対象ではないが）教育において大きな課題となっている。ICT 端末の使用が子

98 第Ⅰ部 ICTの急激な普及の功罪

どもの成長発達におよぼす影響についてはさまざまな知見が積み上げられており，ここではそれらに触れつつ考えてみたい。

米国小児科学会は2011年，2歳未満のメディア使用について学会としての声明（policy statement）を出している[11]。そこには，①2歳未満の子どものメディア使用が教育上あるいは発育上，有用であることを支持するエビデンスは不足している，②（逆に）2歳未満の子どものメディア使用は健康上あるいは発育上有害である可能性がある，③親のメディア使用が2歳未満の子どもに悪影響を及ぼす，と記されている。ここで指摘されているのは，必ずしもスマホやタブレット，PCを通じてのものではなく，広くメディアを通して提供されるビデオコンテンツについてであるが，これはそのまま現在の状況にもあてはまるだろう。「教育的」とか「発育によい」と謳われているビデオを乳幼児に見せることは，育児と家事に追われる母親にとって子守りを兼ねた便利なメディアの利用法である。しかし言語発達の観点からはこれが逆効果である可能性が複数の研究で指摘されている[12),13)]。なかでも母語の音声識別が概ね可能になった生後9〜10ヶ月の乳児に対して母語とは異なる言語の音声を生で話して聞かせたグループと，同じ音声をCDやDVDのメディアを通じて聞かせたグループとでは音識別の学習効果に明らかな差がみられ，後者のグループではほとんど効果を認めなかったとする報告[12)]は，養育者とのコミュニケーションという点でも示唆に富んでいる。親に本を読み聞かせてもらうのと，同じ本が朗読された音声コンテンツをスピーカーやディスプレイを通して聞かされることがまったく違う体験であることを，われわれは直感的に理解することができるだろう。

初等教育の現場にPCやタブレット端末を導入して教育効果を高めようとする試みが多くの国でなされているが，これに対する慎重論，懐疑論があることにも留意しておく必要がある。スピッツァー（Spitzer, M.）は，その著書『デジタル・デメンチア』[14)]（「デメンチア」は医学用語で認知症の意味）において，子どもについてのデータはまだ不足しているとしながらも，脳科学研究から「鉛筆と紙による手書き訓練が，デジタルな筆記メディアによる訓練よりも書き言葉の習得に有効である」（同 p.193）可能性について言及している。われわれはとかく新しい技術に目を奪われがちであるが，昔ながらの学習方法の有用性に

ついて今一度検証してみる必要があるのかも知れない。

スマホやPCの普及により，学童期・思春期の子どもたちの間でもメールやSNSを介したコミュニケーションはもはや当たり前になりつつある。テキストメッセージのやりとりがface-to-faceのコミュニケーション・人間関係を補完するものであればいいのだが，ネットの世界ではそれとは異なる次元でこれが拡がっている。テキストのみのやりとりには，準言語，非言語的なコミュニケーションの要素がほぼなく，とくに書き言葉のみでの感情表現は，文脈によっては強烈なインパクトを読み手にもたらす。そしてリアルタイムに反応することが暗に求められるSNSでは，言葉を吟味することなく発信することがさらにコミュニケーションを歪めてしまうことがあるだろう。これは大人同士のやりとりでも生じることだが，言語発達の途上にある子どもではその影響はさらに大きいと考えられる。ヒトの理性，思考，意思決定などもっとも高次の機能を担う前頭前野は，脳の中でももっとも遅く，成人になって成熟する部位である。ここがまだ十分に発達していない思春期では，性ホルモンの大量分泌によって刺激された扁桃体から活発に発現する情動を抑制する機能が十分でないため，感情が行動を巻き込んでエスカレートしやすくなる。学校現場でときに問題となるSNSを介して起こるいじめやトラブルの背景には，こうした思春期特有の状況も関係すると言われている。また顔見知り同士ではない関わりがいくらでも拡がりうるネットの世界では，一見保たれていると思われがちなその匿名性もあり，人間関係のトラブルがエスカレートしやすいと言える。筆者は大学生のメンタルヘルス相談に多く関わっているが，リアルな友人関係がSNSでのちょっとしたやりとりがきっかけでこじれたり，ネット上でしか関わらないコミュニティ内の人間関係のトラブルを機に精神的な不調を来す例は珍しくない。

4. 対策について――依存の治療と予防など

ネット依存に専門的に対応する医療機関は日本ではまだ非常に限られている。問題の拡がりの速さに対策が追いついていないことを表しているとも言える。ネット依存の場合，薬物やアルコールなどの物質依存に比べ対象となる年代の

中心が若いことから，問題の認識から治療・対処への具体的行動へとつなぐには，親，家族をはじめとする周囲の大人の関わりが欠かせない。また物質依存の治療の場合，その目標は薬物，アルコールを「断つ」ことに置かれる。年齢制限はあっても社会的には合法であるアルコール，ニコチン（たばこ）の場合も，依存症の治療としては「節酒」や「節煙」を目標にはしない。社会的に関心が高まりつつあるもう1つの行動嗜癖にギャンブル依存があるが，これも基本的には断つことを目指す。一方，ネット依存の治療において使用を完全に断つことを目標にするのはあまり現実的ではない。すでにほとんどの人にとってICT環境にまったく触れない日常生活を送ることはほぼ不可能であり，国は教育分野でも積極的なICT使用（「利活用」という語が多用される）を推進する政策を掲げている。こうした状況下でICT使用を断つのは特異な生活形態を強いることになり，現実的には「適切な範囲での使用」を目指すのが妥当なのだろう。

　治療は，心理療法，（必要に応じての）薬物療法，環境・社会療法の3つのアプローチを柱として行われる。心理療法は，認知の偏りに注目し，対処スキルの向上を目指す認知行動療法的アプローチがとられることが多い[15]。薬物療法は，ネット依存に合併することが少なくない精神障害（社会不安障害，強迫性障害，うつ病），発達障害（自閉スペクトラム症，注意欠如多動性障害）の病状改善のために行われる。また韓国における治療プログラムを参考にして日本でも実施されているネット依存治療キャンプは，心理療法や家族会の要素も組み込まれた複合的・環境社会療法的アプローチと言えるだろう[6]。

　依存の予防という観点のみならず，低年齢でのネット使用やデジタル・コンテンツを多用することが子どもの成長発達に悪影響を及ぼす可能性があるという知見はもっと積極的に検討されるべきである。またICTの普及が比較的最近であることを考えると，受ける影響は世代によって（デジタルネイティブといわれる世代とそれ以外とでは）異なるはずであり，その検証はあまりされていないので今後進められるべきであろう。ICTの技術発展と普及が加速度的に進むなか，これに関連する経済活動の規模は非常に大きく，その負の側面やリスクの検証がきちんとされないと，われわれはその便利さや，実は根拠がはっきりしていない「効果」の喧伝に惑わされる危険がある。

おわりに

デジタルネイティブ世代ではない（Prensky, M. によれば"デジタルイミグラント"というらしい）筆者が，スマホや PC を日常的に使うようになって実感するのは，暗記している電話番号が減ったこと，読むことはできるが手書きで書こうとすると怪しい漢字が増えたことである。直接数字を打ち込んだり，字を書くことが少なく，ほとんどはアドレス帳から呼び出したり，ワープロが示す変換候補から選択することで操作としては足りるからである。データや情報を脳に貯蔵しておかなくても，必要時にアクセスできる環境（＝ ICT 環境）があれば困らないという状況は，先に述べたように世代によっても受ける影響は異なると考えられる。これを人間にとっての適応・進化のプロセスと捉えてよいのか，あるいはわれわれを精神の怠惰へと向かわせるリスクと認識すべきなのか，ICT の普及・発展の功罪はこれからも検証される必要があるだろう。さらに人工知能（AI）の急速な発展は，ICT を介してわれわれに想像を超えるパラダイムシフトをもたらすかも知れない。

[安宅勝弘]

注）／参考資料

1) Young, K.　1998　*Caught in the net*. John Wiley & Sons, Inc. New York.

2) Mihara, S., Osaki, Y., Nakayama, H. et al.　2016　Internet use and Internet use disorder among adolescents in Japan：A nationwide representative survey. *Addict Behav Reports*, 4：58-64.

3) 樋口進　2014　インターネット依存の実態解明と治療法開発に関する研究厚生労働科学研究「様々な依存症の実態把握と回復プログラム策定・推進のための研究」，平成 25 年度分担研究報告書

4) 樋口進　2017　ネット依存の概念，診断，症状．精神医学，59：15-22.

5) Han, D. H., Hwang, J.H. & Renshaw, P.F.　2010　Bupropion sustained release treatment decreases craving for video games and cue-induced brain activity in patients with Internet video game addiction. *Exp Clin Psychopharmacol*, 18：297-304.

6) 三原聡子・北湯口孝・樋口進　2017　ネット依存の治療キャンプと地域対策　精神

医学，59：53-59.

7) 綾木雅彦・坪田一男　2017　眼科医からみたインターネットの諸問題　精神医学，59：31-36.

8) Peplow, M.　2013　Structure：the anatomy of sleep. Nature, 497：S2-3.

9) Shlisky, J.D., Hartman, T.J., Kris-Etherton, P.M. et al.　2012　Partial sleep deprivation and energy balance in adults：an emerging issue for consideration by dietetics practitioners. J. *Acad Nutr Diet*, 112：1785-1797.

10) 総務省 平成 27 年版情報通信白書，p.81.

11) American Academy of Pediatrics, Council on Communication and Media　2011　Policy statement-Media use by children younger than 2 years. Pediatrics, 104：1040-1045.

12) Kuhl, P., Tsao, F., & Liu, H.　2003　Foreign-language experience in infancy：Effects of short-term exposure and social interaction on phonetic learning. *Proc Natl Acad Sci USA*, 100：9096-9101.

13) Zimmerman, F., Christakis, D., & Meltzoff, A.　2007　Associations between media viewing and language development in children under age 2 years. *J Pediatrics*, 151：364-368.

14) Spitzer, M.　2012　*Digitale Demenz：Wie wir uns und unsere Kinder um den Verstand bringen*. Droemer Verlag, München.〔小林敏明，村井俊哉（訳）2014 デジタル・ディメンチア 子どもの思考力を奪うデジタル認知障害　講談社〕

15) 中口秀紀，樋口進　2017　ネット依存の治療　精神医学，59：45-52.

第 II 部

ICT 社会の人間関係と心理臨床

1章　小学校・中学校の心理臨床

はじめに

　学校化社会における教育現場は，児童・生徒にとっては自分の意志でどうにも動かすことのできない日常生活の場面である。公立義務教育校においては学校選択制を取り入れている地域もあるが（平成24年度では全国の約15%），大半の児童・生徒は地域の人間関係に縛られたまま，9年間義務教育学校へ適応していくことになる。よってスクールカウンセラーは外部から流入してくるスローガンや教育言説，独り歩きするネガティブな言葉によって，学校全体が，とりわけ児童・生徒が振り回されてしまうことがないように注意しなくてはならない。

　ICTにまつわる問題と向き合う場合，このような言説がしっかりとした科学的エビデンスに裏付けられているかどうか，スクールカウンセラーとしてはあくまでも冷静中立的に見極める必要がある。もしこうした言説によって校内の人間関係が過度に緊張し，ひいては児童・生徒にも影響をきたす場合，スクールカウンセラーは校内の人間関係（教職員同士，教職員と児童・生徒，児童・生徒同士）において共振や共鳴が起きないように手を打たなければならないからである。

　そこでICTやIoTと，義務教育学校の児童・生徒との関係を考察するにあたっては，以下の前提をおさえておかなくてはならない。

　その前提とはインターネットやスマートフォンが人間関係や若者を大きく変容させた，とする時代皮相的な言説や視点へ陥らないということである。

　例えばパソコンやスマートフォンによる親指の使い過ぎによって手首の腱鞘炎のケースが世界的に多数報告されてきた現象（「新・現代病！世界に広がる

謎の痛み」『NHK ためしてガッテン』2017 年 9 月 13 日放映）を観れば，同じような大きな変化が人間関係にも起きていると類推してしまうかもしれない。

しかしながら本書で挙げられている課題点は，インターネットやスマートフォンが発達する以前から懸念されてきたテーマである。つまりインターネットやスマートフォンが人間の欲望や志向性をより顕在化，顕現化させたテクノロジーである，という前提に言い換えることもできる。

浅野［2007］によれば，若者の人間関係に生じた変化はインターネットや携帯電話の本格的普及が開始する以前から，各調査データにより確認されている。

また情報化社会が人間関係にもたらすインパクトをいち早くから究明したゲアリーら［1986］の調査や正岡［1990］の研究があるし，稲村［1986］や奥野［1990］の考察もある。むしろギルダー［Gilder, 1994］のように「テレビの次に到来する ICT が人間の階層や上下関係，権力関係を崩し，平等をもたらす」と楽観的にとらえていた報告もあった。

多くの若者を診てきた斎藤［2007］においても，SNS メディアの影響が人間の本質を変えてしまうというとらえ方に対して疑問符をつけている。

筆者の実践や学校臨床に照らし合わせても，インターネットやスマートフォンが普及する以前，つまりポケベル全盛の時代（1990 年代）から，児童・生徒が場面や空気に依存してしまう態度は頻繁に見受けられており，ICT や IoT と人間関係の考察にかんしては慎重な姿勢（parsimony）が望ましい。

ICT にまつわる問題として 1 つだけ筆者が懸念を挙げるとすれば，児童・生徒が「人間関係における不信感と不安」を高めてしまう状況を本稿で指摘したい。

加えて小・中学生の ICT 利用における現況を踏まえながら，20 年間スクールカウンセラーとして ICT にまつわる事例を対応してきた筆者の具体的方略と知見を報告したい。

1. 小・中学生の ICT 利用における現況

内閣府の「平成 28 年度　青少年のインターネット利用環境実態調査（速報）」によると，青少年のスマートフォン・携帯電話の所有・利用状況の経年

動向において，小学生の所有・利用率が上昇してきたことが報告されている。

　さらに平成22年度は1.3％しかスマートフォンを所持していなかった中学生が，平成28年度に至ると5割以上の中学校の生徒がスマートフォンを所持している結果が出ている（図表1）。

　平成28年度のインターネット利用内容を見ると，小学生ではゲーム（78.1％），動画視聴（60.5％）が上位にある。中学生では動画視聴（74.0％），ゲーム（72.8％），コミュニケーション（67.2％）の順に上位になっている（図表2）。

　これらの結果によると，ICTの利用において低年齢化が進んでいることと，YouTubeのような動画視聴を利用していることがわかる。

　総務省情報通信政策研究所「中学生のインターネットの利用状況と依存傾向に関する調査」（2016年6月）によれば，ソーシャルメディアでよくやりとりするのは「同じ学校の友達」が最も多く，その次にソーシャルメディアだけでよくやりとりし，実際に会ったことのない友達とやりとりをするという結果がでている（図表3）。

　また，中学生がソーシャルメディアを利用する際に悩んだり負担に感じたりすることは「友達とのやりとりはなかなか終わらせられないこと」が最も多く，「既読確認などがあること」「ソーシャルメディア内の人間関係」という内訳になっていた（図表4）。

　これらのデータから概していえることは，高校生のICT利用においては各種ツール・機器が替わっただけでほぼ全員がICTを活用し，携帯している。

　しかしながら，小・中学校，義務教育学校の児童・生徒はその利用率が年々増加し，大きく変化していることがわかる。

　とりわけ小学校の利用内容は動画視聴とゲームが高率であり，テレビという大きなメディアから取って替わりつつあるのかもしれない。

　図表3を見る限り，平成28年度にいたっては，小学生の5割，中学生の6割がスマートフォンや携帯電話を所持していることが確認できる。インターネットの利用内容は小学生32.5％から中学生は67.2％とそれぞれ急激に増えている。やりとりする相手は中学1年では「同じ学校の友達」から中学3年になると「ソーシャルメディア上だけでよくやりとりし，実際に会ったことのない友達」へと逆転する。これは学年があがるにつれて，いわゆる「リア友」から「ネ

スマートフォン(計)・携帯電話(計)の所有・利用率 　携帯電話(計)の所有・利用率 　スマートフォン(計)の所有・利用率

総数

	平成22年度	平成23年度	平成24年度	平成25年度	平成26年度	平成27年度	平成28年度
スマートフォン(計)・携帯電話(計)	52.4%	52.6%	59.5%		66.6%	68.3%	69.1%
携帯電話(計)	50.9%	49.6%	35.1%	34.8%	53.3%	57.1%	
スマートフォン(計)	1.5%	3.0%	19.7%	24.8%	48.8%		
			20.2%	17.4%			15.2%

小学生

	平成22年度	平成23年度	平成24年度	平成25年度	平成26年度	平成27年度	平成28年度
	20.9%	20.3%	27.5%	36.6%	46.1%	50.2%	50.4%
	20.9%	20.3%	25.4%	30.6%	32.6%	30.9%	28.2%
		2.1%			23.7%	17.1%	27.0%

中学生

	平成22年度	平成23年度	平成24年度	平成25年度	平成26年度	平成27年度	平成28年度
	49.3%	47.8%	51.6%	51.9%	60.4%	60.9%	62.5%
	48.0%	45.2%	38.6%	26.2%	41.9%	45.8%	51.7%
	1.3%	2.6%	13.0%	25.8%	21.4%	17.1%	14.2%

高校生（青少年調査）

	平成22年度	平成23年度	平成24年度	平成25年度	平成26年度	平成27年度	平成28年度
	97.1%	95.6%	98.1%	97.2%	95.2%	96.7%	96.3% / 94.8%
	93.3%	88.8%	81.1%		90.7%	93.6%	
			54.8%	43.3%			
	3.8%	6.8%	16.1%		5.5%	3.9%	3.2%

(注1)　「青少年のスマートフォン・携帯電話の利用状況」の数値は解析し集計。回答数は以下のとおり。
平成28年度総数(n=3284)　小学生(n=1012)　中学生(n=1348)　高校生(n=1018)
平成26年度総数(n=3441)　小学生(n=1080)　中学生(n=699)　高校生(n=503)
平成24年度総数(n=1867)　小学生(n=669)　中学生(n=467)　高校生(n=570)
平成22年度総数(n=1314)　小学生(n=540)
平成27年度総数(n=3442)　小学生(n=987)　中学生(n=1060)　高校生(n=1018)
平成25年度総数(n=3441)　小学生(n=1007)　中学生(n=604)　高校生(n=503)
平成23年度総数(n=1969)　小学生(n=467)　中学生(n=656)　高校生(n=570)

(注2)　平成26年度～平成28年度では、「スマートフォン(計)」は、「スマートフォン」「いわゆる格安スマートフォン」「子供向けスマートフォン」のいずれかを利用すると回答した青少年。「携帯電話(計)」は、「携帯電話」「子供向け携帯電話」のいずれかを持っていると回答した青少年。平成24年度～平成25年度では、「スマートフォン(計)」は、「スマートフォン」「子供向けスマートフォン」のいずれかを利用すると回答した青少年。「携帯電話(計)」は、「携帯電話」「子供向け携帯電話」のいずれかを持っていると回答した青少年。

(注3)　平成22年度～平成25年度の調査では、「スマートフォン」及び「携帯電話」の「所有」について択一回答。平成26年度～平成28年度の調査では、「スマートフォン(4機種)」及び「携帯電話(2機種)」の「利用」について複数回答。平成26年度より調査方法等を変更したため、平成25年度以前の調査結果と直接比較できない。

(注4)　平成26年度～平成28年度は複数回答のため、「スマートフォン(計)・携帯電話(計)の所有・利用率」と「スマートフォン(計)・携帯電話(計)の所有・利用率」の合計値は、「スマートフォン(計)・携帯電話(計)の所有・利用率」と一致しない。

図表1　青少年のスマートフォン・携帯電話の所有・利用状況（平成22年度～平成28年度）
[出典：内閣府　平成28年度　青少年のインターネット利用環境実態調査（2017年2月）]

青少年のインターネット利用内容（平成28）

	コミュニケーション	ニュース	情報検索	地図・ナビゲーション	音楽視聴	動画視聴	電子書籍	ゲーム	ショッピング・オークション	その他
いずれかの機器 総数 (n=2635)	67.4%	31.2%	60.1%	29.6%	61.8%	74.5%	12.9%	74.0%	13.2%	7.6%
小 (n=625)	32.5%	7.0%	40.5%	5.9%	28.2%	60.5%	5.1%	78.1%	2.2%	9.3%
中 (n=1051)	67.2%	27.5%	61.4%	23.9%	62.7%	74.0%	10.3%	72.8%	.8%	6.8%
高 (n=953)	90.6%	51.1%	74.1%	51.2%	82.8%	84.1%	20.8%	72.7%	25.2%	7.1%
スマートフォン 総数 (n=1519)	84.9%	40.4%	65.6%	41.0%	71.3%	78.1%	15.1%	72.4%	17.7%	3.1%
小 (n=157)	46.5%	9.6%	42.7%	6.4%	31.2%	60.5%	3.2%	79.0%	1.3%	1.3%
中 (n=509)	84.1%	32.2%	63.5%	33.0%	65.8%	75.6%	10.6%	71.9%	10.8%	2.9%
高 (n=878)	92.3%	50.7%	71.0%	51.8%	81.7%	82.7%	19.9%	71.4%	24.5%	3.4%

利用内容の経年比較（平成26年度〜平成28年度）

いずれかの機器

□ 平成26年度　総数 (n=2615)
□ 平成27年度　総数 (n=2743)
□ 平成28年度　総数 (n=2635)

（注）「いずれかの機器」については、青少年に対して調査した15機器のうち、いずれかの機器でインターネットを利用していると回答した青少年。「スマートフォン」については、「スマートフォン」でインターネットを利用していると回答した青少年をベースに集計。

［出典：内閣府　平成28年度「青少年のインターネット利用環境実態調査（2017年2月）」］

図表2

図表3　ソーシャルメディアでよくやり取りする相手（人数）

		家族	(N)	同じ学校の友だち	(N)	学校外の活動を通じて知り合った友だち	(N)	ソーシャルメディア上で初めて知り合い、実際にあったこともある友だち	(N)	ソーシャルメディア上だけでよくやり取りし、実際には会ったことのない友だち	(N)
全体		2.1	7,540	24.7	7,365	9.6	7,341	2.0	7,353	18.6	7,357
学年	1年生	2.3	2,276	29.2	2,230	10.6	2,234	2.1	2,212	15.7	2,215
	2年生	2.1	2,614	23.6	2,577	9.3	2,558	2.0	2,567	17.6	2,566
	3年生	2.0	2,650	21.9	2,558	9.0	2,549	1.9	2,574	22.3	2,576
性別	男	2.0	3,511	25.7	3,436	10.3	3,418	2.1	3,411	16.8	3,420
	女	2.2	3,715	23.6	3,645	8.6	3,631	1.8	3,645	20.3	3,642
ネット依存傾向	高	2.0	484	28.6	473	12.0	478	4.8	474	60.3	470
	中	2.1	3,822	25.4	3,749	9.6	3,734	2.2	3,733	20.0	3,748
	低	2.1	2,439	22.2	2,378	8.6	2,375	1.1	2,385	7.7	2,386

※分析母数はソーシャルメディア利用者数（ただし、DK、NA を除いて集計しているため項目毎の N 数は異なる）。

［出典：総務省情報通信政策研究所「中学生のインターネットの利用状況と依存傾向に関する調査」（2016年6月）］

図表4　ソーシャルメディアを利用する際に負担に感じること

		ソーシャルメディア内の人間関係	頻繁にメッセージを投稿しなければいけないような気がすること	友だちのメッセージをチェックすること	自分の個人情報やプライベートな事柄をどこまで書いてよいか悩む	他人の個人情報やプライベートな事柄をどこまで書いてよいか悩む	悪意のあるコメントや荒らしがくること
全体		19.0	4.6	16.8	12.3	10.0	9.1
学年	1年生	19.3	5.4	16.8	12.8	9.8	9.5
	2年生	17.2	4.1	16.3	11.5	9.9	8.7
	3年生	20.5	4.2	15.7	12.8	10.3	9.2
性別	男	14.2	4.5	14.5	9.3	8.1	8.4
	女	22.9	4.5	18.5	14.8	11.4	9.4
ネット依存傾向	高	38.5	10.7	30.4	22.9	21.2	21.8
	中	22.0	4.8	16.9	14.6	11.7	10.1
	低	9.9	2.6	10.5	6.9	4.5	4.9

		見ていない間に自分の悪口が書かれていないかが心配になる	メッセージを読んだことがわかる機能（既読確認など）があること	メッセージがすぐに返事を書かなければいけないこと	友だちとのやり取りをなかなか終わらせられないこと	自分の書いたメッセージに反応がないこと	あてはまるものはない	N
全体		15.4	19.4	15.3	24.4	16.0	41.6	5,942
学年	1年生	17.7	20.5	17.7	25.1	19.3	40.5	2,096
	2年生	14.5	18.3	14.0	24.6	14.7	44.4	2,425
	3年生	13.9	19.6	14.4	23.6	14.3	38.7	2,421
性別	男	11.2	14.6	12.1	17.3	13.3	49.3	3,135
	女	19.1	23.4	18.2	30.6	18.3	35.0	3,559
ネット依存傾向	高	27.6	27.2	25.9	40.5	34.0	23.3	467
	中	18.1	22.5	17.1	27.3	18.8	34.0	3,599
	低	8.1	12.9	10.3	16.9	7.7	57.6	2,194

※分析母数はソーシャルメディア利用者数（ただし、DK、NAを除いて集計）。

[出典：総務省情報通信政策研究所「中学生のインターネットの利用状況と依存傾向に関する調査」（2016年6月）]

1章　小学校・中学校の心理臨床　　*111*

ッ友」が増えている現状が汲み取れる。中学生のこころ模様としては中学3年になるとソーシャルメディアリテラシーが上がり，新しい世界へ飛び出したい気持ちと行動が増えているのかもしれない。

　図表4「ソーシャルメディアを利用する際に悩んだり負担に感じること」という調査では「自分の書いたメッセージに反応がないこと」という項目についてネット依存傾向が高い者と低い者とでは明らかに差が出ていて，依存傾向が高い者ほどストレスや悩みを抱えている結果となっている。

　こうした資料からはスマートフォンやインターネットなどを使用する児童は増加傾向にあるといえる。筆者の受けた相談では小学校2年女子同士でLINE等を使用しているケースもあった。ただし図表2の結果と，親・保護者や教育関係者の啓蒙活動やリテラシー活動を併せて鑑みれば，児童のSNS使用にあたっては辛うじて大人が盾になって制限していると推察できる。

2.　児童・生徒による相談の実態と事例

1）実態

　筆者が相談を受けたケースにおいては，児童・生徒が登校しぶりから五月雨登校，保健室登校や登校拒否・不登校に至るまで，それぞれ不適応行動を起こしてから，つまり問題が発覚してからスクールカウンセラーに繋がるケースが大半を占めていた。一方で，児童・生徒がゲームやSNSにはまっている，という主訴が教員や保護者たる大人から持ちかけられている。

　その理由としては現在，公立の義務教育学校における児童・生徒については学校にスマートフォンやタブレットを所持，持参してはいけないという禁止ルールがあるので，スクールカウンセラーの相談室でICTに関連したトラブルの相談を持ちかけることは児童・生徒が自重しているからかもしれない。「ラインでの悩みは学校とは別問題である」と弁解していた女子生徒もいた。ところが本人が悩んでいる対象者は校内の部員たちであった。

　もちろんスクールカウンセラーの活動内容や，学校から要請されている案件によっては，問題行動が起こる前からICTに関連したトラブル相談を受けるスクールカウンセラーや相談員は多くいるはずである。

112　第Ⅱ部　ICT社会の人間関係と心理臨床

　そして私立の学校も含めて所持禁止ルールの厳しい緩いという程度は各々の義務教育学校の生活指導体制や管理職の指導方針に拠る。

　教員の指導体制においても，SNSによるトラブルは生活指導上の問題として基本的にとらえている。生活指導担当の教師はSNSルールの徹底化を指導していくことになる。またSNSやプロフ，ゲームサイトなどのコミュニティーサイト（出会い系サイトを含む）を利用して犯罪被害にあったケースは生活指導担当の教師が案件に取り組むことになる。ただし義務教育学校におけるSNSルールの浸透により，犯罪被害にあった認知件数は年々減少傾向にある。

　いずれにしてもケースによってはスクールカウンセラーが生活指導担当と緊密にチームプレーを行う案件はあるし，外部機関に協力を求めるケースもある。

2）相談の事例および考察

　以下は相談を多く受ける典型的なケースをコラージュして2つ提示したものである。

《事例1》

　中学2年女子のA子は「長期欠席が続いている。家では一日中LINEにはまっている」という母親の主訴で母親と共に来室した。A子が訴えるには，「クラスの全員から嫌がられ，無視されている。クラスには入れない」という理由だった。さらに，A子は「ネッ友さんは優しい人が多いが，リア友さんは冷たい。何の返事も返してこないことが多い。もうクラスメートの目つきや視線が気になって辛い。特に授業中よりも休み時間が厳しい」と泣いて表現をしていた。

☆

《事例2》

　保健室登校をしている中学1年女子B子は養護教諭に誘導されて来室した。B子は「部活仲間C子が私の目の前で話していることと，友達に

LINE で伝えている内容が全く反対である。C子は友達には私の悪口ばかり伝えている。もう人間が信用できない」と訴えていた。きっかけは些細なボタンの掛け違いであり，B子の目は怯えており，疑い深い険しい目つきになっていた。C子が養護教諭へ伝えたところによると，イライラすると自宅の部屋でリストカットをしてしまうということだった。

　事例1においては，クラスメートの一挙一動が気になって仕方がないという訴えである。A子が気にしている理由としてはクラスメートが自分のことをどのように見ているのか，どのように感じているのか，他者視線に囚われてしまっていることが理解できる。

　土井は現在の若者たちを「空気を読む」サバイバル世代と捉えて，「ごく狭い範囲での関係の固定化が進んでいる」［土井，2008］とする。「高度で繊細な気配りをともなった，『優しい』人間関係を教室の児童・生徒たちは営んでいる」と捉えている。

　だから「仲間内での自分の居場所を安全に確保するために，周囲の反応を探るアンテナを常に敏感に作動させておかなければならない」［土井，2014］のである。

　2節の図表4のとおり，SNSなどを使えば使うほど「他人からどのように自分が見られているのか」という心模様に晒されている。

　これはグループ・ワークやグループ・トレーニングにおけるセンスィビィリティ（sensibility）とセンスィティビィティ（sensitivity）という概念によって理解ができる。

　センスィビィリティは「気にすること」であり，自意識的に自己自身に閉ざされた知覚である。児童・生徒の表現を借りれば「自意識過剰」ともいえる。それに対してセンスィティビティは「気づくこと」であり，自意識的である状態から気づきへと開かれる状態のことである［早坂，1991］。

　例えば母親は高熱で臥せっている子どもを見る時，センスィティビィティ（sensitivity）を最高に高めるであろう。母親は自分自身が人からどのように見られているか，などクヨクヨ気にしている余裕はない。母親の必死な瞳，つ

まり人見は，子どもの容態へ眼な差す（眼差し）ことになる。

　しかしながら，結婚前の10代の若者がパートナーを見つけるために，自分を魅力的に見せたい心性が芽生えるのは当然である。10代の若者はセンスィビィリティ（sensibility）が高いことは今に始まったことではない。異性に対して自分がどのように映るのか，気にしているのである。

　例えば戦前まで，若者や娘衆は歌垣や踏歌という男女にわかれたグループを作り，異性グループを揶揄しあって自分たちへ振り向かせる駆け引きを行っていた［江守，1998］。当時の若者や娘衆のセンスィビィリティ（sensibility）の高さはグループ交際やグループ婚活をするうえで，社会的な意義をそれなりに持っていた。

　ここでは自分たちという点がポイントであり，若者たちはグループで手を組み，身体を接触して踊っていた。この時点でグループ内では「われわれ意識（We feeling）」という一体感覚が瞬間瞬間に起きている。現在進行形のアクチュアルな身体遊戯を通して若者や娘の承認欲求はすでに充足されているのだ。

　事例2においては，リアルにおける表現とネットにおける表現がくい違っているトラブルである。この手のトラブルはかつて固定電話や手紙，交換日記というメディアにおいてもみられたが，当時はコミュニケーションに時間差（タイムラグ）があった。これを土井は非同期のコミュニケーションと呼び，現在の児童・生徒の人間関係においてはICTによる常時接続化が進行し，リアルタイムの同期性が増長している［土井，2014］。

　このような状態では極端な話，教室内ではFTF（Face To Face）コミュニケーションと，SNSコミュニケーションによる同時進行が人間関係に起きていて，表と裏，言い換えると表舞台と楽屋裏の会話がハッキリと，しかもより強く存在することになっているのだ。いつものメンバー「イツメン」に代表される固定化して限られた狭い人間関係と，セリフや配役を必要としない流動的な人間関係のダブルスタンダード（二重基準）によって，児童・生徒は確実に人間に対して不安と不信を募らせてしまう。

　2節および事例1と事例2を通して考察できることは，若者のつながりたい欲求をICTが顕在化させているのではないか，ということである。そして反対に，若者のニーズが顕現化するようにICT開発者側が掬い取っていて，そ

れをテクノロジーに反映，志向させている，という両方向のベクトルが見えて
くるようだ。

3. スクールカウンセラーとしての対応

2節で挙げたケースも含めて SNS などの ICT にまつわる問題にかんしては，
スクールカウンセラーによるカウンセリングの他に，問題解決に向けたいくつ
かの実践的アプローチを試みてきた。以下参照されたい。

1) 居場所づくり

SNS 等でのトラブルがクラスの人間関係の中で起きている場合，当該児童・
生徒は学級の中へ入れなくなる可能性が高い。また，放課後クラブや部活動の
人間関係におけるトラブルでも，クラスに同じクラブや部活に所属するクラス
メートが複数名いる場合は当該児童・生徒は学級活動に対して回避行動を行う
可能性が高い。

こうした場合においては，やはり登校渋りや五月雨登校が初期の問題行動と
して表現され，やがては不登校に至るケースもある。

そこで，スクールカウンセラーとしては，当該児童・生徒が一時的に退避し，
安心感を獲得できる居場所の確保に努めることになる。そこは保健室であり，
あるいはスクールカウンセラー相談室が担うことが多い。校長室に設置する学
校もあった。

いずれにしても，現在の義務教育学校では児童・生徒の安全面を考慮すると
部屋の中に1人にさせておくわけにはいかないので，なるべくスタッフが駐在
している場所が候補に挙げられることになる。かつては別室登校として空き教
室を認めていた義務教育学校もあったが，現在は人員不足により物理的に不可
能となっている。

とにかく現場のスタッフとしては，児童・生徒が不登校に至り，箸にも棒に
も引っかからなくなる事態は避けたいので，当該児童・生徒とかかわれる場面
を確保することは喫緊の課題となる。

スクールカウンセラーとしては物理的な安全基地を提供するだけでは SNS

トラブルは時間によっては解決しないことを考慮しつつ，居場所づくりの意義についてスタッフに理解と対応を求めることになる。

2）遊戯療法的アプローチ

SNS によるトラブルによって人間不信に陥ったり，不安や苦悩を抱えている児童・生徒に対しては遊戯療法的アプローチを行うケースもある。遊戯療法とは原則として児童・生徒を対象に遊びを主なコミュニケーション手段および表現手段として行われる心理療法である。

筆者は，アクスライン（Axline, V.）の非指示的遊戯療法[1]をベースにして子どもと関わっていくが，スクールカウンセラーの相談室は学校という日常生活の場面の中に設定されているので，厳密には心理療法を提供することは難しい。あくまでも心理療法的なアプローチによって，児童・生徒との信頼関係を築き上げることが目的である。ひいては課題や問題の解決に向けて，児童・生徒と一緒に歩むことができるからある。

とりわけ小学校の児童に関しては，このアプローチの手応えは大きい。学級担任としっかり連携できれば，行動面や人間関係面における変化を学級担任は継時的に評価して証言してくれる。

小学校においては，相談室内に遊具や玩具（5歳から12歳適用）を豊富に用意しておくことになる。中学校においてはボードゲーム，カードゲームなどを用意する学校もある。いずれにしても相談室は目先の欲求・欲望を子どもたちに充足させる場所ではない。遊びが目的ではなく，遊びを通じて児童・生徒を成長させること，回復させること，ひいては問題解決へ近づけさせことが目的であることを教員スタッフに何度も伝え，理解と確認を求めることになる。

3）エンカウンターグループ

SNS 等による人間関係のトラブルは基本的には当事者同士の人間関係によってしか解決できないことである。SNS の台頭が学校の人間関係や生活に影響を及ぼす以前ならば，グループを行うにあたって厳密なルールをそれほど必要としなかった。しかしながら，SNS の台頭は，クラスや教室の枠を超えて児童・生徒の依存関係を強化するので，グループを行うにあたってはしっかり

としたルール（SNS ルールも含む）の下で展開しなければならなくなった。

スクールカウンセラー主導によるエンカウンターグループよりも教員主導によるエンカウンターグループの方が本来は望ましい。教職員スタッフは多くの児童・生徒とかかわるので，この身体技術を獲得すべきだからである。

以下のグループワークはあくまでも1つの参考例である。

場面設定

人数	クラス全員が円になる形式から，5～6人の班グループまで。
時間	40～50分。
回数	テーマによるが，1テーマ5～6回数を目処。テーマはシンプルなほど望ましい。
ルール	リーダー（主に教師や大人）が読み上げて，あるいはフリップで明示すること。
ルール①	この集まりはお互いの信頼関係を創る集まりなので「悪者探し」「弱い者いじめ」「犯人探し」をするグループではない。誰かを追求したり，追い詰める集まりではない。
ルール②	このグループで起きたこと，ここでの発言・表現はここで解決すること。後日持ち越さないこと。ここで納得できるように努力すること。したがってグループや集まりが終わった後で，陰口・裏口・悪口を絶対に言わない。言っているところを見つけたら，大人たちは厳しく指導することになる。
ルール③	時間が来て，伝え残したこと，言いきれなかったこと，言い残したことがあったらリーダー(学級担任,養護教諭,教育相談担当)へ伝えること。リーダーへ報告すること。

エンカウンターを行う上での留意点

①「よい」「悪い」「だめだ」「できない」など，人を評価する形容詞,形容動詞は使わない。これらは「上から目線の言葉」なのでお互いが納得しないし，解決しない。ひいては「悪者探し」へ陥ることになる。「つらい」「さびしい」「うれしい」「かなしい」「もうしわけない」「安心した」「ドキドキする」「怖い」「苦しい」「泣きたい」「腹が立つ」など，身体の言葉から出る形容詞だけを使うようにグループリーダーともども意識すること。意識させること。

②発達障がい児童・生徒や表現しない児童の有り体も受けとめること。表現しないなら表現しないなりの理由があるので。発達障がい児童は表現しないのではなくて，

> 表現できないので留意。表現しない児童（傍観者）はその子を理解するひとつの糸口であるのでフィードバックも時と場合によっては可能となる。

4）ソーシャルスキルトレーニング（SST）

リバーマン（Liberman, R. P.）が考案したアプローチである。リバーマンの問題意識は，患者が疾病によって長期間，地域社会との繋がりを絶たれ，その結果として患者が生活技能や自信を喪失し，社会適応を阻害されている，と捉えたことである。SST の目当ては生活技能やコミュニケーション技能を習得させることによって患者の社会参加を誘導させることだ。本来は医療分野で展開されていたが，1990 年後半から日本では学校現場においても汎用されるようになった。

児童・生徒はコミュニケーション技術を向上させることによって，学校生活における困難を解決する近道へ通れるようになる。児童・生徒同士は日頃のボタンの掛け違いから，人間関係トラブルが発生している。小さな失敗も子供たち同士で修正する能力を身につけさせることで，コミュニケーションにおける些細な離齬をなくす可能性が高まる。

筆者の所見では，ICT にまつわるトラブルに関しては SST を予防的に活用する方略として手応えがある。多くの SST 教材がパッケージ化されており（その功罪はともかく），SST は援助者にとっては扱いやすいアプローチである。

5）コンサルテーション

学校現場におけるコンサルテーションとは，教職員スタッフとは異なる専門性を持つスクールカウンセラーが問題状況について検討し，よりよい援助のあり方について話し合うプロセスである。

いつものメンバーを「イツメン」という言葉が示す通り，少子化も相まって，義務教育学校における人間関係は固定しがちである。1 学年 1 ～ 2 クラスの義務教育学校もあり，クラスメンバーが固定してしまっている。とりわけ中学校においては学年間の交流や同じ学年でも他のクラスへ入室することを禁止している学校もある。このような状況では教室内において何らかのヒエラルキーが発生しやすい。

1章　小学校・中学校の心理臨床　　*119*

　この風通しの悪い環境下ではいじめの温床にもなりやすいので，スクールカウンセラーはなるたけ児童，生徒が他者と交流して人間関係の固定化の弊害を減らすように教員に対して工夫や策を提供することになる。

　しかしながら，SNS などの ICT の触手によって，教室という枠を超えて児童・生徒がつながりを扇動されている事情（即レス，既読スルーなど）も考慮して対応しなくてはならない。児童・生徒は孤立を怖れ，依存関係から逃れられないと捉えているので，グループや班活動を主軸にした学年行事や学校行事を展開していく必要もある。あるいは学校によっては ICT 機器の持ち込み禁止，使用制限などの大掛かりな措置をとることもある。その場合に多くの対応や案件が発生するので，スクールカウンセラーが教職員へサポートと助言していくことも考えられる。

6）連携

　上述した第1項から第4項までの対応を行うにあたっては，必ず学校関係者の理解を得る必要がある。なぜなら，先述したように課題が顕在化してから対応しなくてはならないケースが多く占めることになるので，ICT によって引き起こされた対人関係トラブルにおいては，他の相談や主訴と比較した時，多職種との連携をより強く意識しなくてはならないからである。また，エンカウンターグループや遊戯療法的アプローチについては，学校の中に非日常的な時間と空間を持ち込むことになるので，教職員スタッフが動揺したり，疑問や不信葛藤を抱かないようにスタッフの理解と信頼を得る必要だからである。またトラブルが起きている場面が学校内のリアル空間であれば生活指導を行うことができるが，トラブルがネット空間で起きている場合は問題の所在が見えにくくなってしまうので，目に見える形での連携がより大切になってくる。

　義務教育校内で連携を行うためのマニュアルを以下に述べる。

（1）連携の布置

　スクールカウンセラーや支援者としては，自分自身の立ち位置をある程度イメージしておく必要はある。学校は公共空間であるので，教員も児童・生徒もその中での価値観や人間関係の力学（力のベクトルや強度），同調圧力に縛られている。そこで，児童・生徒も教師も表の顔や言葉をいくつか使い分けてい

る。

　以下の図を参照しながら，教職員とどのような関係性を持っているか，プライベート，インフォーマルからフォーマルまで横のX軸を基準としてとらえておきたい。また，かかわる対象は単なる教職員個人なのか，委員会や学年の「島」ひいてはスタッフ全職員を対象とする会議等の大きな集まり，いわゆるラージャーシステムなのか，Y軸でおさえておきたい。

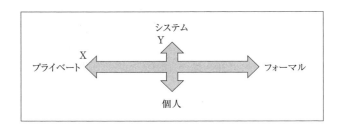

(2) 連携の種まき

　スクールカウンセラーは円滑で良好な連携を図るために，連携の種を蒔いておく必要がある。種まきは重要である。種を蒔かなければ芽が出ない。芽が出なければ実を結ばないのである。そしてスクールカウンセラーとして赴任する場合，まず自分が提供できるサービスや技術について関係者にプレゼンテーションをする必要がある。

　①スクールカウンセラー便りの発行，②登校下校時の声かけ，③給食への参加，④朝礼・児童生徒朝会への参加，行動観察，⑤各種行事（文化祭体育祭運動会合唱コンクール，音楽発表会）への参加見学，行動観察とりわけ②～⑤の活動に参加することは，教員スタッフに対するアピールは大きい。教員スタッフはスクールカウンセラーの後ろ姿や児童・生徒との関わりを見ているからである。後ろ姿を見て，赴任したスクールカウンセラーが信頼できるかどうか見定めている。

(3) 連携場面

　①定例あるいは臨時職員会議，②特別支援校内員会，③教育相談部会，④保健部会，⑤生活指導部会，⑥児童生徒理解のための職員研修会など，フォーマルな場面はいくつもある。

1章　小学校・中学校の心理臨床　*121*

また，職員朝会・夕会，給食，清掃場面，学校行事などにおける何気ない立ち話も信頼を得るために実践上大切である。これらは連携の種まきにもなる。

（4）連携する主なスタッフ

①管理職（学校長，副校長，教頭），②学級担任，副担任，③専科教員，④学年主任，⑤特別支援コーディネーター，⑥養護教諭，⑦主事，⑧学習サポーター，ボランティア支援員，児童介助員，⑨スクールソーシャルワーカー，⑩給食調理スタッフ，などを一応挙げておく。

（5）連携のためのツール

①口頭による報告，②日報，月報，③各校内委員会が決めたフォーマットやファイル，④面接記録票（必要に応じてフォーマットを3〜5種類提供しておく）。報告する内容はなるべくシンプルにわかりやすい表現で簡潔に伝えること。冗長で一方的な専門用語を使うことは避けたい。また教職員スタッフは多忙であり，専門用語を調べている余裕はない。

おわりに

実はICTが発展すればするほど，スクールカウンセリング活動はベタなFTF（Face To Face）の人間関係性を築くような動き方になっていく。

逆説的ではあるが，SNSなどの問題解決には，人間の「関係性」を結局は必要としているようで，「関係性」の量はトータルでプラスマイナス＝ゼロのようだ。ここでの「関係性」とは「身体性」と言い換えることもできる。

クワント［Kwant, 1984］はICTなどのテクノロジーや言語を「第2の自然」として捉える立場である。「第2の自然」とは例えば，人間が言葉を創り，そして言葉が人間の有り体を規定するような両義的存在である。しかも言語やICTなど「第2の自然」は，もはや個人を超えたところに存在する。クワントはこれを「社会的事実性」と名付けた。

北林才知はグループ・トレーニングにおいて長年トレーナーを務めてきた経験から，社会的事実性について示唆に富む見解を残している。それは言葉やICTのような第2の自然をいい加減に使い続けているうちに，その人の人格がいい加減なものに形成されてしまう。そして紋切り型に使い続けているうち

に，融通の利かない性格に固まってしまう［北林，2009］というのだ。

つまり重要なことは，言葉やICTたる「第2の自然」も人格（personality）を創る，ということである。

すると学校臨床において児童・生徒が「人間関係における不信感と不安を高めやすいという現況から指摘できる問題点とは，児童・生徒が他人の目を気にするような性向（センシィビィリティ）を備えてしまうことがあげられる。学校化社会の問題についての議論はここではひとまずおいて，学校とは産業化社会や組織のシュミレーションである。つまり児童・生徒はICTの影響によって，社会や組織との関係に自分自身をコミットメントする意識が薄れてしまう，という傾向を示唆できるのだ。

［織田孝裕］

注）
　1）バージニア・アクスライン（Virginia Axline, 1911-1988年）は子どもを中心にした非指示的遊戯療法を確立した臨床心理学者。治療者の基本的態度として8原則を提唱した。①ラポールの形成，②あるがままの受容，③許容的な雰囲気作り，④情緒の的確な察知，⑤子どもに自信と責任を持たせる，⑥非指示的な態度，⑦治療がゆっくりと進むことを理解する，⑧必要な制限は与える。

〔文献〕
アクスライン, V. M. ／小林治夫（訳）1972　遊戯療法　岩崎学術出版社
浅野智彦　2007　オンラインコミュニケーションとアイデンティティの変容　未来心理第10号　NTTモバイル社会研究所，pp.7-13.
土井隆義　2008　友だち地獄〜「空気を読む」世代のサバイバル〜　ちくま新書，pp.17-24.
土井隆義　2014　つながりを煽られる子どもたち―ネット依存といじめ問題を考える―　岩波ブックレット No903, pp.58-61.
江守五夫　1998　婚姻の民俗―東アジアの視点から―　吉川弘文館，pp.43-67.
Gilder, G.　1994　*Life After Television*. Revised edition W.W.Norton&Company
Gumpert, G. & Cathcart, R.（eds.）1986　*Inter/Media : Interpersonal communicationin a media world*. 3rd edition. Oxford University Press.
早坂泰次郎　1991　人間関係学序説　川島書店，pp.247-249.
稲村博　1986　『機械親和性対人困難症』弘文堂，pp.89-99.

北林才知　2009　情緒的自立と人格の成熟―Tグループ・企業派遣参加者たちの気づき
　　現代のエスプリ No.508 ―関係性のなかでの自立―　至文堂，pp.179-180.
クワント，R.C.／早坂泰次郎（訳）1984　人間と社会の現象学　勁草書房
森岡正博　1993　意識通信　筑摩書房，pp.109-144.
奥野卓司　1990　パソコン少年のコスモロジー　筑摩書房，pp.121-125.
斎藤環　2007　思春期ポストモダン―成熟がいかにして可能か―　幻冬舎，p.104.

2章　都心の高校生のネット利用の現状とその課題

はじめに

　筆者は主に都内の高校のスクールカウンセラーをしている。教科担当の先生方と同じ時間帯で業務に就いており，行事についていくこともよくある現場である。どの学校も生徒のほうから職員室に遊びに来たり，その場でたむろしたりすることもよくあるため，相談室を離れて生徒たちと日常的にかかわる機会は多い。そういった環境であることもあり，生徒たちとの何気ない会話の中からスマートフォン（以下，スマホ）の使い方やよく使っているアプリなどの話を聞くことは少なくない。

　生徒たちとの会話の中で，LINE を介して話しているうちに喧嘩になってしまったことが話題にあがり，どんな内容だったか尋ねたところ，LINE のやりとりそのものを見せてくれる生徒は意外と多い。しかしそこには「あれいったん？」「あーね。とりま」「ど」「わかったゆーてた」といった，主語のない変形した話しことばを使ったやりとりがあってびっくりする。なんども質問をして聞いていかないと生徒が伝えたいことはおろか，会話の内容さえ理解できないので，本題にたどり着くまでになかなか時間がかかってしまう。ちなみにこの会話は「あのことは言ったの？」「まあね。とりあえず」「どうだった？」「わかったって言っていたよ」というやりとりである。生徒の中には百人単位の LINE グループに入ってこういった会話をしているひともいるため，難解さはさらに上がる。短い時間でメッセージのやりとりを次々にしていくので，会話に参加しているメンバーたちは会話から離れることができず，疲れてしまう。

　香山［2016］は，SNS で生じるトラブルやストレスを"SNS 疲れ"と名付け，便利さの一方で，社会的生活にマイナスの影響を与える可能性や精神病理に結

びついてしまう危険性について触れている。2013年11月19日（朝日新聞）には，"画面の中　放課後の「会話」"として，LINEを介しての終わらない会話による疲弊が，学校生活に影響を及ぼしている記事を発表している。このように，すでにさまざまな分野でSNSをはじめとする通信技術の発展に伴う功罪について，話題が上がることが多くなっている。そのため，本章では，都心の高校生のネットとの付き合い方から見えてくる実情に焦点をあてるとともに，ネットとうまく付き合っていく方法について模索していくこととする。

1. "楽"を追い求めた先

1）便利さ≠豊かさ

年々，身の回りの製品はどんどん便利になっていっている。たった20年の間に情報通信技術はかなりの進歩を遂げ，あっという間に様変わりしてしまった。ケータイを例にあげると，10年前はフィーチャーフォン（いわゆるガラケー），20年前はポケベルが全盛期だった。20年前は数字しか送ることができなかったことが，20年後の現在では文字はおろか，写真や映像を高画質で送ることが可能となった。具体的に比較するなら，当時の一番人気のガラケーは，連続通話可能時間は3時間20分，アウトカメラの有効画素数は約510万（画素数が高いほど細部まで写せる）。それに対して現在の最新モデルはiPhone Xが人気の機種で，連続通話可能時間は最大21時間，アウトカメラの画素数は1200万だ。デジタルカメラに匹敵するほどの高画質な上，アプリを使えば編集も可能になる。スマホはカメラ機能以外にも，ネット通販や，漫画・絵・小説・音楽・ダンスといった芸術分野の作成や発表が気軽に楽しめるようになり，そしてそれを娯楽として閲覧することができるサービス（アプリ），文字だけでなく絵や動画，音声などあらゆる方法で相手にメッセージを渡すことができるようになったSNS，そして手軽に場所を選ばず楽しめるようになったゲームなど，もはや携帯電話とは言えないほどに多機能かつ，高度な技術を兼ね備えた電子機器へと劇的な進化を遂げている（それぞれのアプリの詳細は『スマートフォンによる交流アプリの最新情報』をご参照いただきたい）。

日常生活でも食器洗い機や洗濯乾燥機などが普及してきた。食器を軽くゆす

いで収めてスイッチひとつできれいになり、洗濯物と洗剤を入れればスイッチひとつで洗浄と乾燥までしてくれる。これらがなかった時代と比較したら家事に割く時間や手間はかなり減らすことができるようになったが、それによって生活にゆとりや豊かさは訪れたかというと、そうとは言えないだろう。空いた時間で持ち帰った仕事をしたり、ほかの作業に時間をあてたりして、結局忙しいままの人が多い。それに生徒の中には洗濯物を干したり、食器を洗ったりした経験を持たない人もいて、手が濡れることに拒否感を示す場合もある。幼い頃から便利さに慣れてしまうことでストレス耐性が低くなり、大人につれて日常生活に弊害が生じてくる。

　授業にたいへん疲れたある生徒は、天気が悪いことを理由に校門から交差点を挟んですぐの場所にあるバス停まで行くことを嫌がり、タクシーを呼んで徒歩15分のところにある駅まで乗っていった。自分たちが受けてきた苦労を味あわせたくないという理由から、自分の子どもに楽をさせようとする親御さんが一定数を占めるようになってきたように感じる。"苦あれば楽あり"のはずが、苦をどんどん除くような傾向に社会が向きつつあり、不便さは悪の存在とも分類されつつあるように思える。風邪をひいて健康のありがたみを実感できるように、雨の日の憂鬱さがあるから晴れの日の清々しさを体験できるように、苦があるからこそ楽の喜びを感じることができるが、この基本的感覚が失われつつある。

2) 便利さの先の落とし穴

　スマホが普及してきて便利なことが増え、より快適にするためにネット環境がどんどん整備されてきている。飲食店やコンビニなどの施設に Wi-Fi が配置されていることが通常となりつつあり、どこでもデータ量を気にせずにネットを楽しめるようになった。すると動画やゲームといったデータ量の多いアプリも手軽にどこでも楽しめるようになり、スマホゲームに参入する会社も増加し、あまりゲームに馴染みのなかった層もゲームを楽しめるようになってきた。ネット産業の需要が拡大したため、ゲームを始めとしてショッピングやニュースといった日常生活にかかわり深い部分でも、スマホでできることがどんどん増えていっている。それに伴って「歩きスマホ」や「ながらスマホ」というこ

とばが使用されるようになり，今では完全にだれでも知っていることばとして定着している。それほどまでに多くの人は，スマホに夢中になっている。しかしそれによって，駅のホームからの転落事故や，すれ違うときに肩がぶつかって喧嘩に発展するトラブルになる事例も後を絶たない。また，昨年末には衝撃の事件が起こった。

　女子大生の運転する自転車が77歳の女性に衝突し，死亡させた事件だ（2017年12月7日）。事故発生時，女子大生は左耳にイヤフォンをして右手に飲み物を持ち，左手でスマホを持った状態で自転車を運転していた。事故が起こり，周囲が被害者の女性に駆け寄って介抱している間，女子大生は端に寄って立ち尽くしていたという。報道によると，女子大生はSNSを操作しながら自転車を運転していて，それをポケットにしまおうとしたときに事故を起こしてしまった。事故が発生するまで周囲の状態に「気づかなかった」と証言する彼女は，ネットの中に没入しすぎてしまっていた。

　なにかに没入しているとき，現実世界に戻る瞬間が一番危険である。暗いトンネルから明るい外へ出たり，逆に明るい外から暗いところへ入る瞬間に自動車事故が多いように，まったく別の世界に移るときに，大きな危険性が潜んでいる。「ながらスマホ」は，現実と仮想世界をなんども行き来しながらふたつの世界の中でそれぞれの作業を同時並行で行うという，なんとも高度な技術だ。世界を行き来するときに危険性が潜んでいるならば，この「ながらスマホ」は常に危険と隣り合わせの状態であることにほかならない行為だろう。

2. ネットの正と負

1) ネットの役割

　スマホを巡る問題が多く取り上げられているが，なかなか無視できない効果もたしかにある。ここ20年の間に都心の人口は191万人も増加している。総務省統計局のデータによると，日本の人口が20年の間におよそ200万人ほど増加していることからも，なかなかな数字であることがわかる。ちなみに関東圏では，埼玉県と千葉県がおよそ40万人，神奈川県は66万人ほど，増えている。ここまで増えてくると地域の過疎化も心配であるが，都心の過密化も深刻

な問題となってくる。人口増加に伴い，他者との物理的な距離感が狭まってしまうと，自分の希望するエネルギー量での「話したい」「動きたい」といった欲求を適切に処理することが難しくなってきている。電車内は特にそうだが，家にいても隣家との距離が近いため，大きい声を出すと苦情がきてしまう。普通に会話をしていても狭い場所では騒音となってしまうし，人数が多くなれば自然と声も大きくなってしまうものだから，意外と普段から話す声の大きさは気をつかわなければならない。イライラしたりモヤモヤした気持ちがあったりしたときに体を動かしたくても公園は減っているし，道路は車の通りがある上に連れ去りなどの犯罪も懸念されるため，おちおち子どもたちを外で遊ばせることもできない。だからなのか，最近スポーツジムがあちこちに増えてきているようだが，発散するまでの手続きが多いのがもどかしい。

　しかしスマホを使えば，それが疑似的に発散することができる。バトルもののゲームで苛立ちといった攻撃性を発散したり，SNS などで愚痴を吐き出したりすることで一時的に恨みや悲しみ，孤独感といった感情を昇華することが叶う。現代はこういったネガティブ感情を表現することを歓迎しない傾向にあるため，周囲の人に見えないところでそういった感情を処理していくことは，一見するととても適切なように捉えられてしまう。そういった特性からも，ネット世界でストレスを発散していく行動が強化されてしまう要因になりうるのだろう。近年，call of duty シリーズや FPS 系の戦争ゲームが男性の間で人気を集めていることも，これを裏づけていることだろう。SNS では，Twitter や LINE で愚痴を吐き出している生徒も少なくない。特に現実世界の人間関係で悩み，抱え込んでしまっている人にとってネットの世界は大きな役割を果たしている部分がある。

《事例1》─高校2年生 A 子

　高校2年生の A 子は，クラスメイトとの交流にうまくいかなさを感じていた。おしゃべりをしているとつい強い口調になってしまったり，話題がだれかの悪口ばかりになってしまったりしがちだった。特に不安が強くなると攻撃的なことばが多く口をついて出てしまい，しだいに距離を置か

れるようになってしまった。学校からも足が遠のいていき，引きこもるようになった。うまくやれない自分に価値が見いだせず，死にたい気持ちが出てくるようになり自傷行為も出てきたが，Twitter を通じて知り合った人たちが励ましてくれたり，「○○のイベントがあるからそれまで生きないとね」といった未来の約束をしてくれたりしたことで，日々の活力を取り戻し，あまり登校できないものの細々と学校の課題をこなしていった。

　石井［2011］によると，SNS によって利用者が得ている効用は，①ネットでの交流，②情報・知識の獲得，③娯楽・息抜きの3側面があるという。現実世界の人と向き合えない中でも，だれかと交流することで優しさに触れ，辛い気持ちを緩和する効果はたしかにあるのだろう。

2）大きな危険性をはらむ Twitter

　ネガティブな気持ちをネット上に吐き出すことで一時的にこころの安寧を得ることができる面では，ネットは大きな役割を果たしているといえる。しかし，吐き出した先には誰かがそれを目にしている現実がある。吐き出している本人とってはヴァーチャルな世界であったとしても，その世界を介して別の誰かが先にはいるため，やはり現実世界同様にネガティブな気持ちを受け入れがたいと感じるのは自然の流れだろう。嫌な気持ちを起こさせた相手に逆にネガティブな感情を抱いてしまい，そこからトラブルへと発展してしまうこともある。

《事例2》── B 子と C 美

　B 子は，友人 C 美が LINE のタイムラインで愚痴をこぼしているのを目にした。具体的な名前はあげていないものの，書かれていることから推測すると自分のことを言っているのではないかと考え，別の友人に相談した。その後も C 美は「あいつ本当に自分勝手」「人によって態度変えるやつまじキモイわ」などと愚痴を投稿し続けるため，それを目にするたびに嫌な気持ちになり，学校へ行くことが怖くなってきてしまった。相談にの

ってくれていた友人は，そんなB子を見かねてC美を呼び出して投稿を止めるように伝えるものの，C美の行動は止まらず，周囲を巻き込んだ喧嘩に発展してしまった。

　ネット上は一時的なこころの受け皿には適しているため，ネガティブな気持ちを吐き出すことで一旦はこころの安寧を得ることができる。しかしそれはすべてのひとに歓迎されるものでもないし，現実的な解決には結びつかない。希死感のあるA子が，ネットによって生きる希望を繋ぎとめていられたとしても，その状態が続くだけで快方には向いていないのも，それが理由である。自分の中に生じる葛藤やネガティブな気持ちの意味を考えたり，そういった感情を持つ自分を受け入れる作業をせずにただその場をしのぐことだけしていたら，こころの成長は見込めない。生まれたばかりの赤ん坊は，初めて感じる空腹の感覚がわからず不安と恐怖で泣くが，暖かい腕に守られながらお腹が満たされることで，少しずつ不安の正体がわかり，成長とともに泣かずに空腹を周囲に知らせることができるようになる。不安やイライラなどの感情の正体がわからなければ，雑然とした感情にただ振り回されるだけの幼い反応を繰り返すばかりになってしまう。相手の表情や声音，周りの様子といったさまざまな情報が不確定な文字や絵文字だけのSNS上で，こころの成長を促す返しを期待することは難題であり，確実な返答や適切な応答といった安心を生む枠組みもないため，逆に不安を煽る可能性も多分に含んでいるのだ。

　自分と他人との間をつなぐ仮想世界の関係性を，小此木［2005］は"1.5"と表現している。精神分析の一者関係を"1.0"，二者関係を"2.0"と表す中での"1.5"である。一者関係の"1.0"とは，自分ひとりで自分だけの世界に閉じこもっている主観的な状態をさす。ひとりで瞑想したり，妄想や思考をめぐらしている状態がこれにあたる。そして二者関係の"2.0"とは，1対1の人と人とのかかわり（1＋1＝2）をさす。私とあなたという友人関係や夫婦関係がこれにあたる。これに対して"1.5"とは，人間のこころと対象のかかわりを数値的に表現することに用いられる。たとえばお人形遊びのように，人間や生きた存在の代理という意味になる。お人形遊びと異なるのは，スマホが優秀

すぎる点だろう。生きた人間がネットの先にいることは間違いないが，間に介在するネットの海はそれをぼかす作用がある。匿名性が強く，場所も時間にも囚われない世界であるため，現実世界との違いが曖昧になりやすい。つまり，仮想世界と現実世界がまぜこぜになりやすいのだ。SNS が普及し，さまざまな方法で意思を伝達しやすくなってきたことも，これを強める要因となっているだろう。

　2013 年の夏頃から，コンビニのアイスケースに入り込む動画や画像が Twitter に投稿されて逮捕される事件が何件も上がっている。閲覧数や「いいね」の数を増やすことで高揚感を得たかったという動機があったと一部の記事は報道しているが，これは現実世界の"1.0"内で拡げていた妄想を妄想のままに留めておくことができずに実行し，"1.5"の世界でアピールしてしまった闇深いケースだろう。現実世界と仮想世界の区別がつかず，仮想世界で万能感を得るために現実世界で罪を犯してしまった犯人たちの行動は，統合失調症に似た病理を感じる。YouTube での閲覧数を伸ばすために動物虐待をした YouTuber や，孤独な現実の自分を隠すために一人で来店したカフェで二人分の食事を注文し，Instagram に投稿する人なども同様に，現実と仮想世界との境界があいまいになる病理にとりつかれているといえるだろう。

　この"1.5"の視点から見ると，アプリの中でかなりの普及率を誇る Twitter は大きな危険をもつ特徴を持っているといえる。Twitter が普及した理由のひとつとして，ひとつの端末で複数のアカウントを持つことができる点にある。2015 年に電通が独自に行った調査では，Twitter で複数アカウントの所有率は 62.7％だという。筆者も感覚的には，単一アカウントだけの生徒はあまり遭遇していない印象があり，実際に利用していてもそう感じる。今まで生徒と接してきて，一番多くアカウントを持っていた生徒は最大 10 個のアカウントを使っていた。Twitter のアカウントは，1 つのメールアドレスにつき 1 つアカウントを作ることができるため，Yahoo! や G メールといったフリーメールのアドレスを作れば，簡単にアカウントを増やすことができる。使い分けは人によって異なるが，好きなジャンルで分けたり，用途で分けたりするひとが多い。たとえば好きなアイドルグループに関するアカウントと，趣味の風景写真を投稿するアカウントを別に作るといった感じだ。しかし生徒たちの中では「本垢」

132 第Ⅱ部 ICT社会の人間関係と心理臨床

と「裏垢」という使い分けがひろく浸透している。それぞれ「ほんあか」「うらあか」という読み方をするが，「垢」というのはアカウントを短縮したことばとして用いられている。「本垢」は学校などの現実での顔見知りのひとと繋がるアカウントで，「裏垢」というのはそれ以外の用途として使われる。たとえば愚痴を吐き出すためだったり，現実の知り合いには隠しておきたい趣味を呟くために分けたりする。またこのふたつのことば以外にも，広く使われているものとして「捨て垢」がある。これはなにかあった際にすぐに切り捨てることができるアカウントのことをさす。使われ方の一例として，ある生徒のケースを出してみる。

《事例3》―― D男と友人E

あるときD男は，現実世界で交流のある友人Eから連絡を受けた。ある人物の投稿内容から，この人物はD男の知り合いではないか？　というものだ。投稿内容に辛辣な愚痴が多かったため，EはD男に連絡をしようと思ったのだ。D男はすぐにその人物のアカウントを見に行くと，たしかにたくさんの愚痴が投稿されていた。過去の投稿履歴やプロフィールを見てみると，Eの仮説が当たっているように感じた。もしそれが当たっていた場合，投稿されている愚痴は自分のことを言っているように思えたため，Eとそれについて話し合った。その人物とは「本垢」でつながりがあったため，「捨て垢」からDM（ダイレクトメッセージ）を送り，探ることにしてみた。DMのやりとりをスクリーンショットで保存し，EとLINE上で共有し，話し合いを同時並行で続けた。その結果，そのアカウントはその人物のものである可能性が高いと結論づけ，やりとりの内容を他の共通の友人とも共有しあい，その人物とかかわることをやめることにした。

この一連の流れを読んで，どんなことが行われているかおわかりになるだろうか。Twitterに馴染みのない人はおそらく一度読んだだけでは理解が追いつ

かないだろう。筆者自身も，生徒からこういった話を聞くときは理解するのになかなかの時間を要してしまう。しかしこのような話を耳にすることは，実のところ少なくない。ネット上でお互いに匿名で腹の探り合いをし，かき集めた不確かで一面的な情報を，これまたネット上で検証し，思い込みを混ぜて答えを探していくため妄想を深めていきやすい。さらにいくつものアカウントを使って複数人でこのようなことをしていくこともあるため，どこでだれがなにを話したのか整理できなくなっていき，より混乱は拡大していってしまう。D男たちはその後，先生たちの聞き取りによってその人物とアカウントの持ち主が別であり，いらぬ疑いをかけてしまったことが明らかになるのだが，先生方によるとD男たちは「あらぬ疑いをかけてしまって申し訳ないことをした。本人に謝りたい」と話したという。自分たちが自分たちであるとわからないように探っていったにもかかわらず，相手と直接喧嘩をしたと錯覚してしまっており，混乱していることがわかる。"1.5"で行ったことを"2.0"の関係で行ったと捉えてしまったのだ。

　アカウントというのは，そのアプリを利用するための利用者自身だ。そのアカウントをいくつも作っていくことは，自分自身をいくつにも分裂させてそれぞれの面だけで接している状態だといえる。ジャンルで分けるならまだしも，ポジティブなことだけを話すアカウントとネガティブなことを吐きだすアカウントといった分け方は，自己否定感を強めることにつながりかねない。繰り返しになるが，複数のアカウントを頻繁に行き来し，分裂を深め，用がなくなったら切り捨てるといった行動を繰り返していけば，現実と仮想世界の切り替えも難しくなっていき，混乱を深めていってしまう。また，これが思春期の時期ともなるとエリクソンの提唱する同一性の獲得が困難になり，自分は何者なのかという自己イメージが掴みにくくなっていってしまう。斎藤［2013］は，教室内のコミュニティ内で割り当てられてしまう「キャラ」の生成が，ケータイやネットによって助長されてしまうと警鐘を鳴らしている。「本垢」で学校の友人らと交流し，「裏垢」で表現したい自分を自由に作っていく様子は，斎藤のいう解離性同一性障害の交代人格に近いともいえるだろう。自らを分裂させ，割り当てられた「キャラ」を演じ続けていれば，いずれこころに限界がおとずれてくる。限界まで到達する前に，こころの悲鳴や違和感に気づいてくれるこ

134 第Ⅱ部 ICT社会の人間関係と心理臨床

とを願わずにはいられない。

3. ネットと付き合っていく上で大切なこと

　こうしてみるととんでもないものが普及していってしまっていると感じるが，総務省情報通信政策研究所［2014］の調査によると，深刻な状態に陥っているのはまだ一部分だけなようである。都立の全日制および定時制の高等学校154校を対象にした調査において，ネット依存度高度の高校生は4.6％であり，その中でネットを利用し過ぎていると自覚している割合は71％。さらに残りの3割を分析すると，「対人関係が比較的希薄と意識し，共感し支えてくれる人の存在，緊密な家族関係といった充実した人間関係を形成していると感じる割合が低い。また，自己イメージを気にする傾向が高い」のだという。現実世界でコンプレックスを抱きやすい要因を多く内包する人が，ネット内の仮想世界に理想の自分を求めてしまうのかもしれない。

　小此木［2005］はその著作の中で，「枠のないネット世界は自分の心の中のことは心の中のこととして外の世界と境界を保つ，という心理構造がうまく働かなくなる恐れがある」と，その特性を記している。ネットの世界はもともと大きな危険性をはらむ諸刃の剣のようなものである。どんな便利なものでも，扱いを間違えると鋭い刃となる。これからの世の中は，ネットありきで物事が進んでいく時代が必ず訪れるだろう。それに備えて，われわれはこの文明の利器の扱い方を学んでいくことが急務となってくる。リテラシー教育もさることながら，根本的に必要なのは道具としてスマホなどの機器を利用し，現実を見失わずに仮想世界とを自由に行き来できるだけのこころを得ることだろう。

　忙しい日々が少しでも楽になるように，周囲のものはどんどん便利になっていっている。しかし忙しさは変わらず，夫婦共働き家庭が一般的になり，終身雇用制の崩壊から派遣や非常勤といった雇用の形態もさまざまになってきた。筆者自身は比較する過去がないためはっきりしたことはわからないが，もしかすると以前よりも忙しさは増しているのかもしれない。余裕のなさから，忙しいとどうしても効率性や生産性を重視しがちになってしまう。すると，子どもたちのネガティブな気持ちを受け入れがたく感じてしまい，場合によっては拒

否してしまう可能性もある。ネガティブな気持ちを表現すると受け入れてもらえない，愛してもらえないという方程式をこころが学んでしまうと，ネガティブな気持ちを持つ自分を受け入れられなくなってしまう。それこそ，Twitterでネガティブな気持ちを秘密裏に捨てていくように，ポジティブな面のみを持つ自分しか受け入れられなくなってしまう。悲しみや怒りといった感情は，あることが自然である。喜びといった気持ち同様に，自由に表現することを後押しし，さまざまな面をすべてひっくるめてその人自身であることを認める働きかけが重要だろう。失敗を寛容に受け止め，試行錯誤をしていく機会を与える。うまくいかなかったら一緒に考え，うまくいかなかったことや成功したことを共有する。

　子どもたちと接するうえで，これまで当たり前とされていたこれらのことに時間が割けないほどに，社会は慌ただしく，疲れてしまっているのかもしれない。ネットの普及によってこころに混乱を持ちやすくなってしまったひとたちは，こういった社会の被害者なのかもしれない。こう考えていくと，発展した便利な機器たちは大きな光であり，それによって生まれた影の部分がこういった問題だともいえるだろう。光と影は表裏一体のものであり，永遠に抱えていく必要があるものだ。そのため，スマホによって現実と仮想世界の境界を失いつつある人たちを，厄介者として「捨て垢」のように切り捨てず抱えていく社会になっていくことを，切に望む。

[深澤　静]

〔参考・引用文献〕

千葉県　https://www.pref.chiba.lg.jp/toukei/toukeidata/gekkan/toukei2018-02/index.html　平成 30 年 2 月 17 日アクセス

樋口進　2017　心と体を蝕む「ネット依存」から子どもたちをどう守るのか　ミネルヴァ書房

石井健一　2011　「強いつながり」と「弱いつながり」の SNS ―個人情報の開示と対人関係の比較―　情報通信学会誌，Vol.29 No.3，25-36.

株式会社電通　2015　電通総研「若者まるわかり調査 2015」を実施―「ウラハラ・マインド」を持つ，今の若者像が明らかに―　http://www.dentsu.co.jp/news/release/pdf-cms/2015038-0420.pdf

神奈川県 http://www.pref.kanagawa.jp/cnt/f6774/p520876.html 平成 30 年 2 月 17 日 アクセス

香山リカ 2016 SNS 疲れ 臨床精神医学, 45 (10), 1237-1241.

小栗正幸 2012 青年期の発達課題と支援のシナリオ ぎょうせい

小此木啓吾 2005 「ケータイ・ネット人間」の精神分析 朝日文庫, pp.118 ～

埼玉県 http://www.pref.saitama.lg.jp/a0206/03suikei/documents/population-graph.jpg 平成 30 年 2 月 17 日アクセス

斎藤環 2013 承認をめぐる病 日本評論社, pp.211 ～

総務省情報通信政策研究所 2014 高校生のスマホアプリ利用とネット依存傾向に関する 調査 http://www.soumu.go.jp/iicp/chousakenkyu/data/research/survey/telecom/ 2014/internet-addiction.pdf

総務省統計局 http://www.stat.go.jp/data/nihon/02.htm 平成 30 年 3 月 3 日アクセス

東京都 http://www.toukei.metro.tokyo.jp/jugoki/2001/01qdj200001.htm 平成 30 年 2 月 17 日アクセス

3章　「つながり」と「リアル」

――若者にとっての ICT と人間関係――

はじめに

　本章で筆者の担当するテーマは，大学生の学生相談と対人関係トレイニング（Inter-Personal Relationship Training）の臨床現場に長年身を置いてきた立場から「若者にとっての ICT と人間関係」を臨床的に考察することである。

　「若者」「ICT」「人間関係」の視点を重ねたことで筆者に見えてきたのは，若者たちが ICT を介した人間関係で獲得しようとしているのは自分と人との「つながり」や，自分をわかってもらえたと思える「共感」であること，そして同時に彼らは「つながり」や「共感」を，ICT を介した人間関係ばかりを生き過ぎることで逆に失ったり遠ざけたりしている現実があるということである。ここでは，若者が欲する人と人の「つながり」とは何か，ほんとうの「つながり」とは何かについて考察していきたい。

1.　"connected" は「つながり」なのか

　2018 年 2 月，ICT 大国と言われる韓国の平昌（ピョンチャン）で冬季オリンピックが開催された。その開会式は，韓国の ICT 技術が駆使された圧巻のパフォーマンスだったが，生中継を観ていた私には「これは恐ろしい」と感じる瞬間があった。

　TV 実況アナウンサーが「未来へのゲート（門）」と表現していた人間の背丈ほどの大きさの長方形の枠を 120 人の演者が操作していた様子はさながら，「1 人 1 台が当たり前のスマートフォンが人工知能によって動いているかのよ

うであったのだが，その120台が発光しながら大きな輪になり，上方に360度
四方に勢いよく光を放射していった場面である。

　アナウンサーは「平昌オリンピックのテーマ"Passion, Connected"，人と人
がつながりあう世界が表現されました」と実況していた。筆者は中継を聞きな
がら，この解釈は台本通りなのだろうがとても恐ろしいと感じてしまった。ア
ナウンサーは明らかに光が拡散した光景としてのconnectedの状態を「つな
がり」と表現していたが，その映像のパフォーマンスを見る限り人と人とのつ
ながりが表現されているようには見えなかったからである。

　平昌オリンピック公式HPでは"Passion, Connected"は「ひとつになった
情熱」と日本語訳されているが，connectedが「ひとつになった」と訳される
のは「つながった」と訳されるよりさらに恐ろしいと感じてしまうのは私だけ
であろうか。connected な passion は，個が埋没した「ひとつ」であってはな
らないと思うのである。

　TV映像では光の中心に人の笑顔のイラストが映し出されていたがそれは一
瞬のことであった。人間不在でconnectされた光のネットワークが地球を席巻
しているさまが強く印象に残ったオリンピック開会式であった。

　いま，世界の人々はどんなに物理的に離れていてもインターネットを介して
「つながる（connect）」ことができる。それは確かである。同じ時間に同じ感
動を共有したり情熱を燃やしたりすることができる。インターネットにより
"Passion, Connected"を共有できることは人類にとって理想的状態と言えるか
もしれない。オリンピックのテーマとしては問題ない。しかし，果たして「人
と人のつながり」は自分から360度遠方に放射された光のように無作為につな
がることで表現しうるものなのであろうか。「否，それだけではない」と，心
理臨床に携わる者の一人として断言しなければいけない，そして「それだけで
はない何か」を発見し提示しなければいけないのではないだろうかと考える。
本稿はその「それだけではない何か」の探求であり提示である。

2. 若者たちが求める「つながり」

　10代，20代の若者たちは，人との「つながり」を求めている。飢えている

と言っても過言ではない。そして，人と「つながる」手軽な手段としてインターネットを利用するのは，若者に限ったことではないが，若者のほとんどがインターネットで人とつながっている。

　2009年『TIME』誌の「世界で最も影響力のある100人」に選ばれ社会的な要因や交流が健康や長寿に与える影響を研究したことでも知られるクリスタキスはファウラーとの著書『Connected —つながり　社会的ネットワークの驚くべき力』［Christakis & Fowler, 2010］の中で，人間同士のつながりとしての社会的ネットワークの持つ力と可能性に関する理論を展開しているが，彼らは，オンラインを通しての「つながり」が人を結ぶと思われる大きな理由は「孤独感」であると述べている。そして「孤独感」を持つ若者がオンラインでつながり「君が来てくれてうれしい」などとフィードバックを受けるとたちまち「人とつながった感じ」を持ち孤独感が減少するのだという。インターネットやSNSは，そういった意味で人々の「つながり感」を生んでいることは確かである。

　「ここには自分の居場所がある」「わかってくれる人がいる」「ひとりじゃない」といった言葉も，インターネットのつながりに支えられていると自負する若者がよく口にする言葉である。そしてまた，「TwitterなどのSNSによって危機を救われ，今日まで生きて来られた」と語る若者たちは一様に「SNSの中では自分は生きていていいんだ，と思える」と言う。そんな彼らの多くは，SNSに救われながらも同時に「SNSによって現実世界が生きにくくなってしまっている」ことを痛感してもいる。彼らが共通に切望するのは，現実世界をSNSのように温かい居場所として生きられたらどんなにいいだろうか，SNSのように自分のことをわかってもらえる家族がいたらどんなにいいだろうか，SNSで自分がやれているように現実でも人と関係を作っていければ，もちろんそっちのほうがいいに決まっている，といったような現実の人間関係への切なる思いである。それがかなわないがゆえに彼らはSNSと現実という2つの世界を不器用にまたがって生きざるを得ないのである。

　こういったSNSの「つながり」や「つながり感」では満たされないレベルの「つながり」について，そして大学生世代の若者にとって「SNS」と「現実世界」両方の世界を生きる意味と難しさについて，次に事例を用いて存在論的

140　第Ⅱ部　ICT社会の人間関係と心理臨床

に考察したい。なお，事例主人公の「海彦」と「山彦」，その他の登場人物も筆者の主観的な直接経験の中から臨床家の方法論を問い直すためにモデル化した架空の事例である。

《事例1》―海彦20歳

　優しかった父は海彦が5歳の時病没。それ以後母は養育放棄同然となり，海彦への暴力や暴言は日常的だった。自分が愛されないのは自分が悪いからだと結論付けるしかなかった。母親の関心をひきたくてさまざまな努力をしたが無効か逆効果に終わり，14歳で限界に至り精神科に入院。「当時自分の生い立ちを聞きながら泣いて怒ってくれた心理カウンセラーがいなかったら今生きていない」と何度も語る。

　15歳で退院後はTwitterに居場所を見つけ心は安定する。「こんな言葉をかけてもらいたい」と思いながら投稿すると，かならずそのような言葉を返してくれる人が現れる。だから自分も人が求める言葉を返す。「わかりあえる」ってこういうことなんだと実感する。こちらの世界ではじめて自分は自分になれたし，「生きていい」と実際に言ってもらえるし，自分でも初めてそう思えた。現実世界は「リアル」だけどそこに自分は生きていない。家族なんていない。いらない。Twitterにつながる入り口があるだけ，と海彦は言う。

　Twitterを通じ出会った「一生わかりあえそうな」異性と何度か交際をはじめるが，彼女たちはことごとく「わけあり」で，一人はちょっときついことを言った翌日に自殺未遂をはかり，一人は性的に異常なサディストで殺されかけ，一人は付き合い始めるや否や一秒たりとも自分のもとを離れようとせずこちらがおかしくなりそうになった。そんな人をわざわざ選んでいるつもりはないが，Twitterで「わかりあえる」と感じた女性の共通点がそれだとしたら自分も同じ要素があるはずだと恐ろしくなりTwitterに出会いを求めることはやめた。

　Twitterでの異性関係を「リアル」に持ち込むことに懲りた海彦であったが，15歳の頃からTwitterとともに毎日最低4時間はアクセスする

Youtube 生配信で知った「歌手 A」に恋をする。A との Youtube 上のリアルタイムのやりとりでは自分がかけがえのない存在であることを確信でき幸福感に満たされるが，他のファンからの嫉妬や人気商売ゆえ実際に会ってもらえないことが悩みの種となる。

　海彦は，A に「会いたい」と投稿を通じて懇願したが，A は生配信する曲の歌詞の中で「会えたらいいのに」とか「あなたを思うだけで苦しくなる」と思わせぶりに返してくるだけだった。海彦は A からの恋愛感情に疑いを持つことなく「芸能人との恋愛はリアルじゃない。自分はリアルな恋愛がしたい」と言って A から心理的に離れる決意をした。A の音楽生配信を海彦が視聴し投稿し，A は歌で応答するという関係性はそれ以後も続いたが，そのやりとりを不自由な恋愛関係だと海彦が言うことはなくなった。同じ頃，海彦はそれまで Twitter の中で「母親への恋慕と憎悪」を言葉で表現し続けていたエネルギーを「リアル」の母親との関係の中で「母親が自分を理解してくれる可能性」に方向転換し注ぎ始めた。そして母親がカウンセリングを受けるよう言葉で働きかけ成功した。母親から見たら，まったく自分を見ることのなかった息子が急に自分にまっすぐな視線を向け「わかってほしい」とかかわってきたのだから，心を動かされないはずはなかった。

　母親との関係性が激変したわけではないが，海彦は「母親なりに父の死後自分のためにがんばろうとしてくれていたかもしれない。今も，理解力ない割には反省して親らしくしようとしている」と母親の少しの変化を感じ取ることで自分の変化や成長に取り込んでいる。海彦は「ネットで知り合ったたくさんの“リアルじゃない”人たちが“リアル”で生きろって教えてくれた気がする。生配信視聴は生活の一部なのでやめませんが，自分は“リアル”で生きます。やっぱり“リアル”でわかってもらえると，あ，こっちで生きていていいんだって実感できる」と語る。海彦は，「SNS」と「リアル」を生き分ける術を身につけ，確実に自分と他者とを実感できる日々を送りはじめている。

☆

142　第Ⅱ部　ICT社会の人間関係と心理臨床

《事例 2》─山彦 22 歳

　　一流会社取締役の長男。優等生であることだけが養育方針の両親からは
愛情を感じられず育った。一流大学受験失敗により家族を失望させたこと
を機にうつ状態になり家から出られなくなった。Twitter で知り合った 3
〜 4 人との人間関係に支えられ自殺企図は回避したが今でも時折死にたく
なる。滑り止めで滑り込んだ大学は出席不足で除籍となり現在は週三日ア
ルバイトの生活。母親から強く勧められカウンセリングを開始したが，山
彦から発する言葉は「よい子」が染み付いた無難な発言ばかりで，「どう
すれば幼稚園時代のようなよい子に戻れるかがカウンセリングの目的」だ
と本気で語る。毎回のカウンセリングを Twitter の投稿と同じような自虐
的かつ詩的な結論で締めくくりながら「わかってよ」と顔に書かれた強い
視線をカウンセラーに向けるが「何をわかってほしいか」を素直に言語化
することはできない。いまだに母親からの抱擁と愛情を求め続けては失望
する日々の繰り返しであることは自覚できている。

　　山彦の Twitter への投稿内容は，自分と同じように親からの愛情を希求
し続けるフォロワーから絶大な支持と共感を得てカリスマのような存在と
なっていた。しかし「Twitter 上の人間関係が自分の人間関係だから人間
関係に不満はありません」と話す際の冷めた表情には「不満」と書いてあ
るように見える。

　　フォロワーの女性 B と交際を始めるが，会話も喧嘩もほとんど Twitter
と LINE で行われており，会っても手を握ることもないという。彼女 B
は LINE で「山彦は卑怯。家を出て私を選んで生き始める選択をしないの
は逃避」と暗に自分との結婚を要求する。山彦は「結婚したいなんて B か
ら聞いたことはない。いつも理屈で命令してくるからそれに従っている。
B は理論的に自分を批判しているつもりだろうが，矛盾ばかり。それに，
理詰めなくせに会うと必ず理由なくいきなり怒りみたいな感情を爆発させ
て嫌だから別れようと言うと，"長年 Twitter で理解しあえていたのだか
らその過去を否定するな"とまた怒られる。もう行き場所がない」とカウ
ンセラーに愚痴りながら B への LINE 返信は「自分は存在するだけで迷

惑なダメ人間でごめんね，君の言っていることはこれからもわからないだろうから，いつまでも見守っていて」と詩的に締めくくる。

　このように，どこか会話がネガティブな「詩的世界」に自己完結する山彦が現実の家族に対して抱くのは，以下のような「母親から抱きしめられたい」という切なる願いである。

山彦：「こないだ，気持ちが不安定で死にたかったときに母親に抱きしめて欲しいと言ったら，罵倒され固いもので思い切り頭を殴られ死ぬかと思った」と苦笑い。

カウンセラー：「それでもまだ，お母さんに抱きしめてもらいたい？」

山彦：「母親に抱きしめられたいとはずっと思っている」

カウンセラー：「彼女に抱きしめてほしいと思ったことは？」

山彦：「考えたこともない。気持ち悪い。」

カウンセラー：「彼女から抱きしめてほしいと言われたことは？」

山彦：「ない。LINE に彼女のことを抱けない男は未熟であるみたいなことをさんざん書かれたことはある」

　カウンセリングでのこのような対話を通じて，山彦は自分が Twitter に書く文字言葉には自分の素直な感情表現や身体感覚が含まれていないことに気付いていく。また，山彦はつきあって 2 年になる B との LINE でのやりとりにも「感情をあらわす単語」が使われていないことに気付き，山彦のほうから「素直な気持ちを LINE に書く」「素直な気持ちを LINE ではなく直接言う」を実行するようになる。しかし LINE やりとり相手の B のほうが筋金入りの「失感情（言語化）症」［早坂 1991］であったため，うまくいかない。逆に言えば，SNS 上で素直な感情表現を含まないやりとりのほうが，この二人には「気持ちを表現して共感してもらえない」危険がないという意味で安全で安定したやりとりなのである。しかし SNS を離れたらこの関係では足りないということに山彦は気づいた。この気づきは，厄介であるがゆえに「リアル」な人間関係への入り口に立ったということだともいえよう。

　山彦は自分が健康な愛着関係の中で幸福に生きていくためには Twitter での

内向的な自己表現よりも現実の人間関係での率直な気持ちの表現のほうが大切だと気づいていく。Bとの現実の会話の中でも素直な自己表現を試み始めるのだが，Bのほうが乗ってこないため会話が成立しない。Bは現実の会話を避けSNSで会話しようとする。そして文字のやり取りを感情言語なしの「理論的」やりとりに引き戻そうとする。

　Twitter上で「素直な気持ちを"リアル"の人間関係でやりとりしていきたい」とツィートする山彦に対し，フォロワーの反応は二手にわかれた。「リアル」の人間関係で素直になることを励ますフォロワーもいれば，Bと同じように「これまで通りの言葉遣いでいるほうがあなたらしい」「人間は素直ではない表現のほうが思いは伝わるものだ」などの意見があり，後者の勢力が「リアルで素直な自己表現」に変わろうとしている山彦を「Twitter的自己完結的自己表現」の世界に押しとどめている。

3.「海彦」と「山彦」がSNSに求めていたもの

　「海彦」「山彦」の事例から，彼らがTwitterなどのSNSに求め得ていた「つながり」がどのようなものだったのか考察し以下の3点に集約してみた。
　①愛着が形成できなかった家族にかわる人とのつながり
　②自分を表現しても責められたりしない「わかってくれる」人とのつながり
　③面と向かって向き合わなくても交流できる人とのつながり
　彼らが①～③をSNSの人間関係に求め，そこを中心に生き始めてしまったのは，現実の家族や現実の世界に自分の居場所を見出すことができなかったことが大きな共通点である。とくにTwitterでは，自分と似た感性で「わかりあえる」人と匿名でつながることができやすい。そして彼らの多くが，どんな言葉が自分や人を傷つけたり勇気づけたりするかを知っているため，つながっていたい相手には言葉を慎重に選びながら共感しあう。反対に，つながりを求めない相手には無関心もしくは誹謗中傷の言葉が一方的に投げられっぱなしになることが多い。そういった意味では，SNSでは葛藤状況における誤解や無用な傷つきを与えるような言葉の選び方がされる場合が多いと言えるであろう。いずれにしても，SNSを介した人間関係に亀裂が入ったり居心地が悪くなっ

た時点でいつでもリセットできたりするため実際の人間関係が築かれないことも多いが，元来 SNS とはそういうものである。このような「わかりあえる」感じは，彼らがほんとうの意味で求める「共感」とは違う「共感感」に過ぎないと思われる。しかしたとえ「共感感」に過ぎなかったにしても「わかりあえる」と感じられるつながりは成立していると言えるだろう。

　問題が生じてくるのは，SNS での人間関係に「リアル」を求めてしまった「海彦」や SNS で使われる文字会話で現実の人間関係を生きようとしている「山彦」のように，SNS での人間関係と現実の人間関係がミックスしてしまう場合である。ここでいう「リアル」とは海彦たちのような若者にとっての現実世界という意味での「リアル」のことを指す。

　SNS では，前頁①〜③が実現しやすかった。SNS には現実では達成しえない「つながり」や「共感（感）」,「人間関係」を得ることができた。しかし「海彦」が実感し主張するように，SNS に「リアル」はなかった。SNS で通用する言葉使いを用い「リアル」で共感しあおうとした「山彦」は失敗した。筆者は，彼らのつまづきは「リアル」を SNS での人間関係のように安全で安定した実体のように捉えてしまうことから起こるのではないかと見ている。

4. 「リア充」と「リアル」

　若者は「リア充」などという新語も作りながら，現実世界のことを「リアル」と表現する。インターネット上のつながりやアニメやゲームなどの「二次元」の世界での「つながり」が現実の人間関係ではないという意味で「リアル」ではない「バーチャル」であることを知っているのだ。事例の海彦が「自分はリアルを生きたい」と願ったのも，実在としての自分が実在としての他者とかかわりあって生きることを意味しており，その意味では「実在」ではないネット上の人間関係は「リアル」ではなく「バーチャル」と言えるであろう。

　しかし，インターネットを介してはいるものの人と人との意思の疎通は成立し，「リアル」では得ることのできなかった「つながり」を持つことができているのも事実である。往々にして SNS 上の関係性は匿名でいられたり隠れていられたり相手を選んで応答できるという点で安全であり，入力済みの文字を

介しているという点で安定している。「リアル」は元来，実体であり現実なのであるが，現実すなわち「リアル」は安全で安定ではなく不安定なものである。だからこそ現実としての「リアル」では多くの若者が自己の存在を脅かされ，うまく生きられないと感じるのではないだろうか。従って「リアル」が不安定，不確実なものであると知ることが若者にとって重要になってくるのである。

　そこで，「SNS」で生きる自己と「リアル」で生きる自己とでは，自己存在の仕方や人との関係性の持ち方がそもそも違うのではないかという考え方を提起したい。存在の仕方が違うということは，たとえばブーバー [Buber, 1923] のいう「我－それ」「我－汝」であらわされるような世界に向かう態度の違いのように，SNS を介して他者と向き合う場合と現実世界（リアル）で他者と向きあう場合とでは，自分のありかたが違うというとらえ方である。その存在の仕方の違いを区別することによって，「SNS」と「リアル」における自己の存在の仕方の違いや「つながり」のレベルを混同せずにすむのではないかと考える。

5. 木村敏の「リアリティ」

　「存在の仕方」の違いを明確に言語化した精神科医に木村敏 [1997] がいる。「現象学的精神医学」「臨床哲学」などの立場から多くの名著をあらわした木村が再三提唱してきたのが「リアリティ（実在性）」「アクチュアリティ（現実性）」「バーチュアリティ（潜在性）」としての存在や認識の状態の区別である。この区別で考えると，これまでの本稿での考察から発想を転換する必要がある。それは「SNS」こそが文字を介した実在としての「リアリティ」であって，「現実世界（リアル）」は「アクチュアリティ」としてとらえるという区別である。少々ややこしいが，「SNS」を「リアリティ」，現実世界を「アクチュアリティ」と区別していくと，人と人が本当の意味で「つながる」ために何が重要なのかが明確になってくるのである。

　「SNS」がなぜ実在としての「リアリティ」なのか。それは実在としての「リアリティ」は過去形で表され，動かないもの，変わらないものであるからだ。たとえば Twitter を書いた自分，読んだ自分，感じた自分，言葉をやりとりし

た両者に生まれた感情，やりとりされた文字。それらはすべて「リアル」な過去形の実在である。

　一方，「アクチュアリティ」は現在進行形でしか展開しない「今，ここで」の人間同士のかかわりや心の動きのことであり，私たちがいわゆる「リアル」と言っている「なま」の人間同士の存在の仕方は，身体としての実在はあるが，その関係性は常に生きており過去形の「リアル」ではなく現在進行形の「アクチュアル」である。どのようにも変化していくという意味での「現実」は不安定なものであり，だからこそ難しいのである。

　このように考えると，事例で「海彦」が「リアルでない」と認識していたSNS上の人間関係は，文字言葉の実在として海彦の目の前にある「リアリティ」であり，SNSの延長線上に存在する他者を思いながら文字を打ち込むその動作は現実性の「アクチュアリティ」であったと言える。この意味では，SNS上の文字を介した「つながり」は，たとえ生配信の画面にリアルタイムに自分の打ち込んだ文字が映し出されていようとも，現在進行形「アクチュアル」な人間同士のあいだにあるべき現実性はない。「つながり」をもった関係性に現実性が出てくるのは具体的に「つながる」という行為，生きている人間の行為や意識という「かかわり」を通じてのみ実現されるのである。

　人と人とのアクチュアルな現実世界での関係性における直接的な「かかわり」は，この意味においてはSNSでは成しえない人間関係構築の可能性を持ち，この状態においてのみ，いわゆる「リアル」な人間関係は唯一実現するといえるであろう。しかし，「山彦」をはじめとして世界中の多くの人々はなぜ，現実ではなくSNS上の人間関係でつながり，そこで生きようとし，そこに「リアル」を見たがるのであろうか。それは，現実性や可能性を含んだ「かかわり」によって構築されるアクチュアル人間関係は，厄介で，面倒くさく，失望や悲しみや孤独などの感情を伴うものであり，たとえ愛情に満ちた関係であってもいつかは離別を迎えなければならぬ厳しいものが現実の人間関係だからではないだろうか。また，「よい人間関係ではなくほんとうの人間関係」［早坂，1978］を生きようとすれば，それは誰もがすぐにできるほど敷居の低いものではないからであろう。

　日常の「かかわり」の中で望まない発言をしたりされたりしてお互いに相手

の嫌な顔を見たり察したりすることで，お互いにそれを克服するあらたな「かかわり」が継続され関係が深まっていくものだが，無視されたり傷ついたりするリスクは誰でもなるべく負いたくない。SNSでまずは匿名で文字として姿をあらわし，危険を感じたくなかったらすぐにアクセスをやめればよいつながりかたのほうがはるかに安全といえる。そのような関係性は「アクチュアル」ではない。しかし文字の「リアル」さは持っている。どんなわずかな「つながり」であっても，面と人と向き合ってお互いの身をさらして対峙するよりは，文字だけのやりとりの「リアル」さが心地よい関係性の場合もあるのが現実である。また，現実世界では出会える可能性の少ない少数派の悩み事を持った人同士や，現実世界では生きられない架空の自分を生きることができる利点もある。SNSでのやりとりが精神的な病の悪化を防ぐ役割を果たす場合もあるだろう。もちろんSNSのやりとりが精神的な病を引き起こす可能性も同時にあるのであるが，いずれにしてもSNSを現実と区別できるかどうかが功罪のカギになると思われる。

6. 「つながる」方法としてのインターネット

　SNSのポジティブな可能性の側面をもう1つ言及しておきたい。それは，人と向き合って話をすること自体が心理的負担の高い行為であるのに比しての敷居の低さ，つながりやすさという点である。たとえば，大学に籍を置きながら実は死にたいくらいの辛い思いを抱えたどれだけ多くの「元学生」が，誰かの助けを必要としていたにもかかわらず最後まで誰にもつながれずに退学に至ってしまったり，命を絶ってしまったりしたことかを考えると理由は明らかである。このような自殺予防の観点から，危機に瀕した学生がSOSを発信しやすい宛先としてメールでの相談予約やメール相談のシステムが命綱になることは言うまでもない。

　筆者自身，何人かの「元学生」が時おり頭をよぎり「あの時つながってくれさえすれば」と後悔することがある。自分につながったら必ず自殺を食い止められる自信があるというわけではない。学生が命を終わらせようとまで追い詰められたときに自分のもとに訪れてきてくれたとしたら，役割を越えて一人の

人間として「死なないでほしい」の気持ちを伝え「かかわる」しか方法はないがとにかくチャンスは残される。しかしこれは「会えれば」「つながることできたならば」の話である。「つながる」ための道や方法はいろいろあっていい。何を選んでもよい。その中から自分に「つながってくれた」こと，つながってくれた相手とその手段に感謝するのは臨床家の側のほうなのではないかとすら思うのである。

7. 臨床家は何ができるのか

　まず，ここでの考察はクライエントとの「関係性」［早坂，1994］を重視した現象学的対人関係論の立場をとるものであることを明らかにしておきたい。関係性重視の現象学的方法論では対象（クライエント）のいわゆる生物学的状態や現象の記述を客観視するのではなく，主体（臨床家）との関係における主体に「見えていること」が客観化されるべき対象となる。したがって，対象がクライエントの状態として「見えていること」だということはすなわち，見ている主体（臨床家）の見え方自体も客観化の対象に含まれ，主体の臨床家としての姿勢そのものが問われるべき対象でもあるということである。

　そこで最後に述べたいのは，筆者自身も含めた臨床家の態度への以下の提言である。臨床家は，「海彦」や「山彦」のように「リアル」な生き方がつかめなくなってしまっている若者たちに対して，自らの存在や行為を通じた「アクチュアル」な関係性を示すことのできる「他者」として現前できるかどうかが問われているのではないだろうか。

　若者たちは，ほんとうの意味でしっかりと人と「つながる」こと，しっかりとわかってもらう「共感（共感感ではない）」を求めている。しかしいわゆる「リアル」の世界には「つながり」も「共感」も期待できないと感じ諦めてしまっていることが「リアル」と「SNS」を同時に生きる混乱のはじまりなのである。臨床家はSNSが実現可能にする「つながり」の実在としての「リアリティ」の価値と可能性を認め，さらにその限界をクライエントに示していく必要がある。限界を示すということは，単にSNSを批判するということではなく，違う世界の価値を示していくということである。そのために臨床家はクライエ

ントとの関係性において，相互の身体を通じて生き生きと感受できる「つなが
り」の醍醐味は必ずしも至福感ばかりではなくさまざまな感情をともなうこと，
必ずしも安全ではなく不安定なものであること，自分をしっかりと「見て」も
らえる体験は決してSNS上では実現できないことを示し体感してもらう「か
かわり」が求められるのではないかと提言したい。

　当然臨床家もいわゆる「リアル」な世界で人とつながること，かかわること
の気持ちよさを実感でき体現できる力を蓄えなくてはならない。「つながり」
に飢えている多くのクライエントは，ある意味で「見抜く目」を持っていると
も言える。その厳しい目に対峙していけるだけの他者としての存在力を示して
いかなければならない。臨床家は関係性における存在の力を高め，感性や「か
かわり」の力を訓練し続けていく必要がある。臨床家の「かかわり」によって
相互に存在が顕現し感受された瞬間には「Connected, Passion」が体現されて
いるはずである。もちろんそれを実現するのは臨床家だけではない。たとえ全
世界が「ICT大国」になろうとも，人が人に生身で「かかわる」ことは，全
ての人に実行可能な人と「つながる」力であり，「リアル」に生きるためのキ
ーワードになるのではないだろうか。

［水戸部賀津子］

〔文献〕

クリスタキス, N. A. & ファウラー, J. H.／鬼澤忍（訳）　2010　Connected ―つながり社
　　会的ネットワークの驚くべき力　講談社, p.78.〔Christakis, N. A. & Fowler, J. H.
　　2009　*Connected: The Surprising Power of Our Social Networks and How They
　　Shape Our Lives.* Little, Brown.〕

早坂泰次郎　1978　人間関係のトレーニング　講談社

早坂泰次郎　1991 人間関係学序説　川島書店, p.141.

早坂泰次郎　1994 関係性の人間学　川島書店, p.138.

木村　敏　1990　分裂病と他者　弘文堂, p.122.

木村　敏　1997　リアリティとアクチュアリティ　木村敏著作集7　弘文堂, p.304.

マルチン・ブーバー／田口義弘（訳）1967　対話的原理　ブーバー著作集1　みすず書房
　　〔Martin Buber　1962　*Ich und Du*　Hegner-Bücherei, Köln.〕

平昌オリンピック公式ホームページ
　　https://www.pyeongchang2018.com/jp/about-the-games　2018年2月7日

4章　産業カウンセリングの事例

はじめに

　ICT の発達は，世界にビジネス革命といえるような大きな影響を与えた。また，それに伴い職場においても，業務遂行の方法とそのプロセスが変化し，そのために職場での人々のコミュニケーション方法がもっぱら ICT を通したものに変化し，職場での人間関係が希薄化し，様々な影響を人々に与えている。こうした変化は，ビジネスのスピードを加速し合理的で効率性の高いものへと向上させ，さらなる収益の向上に貢献をしてきたが，同時に働く人々の心の問題やメンタルヘルスに影響を与えている。本稿では職場における ICT の課題を取り上げ，具体的事例を通して産業場面での ICT 化の課題を明確化する。

1．働く人々のメンタルヘルスの現状

　公益財団法人日本生産性本部「メンタルヘルス研究所」は 2017 年 12 月に「メンタルヘルスに関する企業アンケート」の調査結果を発表した。この調査は企業のメンタルヘルスに関する取り組みの実態を分析・解明するために，全国の上場企業 2,273 社を対象に 2017 年 7 月から 9 月にかけて質問紙による調査を実施したものである。
　メンタルヘルス調査結果は以下の通りであり，現在の企業における働く人々の「心の病」状態が分かる。

(1)「心の病」の年代別割合
　前回の調査（2014 年）に続き，今回の調査結果でも 40 代（35.8％），30 代（32.6％）が 30％を上回りもっとも多い。しかし，10 ～ 20 代（27.9％）の割合も 30

152 第Ⅱ部 ICT社会の人間関係と心理臨床

％近くまで上昇し，若い世代のメンタルヘルス不調者が増加し，各世代の比率が平準化していることが分かった。

(2) 最近ここ3年間の「心の病」の増減傾向に関する回答

「増加傾向」24.4％，「横ばい」59.7％，「減少傾向」10.4％という結果が出ている。2010年以降，「横ばい」が「増加傾向」を上回っており，「増加傾向」の割合は次第に減少し，「横ばい」が増加する傾向が続いている。このため，「心の病」の増加傾向は25％を下回り過去最低になった。しかし，一方では「減少傾向」は微増傾向が続くものの全体の10％に留まり，企業における「心の病」の増減は，踊り場状態にあるといえる。

(3) ストレスチェック制度の実施状況

厚生労働省は2015年12月より，企業に対し定期的にストレスチェックを行うことを義務づけた。労働者のストレスの状況について検査を行い，本人にその結果を通知し，自らのストレスの状況に気づきを促し，個人のメンタルヘルス不調のリスクを低減させる狙いである。また，ストレスチェックの検査結果を集団的に分析し，職場環境の改善につなげることによって，労働者がメンタルヘルス不調になることを未然に防止することを目的とした。各社の平均受検率は90.0％と高水準である。

その結果，ストレスチェックの受検者のうち，高ストレス者の割合は10.3％であった。しかし，ストレスチェックの今後の課題については，実施企業の約60％が「集団分析結果の活かし方」を課題にあげ，次に「高ストレス者の面接以外のフォロー」（39.8％），「医師面接勧奨者が面接を希望しない」（30.3％）などが上位にあがっている。このストレスチェック制度は企業に対し，厚生労働省により法定義務化されたことから，90％と非常に高い受検率ではあったが，たとえ自分自身が高ストレスであっても，医師による面談を希望しない者もおり，ストレスチェック制度の活用面に今後への課題も明らかにされた。

(4) 組織風土と「心の病」の増減傾向

近年では，ほとんどの職場で仕事量が増加し，要求される仕事の質も高まっている。環境変化や業務量の増加，仕事の質の向上を求められる厳しい組織・職場において「心の病」は増加傾向がみられる。

今回のメンタルヘルス調査では，「求められる仕事の量が多くなってきてい

る」「求められる仕事の質がこれまでよりも高くなってきている」「従業員が，環境変化に対応し自発的にこれまでの仕事の取組み方を効率的に変えていくことが求められている」「経営課題に対応し，高い経営目標を達成するためには，個人だけの努力だけではなく，チームとしての力をさらに発揮することが求められている」と回答している。

これに対する回答では，上記の項目に「そう思う」「ややそう思う」という回答の合計が約90％を超えており，この結果より，常態化する職場のストレスの中で，「これまでに経験をしたことがない多様な課題が増えている」ことが「心の病」の増加傾向につながっている傾向がみられると考えられる。

調査結果をふまえた対応としては，環境変化に対応しそれぞれの業務遂行能力をより質の高いものにし，またスピード感をもって効率的に成果をあげなければならなくなっている。すなわち，これまでのやり方を単に継承していくだけでは業務に対応できない状況がある。そこで，企業は現状を踏まえた効果的対策を行うことを工夫する必要があり，各組織・職場は，どのように現代の産業構造の大きな変化，新たな状況に対応するかという共通課題が存在しているといえる。

2. 職場環境の大きな変化と「光と陰」

働く人々を取り巻く職場環境は，まず第一に情報技術の世界的な発達により近年劇的に変化したことは周知の事実である。それに伴い，組織における業務の流れ，仕事の進め方，職場の人間関係のあり方，職場における人々の具体的なコミュニケーション方法が大きく変化している。

ICT の発展に伴い，産業界では仕事のさらなるスピード化，合理化，効率化など多くのプラスの側面が存在し，生産性をこれまで以上に向上させている。すなわち，ICT の発展は，多くの企業・組織の生産性をこれまで以上に向上させ，収益をあげることに大きく寄与しておりプラス面での ICT の効果は言うまでもない。

しかし，一方で急激な ICT の発展は，業務遂行の方法や仕事をめぐるコミュニケーション方法，職場における上司と部下・同僚との人間関係のあり方な

ど職場に大きな変化や影響を与えている。その結果，職場における人間関係やコミュニケーション面で，ひずみや歪みを生じ，そこから多様な課題が発生していることも明らかになってきている。

　言い換えれば，ICT 社会は職場に「光と陰」の両面の影響を与えており，ICT 発展による「陰」の部分が，特に働く人達のメンタルヘルスに影響を与え，ストレスや「心の病」を生じているひとつの要因になっていると考えられる。産業臨床の現場での相談事例の中に，現代の職場環境の大きなドラステックな変化にうまく適応できないことが原因で，メンタルヘルス不調をきたしているクライエントに遭遇することがある。

　筆者は現在，臨床心理士として企業における「社員相談室」で社員のカウンセリング（メンタルヘルスケアとキャリア支援）を担当している。加えて，近年大手企業には，メンタルヘルス相談の他に，加えて「キャリア相談室」が設置されるようになっている。筆者は企業内「キャリア相談室」のスーパーバイザーも担当している。例えば，従業員のキャリアに関係する問題やその悩み（業務がうまく遂行できない，仕事が合わない，他の人より昇格が遅れ悩んでいる，今後のキャリアの方向性が見えないなど）が，メンタルヘルス不調に影響を与えている事例が増えている。すなわち，メンタルヘルス不調とキャリアに関わる問題が相互に関係しあい影響を与えている事例が多数存在している。

3. 職場環境や人事制度の変化とコミュニケーション

　どの職場においても，働く人々のデスクにはパソコンが置かれている。なかには一日中パソコンに向かい業務を処理するだけで，ほとんど職場の人とは直接的なコミュニケーションをとらないような職場も多くなってきている。特に，職場はパーティションで個人の働くスペースが細かく区切られていることも多く，隣席の人の顔が直接見られない職場，職場全体が高いパーティションにより蜂の巣のように区切られているために，職場の人たちの様子が見渡せないような構造になっている会社もある。ある会社では，中途入社で職場に新しく配属になった人を知らせるために，中途入社の人のパーティションの上に風船を立てている職場もある。このように働く仲間の顔すら見えない密室のような職

場構造になっており，そこでは相互のコミュニケーションは，ほとんどメールに依存せざるを得ない。

　また，外回りの業務を担当する人々が多い職場では，多忙なプレイングマネジャーの上司とほとんど日中は顔を合わせないため，上司と部下の相互コミュニケーションはメールで済ませていることが多い。また，職場で必要な情報共有は，たとえ隣席の人であっても，直接声をかけ目を見て face to face での会話はせず，メールのやり取りで済ませることが多いのが，現代の職場の実態である。こうした職場環境では，コミュニケーションスタイルの変化に伴う人間関係の希薄化が当然予測される。

　また，企業の人事制度にも大きな変化が起きている。こうした新たな人事制度も背景となり，人々の働き方や人間関係のもち方，コミュニケーションのあり方などに多様な影響を与えている。

　例えば，ICT を活用した新しいワークスタイルとして，自宅で業務を行うことを可能にした「テレワーク」がある。特に女性社員たちに配慮し，仕事と育児，介護との両立などを可能にするために考えられた人事制度であるが，今では女性に限らず男性も含めいろいろな人に活用されている。この制度では，自宅と職場や仕事先とがネットで結ばれており，会社に出勤しなくても，職場や取引先ともメールのやり取りを行うだけで，自宅で業務を遂行することが可能になっている。このテレワークを導入している企業では，82.5％が導入効果をうたっており，生産性，業務効率の向上，ワークライフバランスの実現，オフィスコストの削減などがその効果として挙げられている。しかし，ネット上でのコミュニケーションであり，直接 face to face の会話はそこには存在しない。

　また，自己都合により出勤・退社の時間を自由に調整できる「フレックス・タイム」制度なども，働く人々の人間関係やコミュニケーションスタイルを大きく変えている。最近では特定のコアタイムを限定せず，個人が自由に柔軟に働く時間を設定できるようにもなっている。こうした制度の設定は，メールによるコミュニケーションで通常の業務は十分可能であるという前提から成立しているように考えられる。

　他に，近年では職場に「フリーアドレス」制度を導入する企業も増えてきた。

この「フリーアドレス」制度とは，空いたデスクや席で，個人が自由に移動しながら仕事を行うことができる制度である。職場には，決められ固定化された自分のデスクは特にない。フリーアドレスのため，管理職が身近にいて，部下に目が届くような職場での机の配置になっていない。個人の仕事に必要な資料，書類などは，個人ロッカーに収納されている。しかし，ここにはメリット，デメリットの両面が存在している。業務都合により移動しながら仕事ができる自由度が高いメリットは大いにある。部門毎に固定された配置による人間関係ではなく，フリーアドレス制度で多様な他部門の人と自由に交流し，壁をとっぱらって直接話し合いができるというメリットがある。また，会社は外回りの営業でほとんどオフィスを留守にする人たちのためには，固定化されたデスクを用意する必要はなく，「フリーアドレス」の方がコスト削減になるというメリットがある。

　しかし，「フリーアドレス」制度では，各人のデスク，居場所が固定されていないため，会いたい人と会えずにすれ違いが生じることも多い。なかなか個人が捕まらず，対面コミュニケーションがとりにくく，結果，もっぱらメールコミュニケーションに依存せざるを得なくなっている。こうした状況では新たに発生してくる課題も多数存在しているように思える。

　また，ある有名な外資系企業は 2017 年より人事制度として「WAA」(Work from anytime and anyplace) を導入し，一人ひとりが独自のライフスタイルを大切にしながら自由裁量の中で，生産性を向上させる制度を取り入れた。この「WAA」制度のもとでは，朝 6 時から夜 9 時までの間であれば，一人ひとりが働く時間・場所を自由にデザインすることを可能にしている。例えば，ラッシュアワーを回避し，出社せずに自宅や図書館，町のカフェであっても，働く場所や時間を自ら選択し自由に働き，自己の生産性を向上させることを目的にしている。仕事の合間には，自由裁量でジムで運動したり，自宅で育児や介護をしたり，大学院でさらに勉強をすることも可能になる。「WAA」は，それぞれの価値観，多様性を最大限尊重する「働き方改革」を行い，会社として，社員の自律を促す制度をドラステックに導入している。

　こうした産業界における「ワークライフバランス」の実現のための「働き方改革」に基づく制度は，個人の多様性を尊重し，自己管理や自律性に基づく自

由裁量の幅を最大限もたせた上で，業務の成果・生産性を向上させ，組織利益を図ることを目的としている。

　しかし，こうしたこれまでに例のない新たな人事制度のもとで，個人の多様性を束ね結びつけ，まとめているものは，まさに ICT 技術，「インターネット」そのものである。このため，そこでは，対面で相手の反応を直接見ながら相手と話し合い，相手を理解し，話し合いを深化させていく face to face のコミュニケーションは必ずしも必要とせず，コミュニケーションの前提はすべて「メール・コミュニケーション」である。

　すなわち，こうした効率的で，合理的なビジネス・モデルに基づく制度では，何よりも ICT・ファーストが前提である。対面の face to face のコミュニケーションは必ずしもビジネスに不可欠で重要な要素であるとは考えていない（深く気づいていない）のではないだろうかと思われる。すなわち，重要視されているのは，もっぱらビジネスの効率性，合理性，スピード，収益であることは明白である。しかし，こうした状況が広く拡大し進行していく社会の中で，同時に失われるものが多いことや，制度の歪みから発生する新たな課題を，事前に予防する方策やその問題をどのように補完するかを考えておかなければなければならないだろう。

　ICT を総ての要に置いて発展している現代のビジネス環境の変化にあがらうことはすでに困難である。しかし，まるで「ICT が総て」の環境下であるからこそ，効率的な ICT と並行して，職場における「人間関係の質」を維持・担保し，対面による「心の通う共感的なコミュニケーション」の意識的な実践を忘れてはならない。これは，今後の産業界における大きな課題のひとつであると考える。

　そうでなければ，インターネット上では結ばれてはいるものの，次第に人々の心は深い所では分断され，人間関係は次第に希薄化し，心の通う共感的コミュニケーションが失われていくことを危惧せざるを得ない。人と人が対面で行うコミュニケーション能力は，筋肉と同様に絶えず鍛えておかなければ，その能力は次第に萎え劣化してしまうからである。

4. 産業場面のカウンセリング

　社員のメンタルヘルス支援を目的とした企業内カウンセリングルーム（社員相談室）は次第に増加し，社員が多様な目的をもって利用できるようになってきている。または，社内の相談室ではなく外部EAP（Employee assistance program：従業員支援プログラム）と契約を行い，外部のEAPで相談（電話，メール，対面によるカウンセリング）を受けられる制度を設けている企業も多い。

　また，近年ではメンタルヘルスの相談だけではなく，「キャリア相談室」を設け社員がこれからキャリアを開発しどのようなキャリアを形成するか，に関する相談すなわち「キャリアカウンセリングが行われている」企業も大手企業を中心に増えてきている。

　では次に，産業場面におけるカウンセリングを事例を取り上げ考察を行う。この事例は，社内の「社員相談室」での事例であるが，事例に関しては，相談に来た個人が特定されないようにデフォルメを行っている。

《事例》

　1.　クライエント
　　28歳男性，4年制大学卒業（経済学部），中途入社で3か月前に大手の金融関係会社に転職。前職は地方の中規模のメーカーで総務（2年），営業（3年）を担当していた。前職の会社は割合のんびりした温かい風土で，職場の人間関係やコミュニケーションも密であった。
　2.　現況
　　以前から大手の安定した有名会社で働きたいと考えていたため，求人を探していたところ偶然チャンスに恵まれ思い切って転職した。現在，ある支社の法人営業部門に配属となり働いている。既婚，子どもなし。性格は真面目，控え目，自己主張は少ない方，社交的な方ではない。
　3.　主訴

仕事がうまくいかない，今後が不安。

4. 相談に至る経緯と背景

・4か月前に中途入社。現在勤務している大手の金融関係会社に転職した。しかし，以前とは全く異なる職場風土になかなかなじめず，与えられた業務も効率よくこなせず悩んでいる。

・仕事は忙しく，職場は事務担当社員がわずかに常駐しているだけである。働き方改革により，ほとんどの主たる営業担当者は，フレックス制度を活用し自分で時間を自由に設定して働いている。このため上司も含めほとんどの営業担当社員は日中は社外で働いていることが常である。また，テレワーク制度が導入されており，社員はネットでつながり，自宅で業務処理を行うことも可能になっている。

・当初から，配属先の上司からは「中途入社で，あなたには即戦力になって欲しい，たいへん期待していると」言われ強いプレッシャーを感じている。

・先輩から業務内容・役割分担の説明を受け，業務マニュアルを渡され「これをよく読んで勉強しておいてください」と言われた。最初の3週間ほどはほぼ毎日先輩について同行し，客先や業務のプロセスをOJTで教育され，覚えるのに精一杯であった。

・その後，「先輩から，そろそろひとり立ちしてやってください」と言われ，早速小エリアと顧客を任された。しかし，まだ業務全体や仕事の進め方，その業界や会社に関する特殊な業務用語の意味もよく呑み込めておらず，なかなかOJTのスピードについていけない状態である。

・もともと不器用で要領が悪いこともあり，手早く業務処理ができず，仕事が手元に仕事が次第に溜まってしまっている。しかし，働き方改革のために残業が許されず，仕事を自宅へ持ち帰り，自宅で遅くまで仕事をしている状態である。

・業務に関して分からないことを質問しようとしても，いつもメンターの先輩はデスクには不在で，先輩にメールで質問すると簡潔な説明は返してくれるが，先輩のメールの内容が一方的で簡潔すぎてでよく分からないことが多い。そのため，再度同じ質問をメールすると「忙しいので，

マニュアルを見て，自分で考えて処理して下さい」とメールで返事があるのみである。対面でのコミュニケーションのように，相互のやり取りがうまくできず，単なる要件のみの表面的なやりとりになりがちであり，内容が深化せず理解できない。

・先輩に何度もメールをするたびに，「要領の悪い，面倒くさいヤツ」「うざいな〜」「こんなことも分からないのか」と先輩から思われているのではないかと，とても気になるようになり，次第に質問しずらくなった。そのため，仕事が分からないまま，自分で仕事を抱え込む状態になり，行き詰ってしまった。

・先日は，ささいな手違いからミスも生じ，「何で自分勝手に判断するんだ，なぜ確認しなかったんだ」と先輩から注意をされることが起きた。直接先輩に質問しても「それはマニュアルにすべて書いてあるので，いちいち質問するのではなく，自分で考えて下さい，よく読めば分かるから」といつもメールで突き放されたため，気軽に声をかけずらくなっていたからだった。

・毎日メールでの業務のやり取りをしていると，先輩は忙しいので用件だけの短い返信があるだけである。メールでミスを指摘され注意を受ける場合には，文面からとても冷たく突き放された感じがし，中途入社の自分に丁寧に教え，世話をしてくれない人だと感じ，強く孤立感を感じていた。

・このため，徐々に分からないことが堆積するようになり，今後への焦りや不安な気持ちが出てきた。

・先輩にメールではなく，直接会って相談にのってもらうタイミングがなかなかつかめず，一人で次第に悩むようになった。仕事がうまくいかず職場の雰囲気にも馴じめないことから，転職をしたことの後悔も次第に出てきた。自分は間違った道を選択してしまったのではないかとますます不安になってきた。

この会社は大手ではあるが，組織風土は合理的，効率一本やりな仕事の進め方で，ドライな人間関係が自分とはしっくりこず，いっそ辞めて再び転職した方がいいのではないかとも考えるようになり，そう考えると

ますます不安定な精神状態になった。

・また，この会社は，帰宅後の23：00過ぎの夜中でも，翌日の業務に対する指示・命令のメールが当たり前に来る。そのメールを寝る前の深夜に読むと，翌日の仕事のことが気になりだし，自宅にいても仕事のプレッシャーから解放されない。そのため，次第に神経質になり入眠困難になってしまった。

・一緒に中途入社した1歳下のG君は，この職場にうまくなじみ，楽しく明るく仕事をバリバリしているような様子で，自分とつい比較をしてしまい，G君にひけ目を感じ，自分が余計みじめに感じられるようになってしまった。

・こうした状況が続き，最近はストレスから会社に行くことに対し気が重くなり，体調不良から風邪をひきやすくなり，連休明けには会社に行きたくなくなり，体調不良を理由にして2日間会社を休んでしまった。
こうした状態で今後どうしてよいか分からなくなり相談に来た。

5. カウンセリングによる具体的な対応

○1回目（インテーク面接）

　クライエントの置かれた職場での現状とクライエントの抱えている問題や悩み，その問題に対するクライエントの捉え方（認知）や認知の歪みから発生している感情に関しカウンセラーは傾聴と共感的理解に徹し，クラクライエント理解に努めた。

　クライエントは，抑圧していた自分の抱える問題について，やっとありのまま話せることにほっとした表情を見せた。クライエントは，自責の念があり，こうした問題を抱えているのは，自分が至らないせいであること，不器用で要領が悪い自分のせいであることなどを述べ，会社や上司，先輩を批判的に語るようなことはなかった。

　カウンセラーの対応としては，クライエントの置かれた状況や辛い気持ちをよく理解したことを共感的に伝え，次回から，カウンセラーとよく話し合い一緒に問題を考えることを伝え，1回目のインテーク面接は終了した。1週間後の面談の約束を行った。

○2回目（初回＋1週間後）

クライエントは，この会社の仕事の進め方や職場の風土にうまくなじめないこと，まだ業務になれず効率よくスピード処理できないことなどの悩みを強く訴えた。

その訴えの中には，前職との比較がたびたび出てきた。前の会社はメール中心に偏らず，直接的な face to face によるコミュニケーションをとても大切にする温かい職場風土や人間関係の職場であったことを強調していた。しかし，今回の転職した新しい職場は，ドライでメールによるコミュニケーションが主方法であったため，想定外の業務の進め方に，なかなか馴染めない悩みを訴えた。

つまり，クライエントの職場は現代のビジネス社会ではすでに当たり前になっているメール中心の合理的で効率性を重んじるコミュニケーションを主としている。しかし，クライエントにはこうしたコミュニケーション・スタイルは自己中心的な印象を与え，職場の人達は他人に無関心のように映り，彼らとうまく心を通わせることができず，人間関係の距離がいつまでも縮まないことを悩み孤立感を感じると訴えた。

しかし，「いくら前職と比較しても意味がなく，抵抗感はあるものの現状をありのまま受け入れ，メールをツールとして駆使した仕事の進め方や効率的な方法などに慣れる努力をするしかないのだろうか」と自らに言い聞かせるかのように，やや諦めるかのように話した。

クライエントは，不眠を訴えていたので，カウンセラーは就寝前に深夜に送られてくる上司や先輩からの仕事に関するメールを見ることは止めるようにと助言指導した。また，先輩に対して「直接会って話し，相談をする機会を設けて欲しい」と，遠慮せずに先輩にお願いしてみてはどうかと，カウンセラーは提案した。

○3回目（2回目＋1週間後）

クライエントはカウンセリングを受けるようになり，一人で抑えていた辛い気持ちや悩みをじっくり聴いてもらえ，少し気持ちが楽になってきたことや，同時に気候が良くなってきたことも加え，体調が最近改善されてきたことを語った。

また，先輩に質問することにマイナスの認知（質問ばかりして仕事がで

きない自分という捉え方）していたため，「質問をすること」に対する認知を拡げ変容するワーク（認知の変容のためのコラム法）をカウンセラーと一緒に行った。

　むしろ，分からないことや不明なことを放置せず，しっかり質問し先輩に確認することの「質問の意味の捉えなおし」や「質問し確認する中途採用の社員に対する捉え方」に対するマイナスの認知を変容することを行った。次回まで，もし質問することに対しマイナスの認知が生じて躊躇するような場合には，このカウンセリングで練習した「認知を変容するためのコラム法」を行うことを課題とした。

　質問をしないことから生じるミスを予防し，周囲からの評価を落とすことなく，また，自己評価を低下せず維持する努力を行うことを具体的に助言指導した。

○４回目（３回目＋２週間後）

　上司や先輩とのメールのやり取りでもっぱら情報を共有し業務を進めていくやり方には，まだまだ抵抗を感じながらも，face to face でなくても，メールだけでのやり取りで済ます合理的な業務の進め方を割り切って行い，次第に慣れてきたことが報告された。

　また，最近のクライエントの変化として，クライエントなりに上司や先輩と職場で顔を合わせるような機会があるときには，カウンセラーからの助言指導を取り入れ，自分からなるべく近寄り face to face で機会を捉えて挨拶し，少しでも仕事の報告をするような努力をするようになった。短い face to face の会話から，努めて「自分を知ってもらう努力」をしているとのことであった。

　こうしたクライエントの努力をカウンセラーは支持し，継続することには必ず意味があると励ました。また，最近は深夜に送られてくる仕事のメールは寝る前には見ず，よく寝て，朝に読むことにより，寝る時間を確保する努力をしていることも報告があった。

○５回目（４回目＋２週間後）

　クライエントは初期の状態に比べ，不安が次第に軽減され，精神的な安定がみられるようになった。転職や前の会社との比較も言わなくなった。

この会社独特の合理的で効率を最重視しICT機器を駆使した進め方には抵抗を感じながらも，徐々に適応することができるようになった。結果，ミスにより上司や先輩から厳しく注意を受けることもなく業務をこなせる状態になった。

　カウンセリング初期には，クライエントは悩みから再度の転職を今後のキャリアとして視野にいれていたが，今回は「短期間に転職ばかりするようでは，キャリアにマイナスになってしまう」と語り，自らをいさめ，転職を考えることは止めることになったと語った。

○6回目（5回目＋3週間後）

　クライエントはその後順調に職場にも慣れ，担当業務が増えてきたことで多忙になってきたこともあり「今後，また何か困ったら相談にのってください」ということになり，カウンセリングは6回で一応終了することになった。カウンセラーとしては，フォローが必要なクライエントであると感じたが，今後再びクライエントに不安が生じたり，問題が発生したような場合には，必ずすぐに連絡すること，カウンセラーとしていつでも相談に応じることなどを伝え，いったんカウンセリングを終了した。その後，クライエントからは連絡がないまま経過している。

✛ 事例の考察

　この事例は，転職により前職とはまったく異なる職場環境や人間関係になかなかなじめず，想定外のストレスに直面しうまく職場に適応できず悩み，孤立感や不安・焦りを抱え不眠から体調を崩し悩む，中途採用者のカウンセリング事例である。

　事例のようにICT機器を最大限活用しながら業務を遂行している職場は増え続けている。業務連絡のほとんどは，たとえ職場の隣席の人であれ，すべてメールで行われることは当たり前のようになってきた。

　働く人に対しては，ICT機器を活用したコミュニケーションを駆使し，スピードや効率性，合理性が問われ，その中でいかに高い成果をあげ組織に貢献し，評価される人材になるかが求められるのが現代のビジネス環境である。

しかし，このような職場では，一緒に働く互いの「人となり」（人柄）や「気持ち」や「考え方」（思い）を詳しく知る機会がほとんどないのが実際である。職場のコミュニケーションといえば，メールによる単なる業務連絡，進捗状況の報告である。一緒に顔を合わせ膝を交えて話し合い，議論しありのままを意見交換するような機会が職場から失われている。

また，プライベートライフを尊重し，職場の飲み会や会社のイベントなども少なくなってきた。結果，人と人とがお互いを深く理解しあうようなコミュニケーションの機会はほとんどなくなってしまったのではないだろうか。同じ職場の仲間でも，その人がどんな人なのか分かっているようで，分からないまま仕事をしている。お互いを深く理解しようにも，業務連絡だけで直接コミュニケーションをとる機会もほとんどなく，加えて，環境変化のスピードも速すぎるのが，現代の職場の現実である。

自分がこんな思いをしているのに，職場の人はだれも分かってくれない。声もかけてくれない，気持ちを分かって欲しいのに声をかけられない，ありのままを誰にも相談できないといった，高ストレスの状況が生じている。

こうした状況において，真面目な人ほど自分で抱え込み，自分の中で仕事を完結しようと必死になってもがいているように思える。このように一人ひとりが自分の仕事の中に閉じこもり，お互いに声を掛け合わず，声をかけずらい状態がどこの職場にも蔓延しており，次第に職場ではICTの発達の陰で「人間関係の希薄化」がますます進み，職場環境は次第に劣化しているといえよう。

おわりに

ICT技術発達の恩恵はいまさら言うまでもない。しかし，技術の進歩により発生した「陰」の部分に，真摯に注意を向けなければならない。マイナス部分を補完し，直接的なコミュニケーションを行う機会をいかに工夫するかである。人間関係の希薄化，相互の無関心を防ぎ，互いの心が温かく通い合う共感的な職場づくりを，今こそ意図的に行わなければならないだろう。

ICT技術の進歩から発生するストレスを，職場において極力軽減する努力を絶えず意識的に行うことにより，働く人たちの精神的健康を維持し，メンタ

ルヘルス不調を予防することが欠かせない。働く人々が，ICT 技術の発達に飲み込まれることなく，ICT を効果的に活用しつつも，かつ，心豊かにイキイキ働き，自己の有する力を発揮できるやりがいのある，共感的で温かい心が通い合う職場環境をいかに創造するかが，改めて企業経営者や管理職，働く人自身に深く問われている。それは，ただ生産性を向上させ，収益をあげることだけが企業の社会的役割・責任ではないからである。

[宮城まり子]

5章　アディクション臨床におけるネット依存

はじめに

　筆者は，私設心理相談機関で心理臨床に携わるカウンセラー（臨床心理士）である。近年，不登校や出社拒否，いじめ被害や性被害によるトラウマといった主訴で来談して，カウンセリングを進めていくうちに，実はネット依存の問題で困っていたことが明らかになるケースが増えている。ここでは，アディクション臨床という視点から，ネット依存について考えていきたい。

1.　アディクション臨床という視点

　ネットは手軽な気晴らしであり，情報収集や交流に便利な道具である。疲れた時や退屈な時にSNSを覗いたり，ゲームを楽しんだり，ネットサーフィンをしたりして一息つく。そのうちに，ネットに費やす時間が増加して次第に止められなくなり，生活に支障をきたすようになる。本来，生活を楽しみ充実させる目的だったことが，逆の結果をもたらして生活を脅かす。学校や仕事，家族関係，健康などそれまで大切にしていたことが，どうでもよいという気になってくる。そして，体調不良，昼夜逆転，家族不和，不登校，出社拒否，引きこもり，借金，離婚の危機などが生じる。複数の問題が悪循環となり，さらに深刻な状況となって初めてカウンセリングに来談することが多い。こうしたネット依存の問題はアディクション（嗜癖）としてとらえることができる。

　アディクションとは，「変えようと思っても変えられない悪い習慣」であり，優先順位の判断ができなくなるために日常生活に著しい支障が生じる状態である。カウンセリングは医療ではないので，医学的診断基準とは関係なく（医療

が必要な場合はリファーや連携を行うが），その行動によって本人が困っている，もしくは家族など身近な人間が困っている状態をアディクションととらえて援助を始める。アルコール依存症や薬物依存症をはじめとするアディクション臨床において培われた理論と技法の総称を，信田［1999, 2015］は「アディクション・アプローチ」と呼んだ。

アディクションは，以下の三種に分類できる［信田, 1999］。

1　物質嗜癖

物質を体内に摂取することによる変化，その快感に嗜癖していく。アルコール依存症，薬物依存症，ニコチン依存症，摂食障害（過食症，拒食症）などがある。

2　プロセス嗜癖（行為嗜癖）

ある行為の始まりから終わりまでのプロセスにともなう快感に嗜癖する。ギャンブル，ネット依存，浪費，借金，盗癖（万引き），暴力，性行為，性的逸脱などがある。

3　関係嗜癖（共依存）

他者との関係への嗜癖である。異性と破滅的関係を繰り返したり，他者の問題に関心を集中し，その人の人生に侵入し愛情という名で支配（世話焼き，干渉など）する。「共依存」ともいう。

ネット依存はプロセス依存に含まれるが，経済力がなく，飲酒が禁じられている児童や青少年においては，最も身近なアディクションと言える。

便宜上，アディクションを3種に分類したが，実際は，アルコールと暴力，摂食障害と盗癖，薬物依存と性依存，ネット依存と借金というように，重複している場合もある。また，物質依存やプロセス嗜癖の周囲には何らかの共依存の問題が存在していることが多い。

また，回復の過程で，違法薬物からアルコール依存へ，摂食障害からニコチン依存へと，嗜癖の対象が移行することがある。アルコールや薬物，摂食障害などのアディクションの回復の途上で一時的にネット依存が現れることもしばしばある。アディクション臨床においては，よりダメージの少ない嗜癖行動に移行して，より多くの対象や人間関係にバランスよく頼れるようになることが回復の目標となる。

2. アディクション臨床におけるネット依存の実際

どのような形で，ネット依存が問題となり解決していくのか，事例を示して考えていきたい。（守秘義務のために，複数の事例をコラージュして典型的な事例を作成した。）

《事例1》— Aさん，男性，中学生

Aさんは，「不登校，いじめ被害」を主訴として来談した。中学入学後，連休明けより登校すると動悸，頭痛，腹痛などが起きるようになり，徐々に欠席が増えていった。夏休み明けから全く登校できなくなり1年以上が過ぎた頃，不眠，悪夢などが始まったために，精神科を受診した。投薬治療により体調はやや改善したが，過去のいじめ被害のフラッシュバックが増え，その苦痛と将来への不安から「死にたい」と泣いて家族に訴えるようになった。そこで主治医より，いじめ被害について専門的なカウンセリングを受けるよう勧められて来談した。

家族は受容的にかかわっていたので，Aさんは家の中ではそれなりの安心感をもって過ごしていた。母親によると，不登校になって初めて，小学生の時のいじめ被害について詳細に話し始めたという。クラスメートから暴言（「死ね！」「あっちへ行け！」「こちらを見るな！」など）や暴力（上履きなど持ち物を捨てられる，いきなり殴られる），無視や仲間外れにされるなどのイジメを受けていた。担任は何も対応をしないばかりか，時には担任からも暴言を受けていたという。Aさんの生活は昼過ぎに起きて13時間以上，戦闘ゲームをして引きこもっていた。家族にしてみると，「死にたい」という訴えが最も心配だったので，ネットゲームはささやかな楽しみとしてそれほど気にしていない様子だった。

いじめ被害についてはPTSD（心的外傷後ストレス障害）に対してエビデンスのある心理療法EMDR（Eye Movement Desensitization and Reprocessing：眼球運動による脱感作と再処理法）を行い，フラッシュバ

170　第Ⅱ部　ICT社会の人間関係と心理臨床

ックは減っていった［Shapiro, 1995］。しかし，ネットゲームは続いていた。カウンセラーはゲームに関する知識がなかったので，ゲームについて教えてもらいながら面接を進めた。Aさんはその都度丁寧に説明してくれた。「ゲームはどのように役立っているの？」と尋ねると，Aさんは「おもしろいし，楽しい。自分をいじめた奴のことを思い出して，その相手をやっつけているような感じ。恨みを晴らしている。命中するとスカッとする」と答えた。研究熱心なAさんは腕を上げて上位のレベルに上り詰め，その戦績を話す表情は得意気であった。また，ゲームを通じて，チャットをする知り合いができた。

　ちょうどその頃，法事のために家族で外泊することになった。その旅行中はゲーム機がなかったためにゲームを全くせずに過ごすことができた。Aさんにとっては画期的な出来事だった。その後から，ゲームに費やす時間が減ってきて，ひとりで外出もできるようになってきた。やがてフリースクールに通うようになり，そこで自然と親しむ合宿に参加し，友人を作ることができた。カウンセリングでは，対人関係の距離の取り方やコミュニケーションの仕方について話し合い，少しずつ自信をつけて高校に進学した。

☆

《事例2》── Bさん，男性40代，無職

　Bさんは「親から虐待を受けて育ったので，そのトラウマの治療を受けたい」という主訴で来談した。物心がついたころから親と兄弟から「バカ，クズ」とののしられ，暴力を受けて育った。高校でアニメ同好会に入部したことをきっかけに友人ができて，大学まで楽しく過ごすことができた。大企業に就職して残業続きの日々を送る中，ある日，トラブルが起きて取引相手から理不尽なことで罵倒された。それをきっかけに体調をくずして出社できなくなり休職した。いったんは復職したが，リストラ候補として上司からパワーハラスメントを受けて退職した。

　来談時は，一人暮らしで貯金を崩しながら引きこもりの生活を送ってい

た。寝てばかりいるが，具合の良い日は起きてゲームをする。以前からゲームが唯一の気晴らしで，課金が月10万円になることもあり，年間100万円以上使っていた。「ゲームがどのように役立っていますか？」と尋ねると，「地道な作業の積み重ねで結果が出るのがよい」と答えた。「どのようになるといいと思う？」と，今後の希望について尋ねると「貯金がなくなれば，仕方ないから止めると思う」と答えた。

　カウンセリングではBさんの主訴に沿って，家族からの虐待の影響について話し合い，アダルト・チルドレンの自助グループに通うようになった。そして，以前から憧れていたが費用がかかることを気にしてあきらめていたバイオリンを，「ゲームの課金で貯金を使い果たすぐらいなら」と思い切って習い始めた。毎日，地道な練習をして少しずつ上達し，ネットゲームの課金は少しずつ減っていった。そして，貯金が尽きる頃，就職活動をして働き始めた。

☆

《事例3》 ― Cさん，女性，30代，主婦

　Cさんは「ウツと引きこもり」を主訴として来談した。大学卒業後，就職して熱心な働きぶりで営業成績を伸ばしたが，過労のため体調を崩し休職を経て退職した。体調が回復してきた頃，見合いをして結婚した。主婦として習い事などをしながら過ごしているうちに，ウツ的になりネットを見る時間が増えていった。

　Cさんのネット依存とは，動画サイトや動画配信サービスで映画やドラマを見続けるというものであった。夫が出勤した後からネット上の動画を見始めて，明け方に疲れ果てて仮眠をとる。こうした生活を1週間ぐらい続けては数日間寝付くというパターンを繰り返していた。買い物は宅配注文で済まして引きこもっていった。夫はCさんのそのような生活について，責めることもなく，心配するわけでもなかった。そんな夫の対応について，「干渉されなくて助かる」と「もっと心配してほしい，こんなにつらいのだから」という二つの気持ちを抱いて，時々，夫に怒りをぶつけて

は自己嫌悪に陥っていた。ネット依存がどのように役立っているかを尋ねると、「別世界に行くことで嫌なことを忘れられる。暇つぶしになる」とのことだった。

定期的にカウンセリングに通い始めて、少しずつ生活のペースを取り戻しながら、ある日、ネットを見ないと決心して、数日間、全くネットから離れて過ごすことができた。それをきっかけにして、ネットから離れる日数が次第に増えてきた。何度もスリップ（ぶり返し）を繰り返しながら、家事をしたり、以前、嗜んでいた趣味を再開したりして、規則正しい生活習慣を取り戻していった。

☆

《事例4》— Dさん，女性，40代，主婦

Dさんは、「性被害とウツ」を主訴にして来談した。子どもの頃は、何でも自分でできる優等生だった。姉に障害があったために、両親は姉の世話にかかりきりだった。小学校の夏休み、遠縁の男性から性被害を受けた。加害者は、Dさんに「誰かに言ったら殺す」と口止めをしたので、恐怖と恥ずかしさのために誰にも言えなかった。もともと心配をかけたくなくて親に相談をしたことはなかった。その後、しばらくして拒食状態になったが、そのうちに自然におさまった。大学卒業後、就職して結婚、出産を機に退職した。

子どもが小学校に入学して少し手が離れたところで、ウツっぽくなる。その頃から、出会い系サイトでチャットを始める。子どもと一緒の時には、できるだけスマホを触らないようにしているが、それ以外の時間は出会い系サイトにアクセスしている。時々、サイトで知り合った男性と会うこともある。出会い系サイトのことが気になって、子どもに対してイライラをぶつけてしまうこともある。そんな自分に嫌気をさして死にたい気分になる。夫は思い通りにしないと理詰めで長々と叱責する（精神的DV）ので、Dさんは夫の顔色をうかがいながら生活している。夫とはほとんど会話がない。ネット依存がどのように役立っているかを尋ねると、「軽い会話，

5章　アディクション臨床におけるネット依存　　*173*

下らない会話をすることで気持ちがほぐれる。毎日がつまらない。知らない人と会うとスリルを感じてドキドキする。」と答えた。

　子どもの頃の性被害について EMDR を行って，フラッシュバックはなくなった。そして，手芸やお菓子作りなど趣味の時間を増やしていくうちにネット依存は減っていった。夫との関係改善は難しいと感じ，離婚の準備としてパート勤務を始めることにした。

☆

《事例5》― E さん，30 代，パート勤務

　他の主訴で来談したクライエントのカウンセリングの中で，家族のネット依存の問題が明らかになることがある。

　E さんは「夫に対する怒りを抑えられない」という主訴で来談した。夫と小学生の子ども 2 人の 4 人家族である。E さんはパートをしながら子育てに忙しい日々を送ってきた。夫は「仕事がある」と言って食事の時間以外は休日も自室に引きこもっていたが，E さんは夫の言葉を信じて家事と育児を一人でがんばっていた。また，数年間，セックスレスが続いていたが，「夫は仕事で疲れている。性的関心が低い人だ」と考えていた。ところが，ある日，必要があり夫の書斎に入ると，性的ネットゲームやアダルトサイトへのアクセスに耽溺していることが判明した。E さんが夫を責めると，夫はますます自室にこもる時間が増えた。E さんが「離婚したい」と泣きながら訴えると，ようやく夫はネットゲームを減らして家族のための時間を大切にするようになってきた。しかし，E さんの気持ちはおさまらず，孤独な育児などに耐えたつらい数年間を思い出しては怒りが爆発し夫を責めてしまう。最初は，謝っていた夫だったが，そのうち「今はもうネットゲームを止めている。それなのに過去のことを持ち出さないでほしい」と怒り出すようになった。

　カウンセリングでは，夫がネット依存だった頃のつらい記憶について EMDR を行い，フラッシュバックによる怒りの爆発は減っていった。また，アディクションについて心理教育を行い，夫の以前の状態はネット依存と

いう状態であったと理解した。そして，夫は父親がアルコール依存症で家族に暴力をふるっていたために対等な夫婦関係や適切な父親役割のモデルを知らなかったのだと気づいて，夫に対する認識が変化した。夫もカウンセリングに来談してEさんのフラッシュバックについて理解したり，コミュニケーションを工夫したり，二人で楽しめる趣味を始めたりして，夫婦関係は改善していった。

3. ネット依存の臨床の特質——事例からの考察

前述の事例から，ネット依存の臨床の特質を考察したい。

(1) ネット依存における葛藤と両義性

アディクションとは，「止めたいのに止められない」という状態であり，たいていの場合「止めたい」と「止めたくない」の葛藤があるものであるが，ネット依存は他のアディクションと比較して，より葛藤が明確であると思われる。例えば，「ひきこもりたい」と「つながっていたい」の葛藤とは，自室にひきこもっていたいが，ネット上では世界中の他者とつながりたい。「休みたい」と「活動したい」の葛藤とは，面倒なことや体力的に疲れる現実から退散して休みたいが，ネット上では精力的に活動したい。「受動的でいたい」と「能動的でありたい」の葛藤とは，与えられたコンテンツを受動的に楽しみたいが，能動的に発信したり情報収集したり選択して自分の世界をつくりたい。カウンセリングでは，こうした葛藤を両義性として受け止めて，包括的に対応していく必要がある。

(2) 自己治療としてのネット依存

アディクションによってさまざまな問題が引き起こされる一方で，実は何らかの助けになっていることが多い。例えば，「嫌なことを忘れられる」「楽しい」「孤独感を和らげてくれる」「生きている実感が持てる」など，アディクションが苦痛に対するある種の自己治療として機能している。したがって，アディクション以外で，そうした機能を果たす方法を探していく必要があるだろう。

(3) ネット依存における解決志向アプローチの利用

事例にみるように，ネット依存には様々なバリエーションがある。どのような
なゴールを望んでいるのか，そのクライエントに合わせて解決を考えていく必
要がある。いずれにしてもネットから離れている時間は必ず存在する。どんな
に深刻な状況でも1日24時間，年間365日，問題が生じていることはない。
したがって，ネットに依存していない時を探して，そのためにクライエントが
行っている対処行動や状況を明らかにしてその努力と工夫をほめてねぎらい，
そうした良い状態の時間を増やすことができるように援助する。これは解決志
向アプローチという考え方である［De Jong & Berg, 2013; 田中 , 2014］。

ネットに耽溺して意志の力ではコントロールできない状態を赤信号，ネット
から離れている時間を青信号，ネットに耽溺しそうな予兆がある状態を黄色信
号と名付けて，それぞれの状態について観察する。次に，それぞれの信号に早
く気づく方法，青信号を維持して増やすための方法，黄色信号から青信号に軌
道修正する方法，赤信号から青信号に戻す方法などを自分自身で観察して研究
する。このようにして回復に役立つ技術を習得して繰り返すことによって新た
な生活習慣を確立する。アディクションの当事者は二者関係において共依存に
なりやすい。カウンセラーとクライエントとの間で支配と依存の関係にならな
いために，カウンセラーはクライエントが自分の力で解決方法を見出していく
ことを援助する必要がある。

(4) ネット依存におけるトラウマのための心理療法

事例にみるように，ネット依存の本人には，学校におけるいじめや性被害，
パワーハラスメント，DV などの被害体験のある者が少なくない。そうした人
たちにとって，ネットはその被害のフラッシュバックの発現を抑えたり，フラ
ッシュバックや不眠の苦痛を緩和する機能を果たしている場合がある。そうし
たケースでは，EMDR など PTSD のための専門的な心理療法が役立つだろう。

(5) 家族支援——ネット依存に関する心理教育

アディクションの当事者は，困ってないわけでは無いが，ネットに依存して
いるのでネットを止めることに不安や恐怖がある。そのために，このままで良
いとは思っていなくても，変化を求めて自発的に来談することが困難なケース
が多い。その場合，周囲で心配して困っている人が来談することが解決のきっ
かけとなる。日常の言葉掛けやこづかいの与え方，経済的分担などを変えてい

くことで，当事者が解決に向けて行動を始める。事例5のように，ネット依存によって家族が傷ついていることも多い。家族としては，そうした本人に対して「意志が弱く，無責任である」と叱責したくなるものである。しかし，説教や叱責は本人の孤立感や自責感を深めるので，逆効果になることが多い。だから，家族が「意志でコントロールできない状態に陥っている」と理解して，本人の回復をサポートする対応を学ぶことが役立つ。

(6) ネット依存の再発防止

アディクションを手放した状態を維持していくためには，新たな人間関係や生活習慣を築いていく必要がある。生きづらさや孤立感が再発の契機となりやすい。だが，生きていれば苦労や苦難がつきものである。そうした際に，助けを求めることができる人間関係の存在が再発防止になる。家族，職場，学校，友人などの人間関係において，困った時に相談できるような関係を築くコミュニケーション能力を身につける必要があるだろう。

こうしたアディクションの再発防止について理解して協力を得られる人たちが周囲にいればよいが，それが難しい場合もある。また，そうした理解者がいたとしても，一人の家族や上司や教師との濃密な二者関係になると，また別の息苦しさを生む可能性がある。たとえば，その人の期待に応えていないと不安になったり，その相手を思い通りにコントロールしていないと不安や怒りを感じたりする。こうした関係を共依存と呼ぶが，何かと「嵌りやすい」アディクションの当事者が陥りがちな関係である。したがって，共依存になりづらいサポートシステムが必要である。そのために役立つ資源の1つとして自助グループの活動がある。

(7) 自助グループの可能性

自助グループとは，共通の悩みを持つ人たちが集まって回復をめざしてミーティングを行う活動である。すでに一般的になってきているアルコール依存症のためのAAや薬物依存症のためのNAをはじめとして，アダルト・チルドレン（ACODA，ACA），摂食障害（OA，NABA），ギャンブル（GA），盗癖（KA），借金浪費（DA），性依存（SA）など，さまざまな自助グループが活動している。ネット依存の人の中には，摂食障害やほかのアディクションの経験があったり，アダルト・チルドレン（機能不全家族に育ったことが現在の生き

づらさにつながっていると認識している人たち）の人が多く，そうした人たちは摂食障害や AC の自助グループに通いながらネット依存の回復に取り組んでいる。今後はネット依存のための自助グループが拡充されることを期待する。

(8) アディクション臨床におけるネットの利用

アディクション臨床において，インターネットが回復に役立っている場合は少なくない。

例えば，自助グループや入院時に知り合った仲間と SNS で個人的なグループを作ってつらい時にサポートし合うことがある。また，インターネットを通じて，自分の問題に気付いたり，アディクションやアダルト・チルドレンという言葉を知ることで，関連する本を手にしたり，カウンセリングに来談する契機となることも多い。また，性依存や盗癖（万引き），違法薬物などのアディクションの場合，周囲の人には，恥ずかしかったり，責められそうで話せないことについて匿名ブログを作成して正直に言葉にすることができる。それは，自分を見つめるセルフカウンセリングとなるだろう。また，そのブログに同じ悩みを持つ仲間がキーワード検索でアクセスして励ましのコメントを残してくれて，ブログが自助グループ的な機能を果たしていることもある。

おわりに

ネット依存の問題と臨床について事例をもとに考察した。カウンセリングにおいては，アルコール依存症や薬物依存症，摂食障害などのアディクション臨床で培われてきた理論や技法が有効である。

事例にみたように，ネット依存に陥る経緯やきっかけは様々な要因が絡み合っておりそれらが悪循環を成している。イジメ被害，虐待，性被害，パワーハラスメント，過重労働，DV，ウツ状態など，それぞれの問題を初期段階で適切に対応して解決していれば，ネット依存に陥ることがなかったかもしれない。したがって，生きづらさを解決・解消するためのあらゆる対人援助がネット依存の予防に役立つともいえよう。一人ひとり違う人間が，その人らしく生きることができる安心安全な人間関係や居場所づくり，そしてそれを可能にする社会を実現することがネット依存の究極の予防であり，援助であり，再発防止と

なる。

［田中ひな子］

〔参考文献〕

De Jong, P. & Berg, I. K.　2013　*Interviewing for Solutions*. Thomason Brooks/Cole　〔桐田弘江・玉真慎子・住谷祐子（訳）2016　解決のための面接技法第4版　金剛出版〕

信田さよ子　1999　アディクションアプローチ　医学書院

信田さよ子　2015　アディクション臨床入門　金剛出版

Shapiro, F.　1995　*Eye Movement Desensitization and Reprocesing*. Basic Principles, Protocols, and Procedures. Guilford Press.〔市井雅哉監（訳）2004　EMDR—外傷記憶を処理する心理療法　二瓶社〕

田中ひな子　2014　解決をイメージする—解決志向アプローチの技法から　精神療法，40-6：54-58.

6章　児童期青年期における ICT 社会の問題と取り組み
──大須成学園の生活体験合宿を通して──

はじめに

　筆者は 1987 年から 2017 年 3 月まで廃校になった小学校（山梨県身延町）を町教育委員会から借りて大須成学園を設立し，不登校児童・生徒たちの生活体験合宿を 30 年間実施してきた［高橋，1988, 1994］。参加した子どもの数は延べ 1 万 2 千人に上る。

　参加していた不登校児童・生徒のほとんどは，ゲームやアニメやマンガやテレビに夢中になっていた子供たちである。

　生活体験合宿に参加するにあたって，持参したゲーム機器を預かるようなことはしなかった。原則として，他人に迷惑をかけたり，他人が不自由になったりするようなことはしたらいけない，という程度の決まりごとはあった。

　ほかの決まりごととしては，朝起きて夜眠ること（起床時刻や就寝時刻は厳密には決めなかった。かなり柔軟な時刻設定だった），朝食，昼食，夕食の 3 食は体調が悪くない限り食べること，地域の人に会ったら挨拶をすること，金品の貸し借りはしないこと，個人情報を他人に話さないこと，等々の約束はしていた。

　異性の部屋（寝室やトイレなどのこと）に入らないことも決めてあった。

　外出も自由にできる。ただし，近くにはお店がない。徒歩 40 分くらい歩けばジュースなどを販売している店はあった。集団行動で山道を歩くとき以外は，ほとんどの子供は外出をしなかった。多くの場合，ほかの子供たちが集まっている大部屋で，何かしていた。

　筆者がマイクロバスを運転していた時，イノシシを撥ねたが曲がりくねった

山道がある。子供たちと一緒に散歩していた時に，そのような山道でクマと鉢合わせしたことがあった。クマが慌てて逃げて行ったのが強烈な印象として残っている。合宿を行う校舎の裏側に流れている小さな川で，仔タヌキが落ちて大騒ぎしていたこともあった。

　自然環境がそのまま残っていた。当時は，テレビ電波もほとんど届かなかった。

　したがって，テレビはあっても画像は映らなかった。かつて農家の人々は有線テレビで，都市並みのテレビ局番組を見ていた。

　生活体験合宿では，人間としての自由は大幅に認められていた。子供たちがはまりやすい電子機器のゲームやテレビなどは，ほとんど使えないのと同じ環境であった。都市部でテレビやゲーム三昧（さんまい）の生活をしていた子供，都会っ子にとっては辛いことだったと思う。

　筆者が過疎の地域を選択したのは，ほとんどの生活が手作業でなければなりゆかないということがあったからである。不登校や引きこもって孤立していた子供たちには，同世代の子供たちが獲得している共同性を手作業，共同作業を通して獲得してほしいと考えたからでもある。

大須成学園

1. 日常生活の回復を目指す

　生活体験合宿に参加した子供たちは，親たちの訴えによると，ほとんどが昼夜逆転生活をしていたという。しかし，生活体験合宿が始まって3日目には，ほとんどの子供たちが，夜寝て，朝起きる生活になってきた。朝食もみんなが揃うまで待つのだが，10分もしないうちに全員そろって食事をとることができるようになった。

　食べる速度についても極端に早い子供もいたし，ひどくゆっくりした子供もいた。それも，ほとんど同じように食事を食べ終わることができるようになってきた。

　食事の量も個人差が大きかったが，それぞれ，その子供の体格に見合うような食事量になってきた。やや体重がありそうな子供も，やや痩せ気味の子供も，それぞれの体格に釣り合うような体重になっていった。お皿に盛りつける量は，子供に任せていたから，食べ残す子供はいなかった。

　そのような効果を期待していたわけではないが，日常生活が規則正しくなり，睡眠時間も安定してきて，食生活が安定してきた。のちに親たちに報告を受けたことだが，肥満も激痩せも解消してきた，という話である。

　家にいるときは，個室ばかりにいた子供たちが，生活体験合宿では大きな部屋でお喋りをするように変化していった。これも筆者が指示したことではない。

　お喋りの内容は，親や教師たちへの不満や批判や，ほかの子供からいじめられたことに関する嫌な体験を吐き出すような話が多かった。

　テレビ番組，人気タレント，好きな歌手，スポーツ選手の話などに転々と移っていった。趣味の話，ゲームの話になると，さらに熱がこもった話し方をしていた。特に，ゲームの話については燃え上がるほどであった。

　彼らはゲームの世界にどれだけ夢中になり，埋没していたのか，がよく分かった。

　ここで日常生活が乱れる子供たちが引き起こす諸反応の特性を記しておく。筆者がかかわる前の話は，ほとんど母親から聞いた報告と主訴である。

　彼らの多くは，生活体験合宿に参加するまでは，昼夜逆転生活になり，毎日，

家の中か自分の部屋で物静かに過ごしていたという。実際には「いつ起きて，いつ寝ているのかわからない」と親たちは言っていたが，子供たちが言うのだから確かである。彼らは，家族をはじめ，ほとんどの人と口もきかなかったという。筆者が見た限りでは，合宿中，初期のころは，顔に現れる感情表現も平板化していた。

　眼には力がなく，虚ろである。どんよりと曇ったような眼つきである。

　まれに，家族と話をしても，否定的拒否的な話に終始する。話の内容は，自己評価が低く，自己否定的である。話し方も鬱々とした話し方で，面倒くさそうに話していた。

　「何もする気がしない」，「何をしても無駄だ」，「何をしても虚しい」「どうしても，人になじめない」等々という話が，前記のような様子をと伴って物静かに語られていた。

　これらから考えられることは「抑うつ反応」が彼らにはあるということだ。日常生活が不安定になることが先か，抑うつ状態が先なのか判然とはしないが，彼らの生活全体を見ると，心理的に多くの重圧を感じながら生活をしていたことが分かる。

　サリヴァン（Sullivan, H. S.）は「対人関係で不快な思いをした子供は，瞬時に機械的器具的な遊びに没頭する」と言っている。筆者が出会った不登校や引きこもりの子供たちの大多数は，サリヴァンが言うように，まるで，人との関係がなかったことのようにして，ゲーム機やテレビやマンガ等々に没頭していた。

2.　生産活動ができなくなること

　子供たちにとって大好きなゲームにしてもマンガにしてもテレビにしても，子供たちはすべて受け身である。子供たちは積極的に使っているようには見えるが，製作者の思う壺にはまっている。どちらかといえば，現実回避をしながらゲームなどに依存的になっている。依存的になる背景には，苦々しい現実検討をしなくてもファンタジーの世界に没頭できるということがあるからである。したがって，自分がどれくらいゲームなどばかりに没頭していたか，現実的に

は気が付かない。1日に8時間くらいゲーム機器の前にいたという子供もいる。

　子供たちが取り組むゲーム，テレビ，マンガ，アニメなどは，子供にとって狭い視野（視覚）の中で，孤立して使用していることになる。多くの人々はこの現実を軽視しすぎている。

　ゲーム機器に没頭している子供たちは，周囲に気を遣う必要はない。場の空気を読む必要もない。生身の人間同士の対話も必要ない。前記と同様に，現実検討や現実思考をしなくても済まされる世界に入り込んでいる。

　その関連でいえば，学習にも取り組めなくなる。視覚に訴え，現実検討抜きで眺めることができるマンガやアニメと違い，文学書などの現実検討を必要とする文節は困難になるから，読字を続けることができなくなる。つまりマンガやアニメなどは，視神経（optic nerve）から後頭葉（occipital lobe）へ直接入力される刺激だから反応できる。が，一度，現実思考という段階を踏まなければならない読書になると無気力になる。うつ状態の人に多く見られる学習性無気力状態が起こる。

　「子供は不登校になると勉強をしなくなる」という親や教師の発言はこの学習性無気力状態を指しているのだろう。この状態も本書「はじめに」で書いた「抑うつ状態」と関連している。

　生産活動ができないということで社会参加もできないことになる。社会参加していないから生産活動をしていないのかもしれない。成人していても，親に食事を作ってもらったり洗濯してもらったりしている人もいるくらい，生産活動からは遠ざかっている。

　「パソコンと向き合って，熱中しているだけで，他のことは何もしていない」と極言する親もいた。不登校の子供たちは「ゲームかテレビばかの生活で，他のことは何一つしていない」と親が言うのと似ている。人間性の匂いがするような遊びは回避していたようだ。

　不登校や引きこもりの人々の多くは，自分の部屋さえも掃除はしない。食事のあと片付けができるくらいなら上出来である。食器洗いをしてくれるようになった，という話を親から聞くと筆者はホッと，ひと安心したものである。

　ほとんどの子供たちは，テレビかゲームかパソコンに囚われて，日常性を失い，生産活動もできなくなっている。彼らはお手伝いが嫌いで，意図的に意地

夜 の 集 い

悪でそのようにしているのではない。抑うつ反応としてそのようになってしまったのである。ここは，誤解しないでほしい。

　インターネットに依存する子供も多くなっている。登校している子供たちの平均的なインターネットの利用時間は平均で2時間34分という内閣府の2016年の統計がある[1]。不登校や引きこもりをしていて，「何もやることがない」という子供たちなら，もっと長時間インターネットに釘付けになっていることが考えられる。

　彼らがインターネットに長時間費やすのは，もとはといえば，生活を送る上で楽しいことや喜ばしい出来事や嬉しくなるような内容がなかった（あるいは，少なかった）ことから始まっているのだろう。

　生産活動に誘う親や教師は，子供のペースやリズムや心の状態を無視して，早く活動に取り組むように仕向けたり，早く問題が解けるようにしたり，早く完全に覚えさせようとしたりしてきた可能性が高い。「早く」という基準は取り除いて，子供のペースやリズムに合わせてという取り組みが必要である。

　子供のペースやリズムや興味や関心の高さを無視して，親や教師の都合で，子供たちを訓練してきたように，筆者には見えてしまう。養育と教育と訓練は

微妙に異なることは理解していただきたい。人間性を養育する場合にはかなり大切なポイントである。

　筆者は，生活体験合宿の時には，筆者の都合ではなく，子供のペースやリズムや興味や関心を優先していた。彼らは，集団生活という状況の中で，意欲があれば自分にできることを広げていった。子供の成長とは，そのようにして実現していくものだと筆者は確信している。

　人間成長には，時と経過とリズムとお互いの感性が大切である。簡単に言えば，共感応答性である。共感応答なしに，相互理解はあり得ない。

　生産活動ができるということは，周囲との共感応答性が獲得できて，さらに共感的波合わせができなければ，生産活動には参加しきれなくなる。孤立してしまう。孤立はすべての精神的な問題の入り口ある。何とか回避したい現実である。

3.　どうしてパソコンやゲームをするの？

　山梨で生活体験会に参加した子供たちの多くは，当初は，ゲームやパソコン依存的だった。そのことで日常生活が不規則になり，自律神経系統のトラブルを起こしていた。

　その問題解決には，パソコンやゲームやテレビなどよりも楽しい体験が必要だった。

　パソコンやゲームに依存する子供たちの多くは，日常生活の恒常性を失っていた。恒常性というのは，毎日安定した生活が繰り返されることである。その恒常性を獲得するにも，安定した安全で楽しめる快い時間が必要であった。

　彼らに訊くと，「毎日，何をしたら良いかわからない」という。毎日の生活に意味や意義を見出せないという。実存的な言い方だが，今現実に起こっていることにかかわることは，意味や意義があり，取り組むことなら誰にでもできるはずである。無駄なことは何一つないといっても過言ではない。

　その現実に起こっていることにかかわることができないらしい。実際に取り組んだこともないのに，「そんなことに意味があるの？」とか「意義があるの？」と質問してくる。体験が少ないから経験不足が起こる。「あなたは，キャベツ

を刻んだことがあるの？　刻んだことがない人に，とやかく言われたくないな」
と返す。「それなら，やってみる」と言ってキャベツ刻みにはまった子供もいた。
キャベツ刻みにしても玉ネギ刻みにしても単純反復作業だが，思うようにきれ
いに刻めて，リズムができると楽しいものだ。しかも，これらは生産性がある
活動である。

　ゲーム機器の中にも単純反復作業的要素はある。しかし，それは生産性があ
るものではない。すぐに心に空虚感が襲ってきて，充実感は去っていく。仮に
ゲーム機器などで得られた充実感は，その時だけの刹那的な充実感でしかない。
実際に「ゲームをいくらやっても，心は満たされない」とか「心はいつも虚し
いだけ」という子供が多かった。

　当初は，「不登校をしても何もやることがないからゲームをしていた」とい
う言い方をしている。そのうちに「何もやることがないから仕方なくゲームを
していた」という言い方に変わってくる。

　ゲームはすぐに飽きてしまうから「次々と新しいゲームが欲しくなる」とい
う。

　子供も，人と人とのかかわりから離れてしまうと，機械的な道具や器具に快
さを求めていくことになる。彼らの多くは「口下手」だといわれている。言語
表現が苦手なのだろう。考えていることや感じていることを言語にして表現し
にくい人なのだろう。コフート流に言わせてもらえば，「心にまとまりを付け
られなくなっている」[Kofut, 1990]という心の断片化が起こっているのだろう。

　そういう子供は，元から一人遊びが好きだったらしい。「機械や器具や玩具
を相手に遊んでいることが多かった」と，ある母親は述懐していた。機械や器
具や玩具を相手に喋る場合，一方通行の言葉になりやすい。人間相手の時より
も言葉数も少なくなるだろう。

　本来人間は，人と人とのかかわりで快さを感じて，また，楽しいひと時を過
ごしたいと思うようになる。人と人とのかかわりのほとんどは言葉の交流であ
る。言葉を思うとおりに使いこなせない場合，人と人との関係は疎遠になりや
すいだろう。

　ゲームなどに親しみを感じている子供の多くは，獲得している語彙数は少な
いし，言葉の使い道も少なくなる傾向がある。言葉を使う機会が少ないから用

い方も少なくなる。

　本を読んで語彙数は豊富にあるとしても，人を相手に語り合うことが少なければ，語・用法も少なくなる傾向がある。語・用法としたのは，言葉の用い方という意味で使いたかったからだ。同じ年齢の子供に使う言葉と年上の人に使う言葉では，当然，言葉の用い方が異なる。先輩後輩でも言葉を使い分けている。

　教師に対する言葉も，一応は気を使った言葉になるだろう。親子間でも言葉の用い方は外部の人に使う言葉とは異なる。親しい仲間との言葉も親しみ深さによって変化する。

　事務的，手続き的な言葉遣いもある。病気などで医師に訴えるときの感情を用いた言葉もある。パソコンやゲーム機器などの場合，ものにもよるが機械的な言葉遣いが多いのではないだろうか。あるいは，テレビ画像を介して，対戦相手と話しているという人もいるが，それは生身の人間の言葉にはなっていない。

　彼らが，ゲームやパソコンなどに向き合うことができるのは，自分にとって都合が良い時を選択できるからだろう。また，気に入ったゲームなどをいつでも引き出せるからだろう。多くの人間は多少の不便さも感じながら調整して相手と関係を築いて対話を実現している。

　ところが相手がゲーム機器や機械なら，対話する機会を選択する必要がない。人間に対して，気苦労が多すぎた人にとっては，ゲーム機器に依存するきっかけとなる。人間関係が苦手な人が，継続的に人との関係を断ち切るようなことをしていたら，精神的な活動も低下することになるだろう。

4.　対人関係の成長は精神の成長である

　「対人関係の成長は精神的な成長を表す指標となる」（サリヴァン，H. S.)。サリヴァン［Sullivan, 1990］が言うように，人間の精神の進展は対人関係の進展でみることができる。「進展」がふさわしいのか「伸展」という漢字がふさわしいのか，選択に困っている。本当は，両方の漢字を同時に使いたいくらいである。

188　第Ⅱ部　ICT社会の人間関係と心理臨床

　子供たちがゲームやアニメやマンガやテレビやパソコンなどの機械的器具的な遊びに熱中している間は，周囲にいる人々には関心が向かない。あるいは，人々との関係が悪化したからゲームやアニメやマンガやテレビパソコンなどの埋没したのかもしれない。

　筆者が山村での生活体験合宿を実践していて多少驚いたのは，多くの親や教師は子供たちがゲーム，マンガ，アニメ，テレビ，インターネットから解放されて，少しでも人間同士の関係に気持ちが向くようになれば良いと願っていたことである。

　もともとは，対人関係のトレーニングとして，始めた体験合宿だったから，筆者としては，日常生活の中でも対人関係の獲得には関心が高かった。

　子供たちの多くは，ゲーム，マンガ，アニメ，テレビ，インターネットが楽しめたのは，分かりやすかったからだという。対人関係で獲得できた，人間理解が面白く分かりやすい内容なら，彼らも人間理解に興味や関心が向けられるはずである。

　現代社会で，心理学系の読みやすい本が流行しているのは，誰もが人間理解をしたいという願望があるからだと，筆者は考えている。

　しかし，現実的には人間理解をしても学業成績には無関係であり，進学中心の教育現場では，対人関係のトレーニングや人間理解のための練習などは戦後，一貫してほとんど行われていなかった［Teruhisa et al., 1990］。よって，そのような教育ができる教師や指導者が少ない。

　最近の傾向として，ネット依存が心配されているから，「オフラインの会」というような，インターネットから離れて，手作業での生活を送るキャンプが流行っている。その場限りのオフラインにならなければよいのだが，たいがいの子供はキャンプ終了後，ネット依存に戻ってしまう。ネット依存症はそう簡単には治せないはずだ。

　対人関係の楽しさを理解できるような，本当に人間が好きになれるようなキャンプを企画してほしいと願っている。

　家庭でかかわりが多い親たちにも，子供のネット依存について理解してもらえるような教育が必要だと筆者は考えている。

　対人関係の進展が精神の成長のスケールになると書いたが，子供の対人関係

の進展の鍵を握るのは親たちである。親が，子供との生活で楽しく過ごすことができなければならない。さらに子供同士の対人関係の進展に向けて協力し，支援する姿勢がなければ，子供はすぐにネット依存的な生活に埋没するだろう。多くの親たちは，学業成績にしか視線を向けない。子供たちが幅広く多彩な人々との交流ができるように，親たちはかかわってほしい。

　精神的な成長を無視するのは，人間性の崩壊につながる危険性があることも忘れないでほしい。人間性という言葉が分かりにくければ，人柄という言葉に言い換えても良い。人柄の良い子供に育てるのは，親の人柄にも強く影響を受けているからだ。

　つまり親子で，育ち合いの精神が必要である。親が完成された人間であるなどとは思わないでほしい。子供よりも早く生まれた存在というだけで，人間性とか人柄が優れているなどとは無関係である。物知りだから人柄がよい，ということも無関係である。

　親が率先して，多彩で多様な人々と対人関係を形成できることが大切である。ICT 依存状態になっている親は，ぜひ，自らの依存を克服してほしい。子供が帰宅しても親自身がパソコンから目を離せない状態であるという親もいる。そんな親に子供は失望する。

　子供との関係作りには人間としての感情を駆使して，感情交流を図ってほしい。人間の感情は多彩であり，他の動物との比較でも人間の感情は豊かである。

　特に褒めることに関する感情は，人間以外の生き物では，あまり見られない。感謝することも同様である。ホルモンに関係なく，相手を好きになるという感情（情緒）も人間だけにできることである。これらの特性を理解して，ICT 依存からの脱出を図り，精神的な成長を実現してほしい。人とのかかわりが好きになれば ICT 機器依存からは解放されやすくなるだろう。

5. 性について：性成長が盛んな時期だから気を付けたいこと

　ICT 依存になること自体，思春期の性成長が関係している。性成長の時期には，自分の性はもちろんだが，異性の性成長にも関心が一気に高まる。

　かつては対人関係で緩やかに知りえた性情報も，インターネットでは年齢に

関係なく，いきなり成人の性情報が獲得できてしまう。法的に好ましくない情報や猥褻画像の入手も簡単にできるという。

法的に好ましくない情報とは，殺人を引き受けるとか，自殺の誘いとか，盗難を一緒にやろうとか，どこかを爆破しようとか，一緒に暴走しよう等々という内容のものである。

猥褻画像とは言うまでもなく法の基準を逸脱している違法画像のことである。パソコンにも携帯電話にもそれらしいメールが入ってくる。

「性成長を果たしていたら，そのような情報を手に入れても大丈夫なのか」と親や教師に訊かれたら，「大丈夫ではない」と筆者は答えるしかない。性に関しては，大人のモラルが子供とも並行していると考えるべきだと思っている。大人が性に関しての規範を持っていなければ，子供も性に関してはルーズになってしまう傾向があるからだ。

かつて NHK の記者と一緒に，大阪の飛田遊郭の取材に行ったことがある。あからさまに性を売り物にしているところである。そのようなところに子供を売り飛ばして博打にうつつを抜かす親がいると，かつては聞いた。同僚の牧師は「あそこから抜け出すためには，精神的に手厚いケアが必要だ」と言っていた。実際，キリスト教関係の施設では，古くから売春をしていた人たちのケアを行う施設があった。

過去のことはともかくとして，性成長が旺盛な時期の子供が，ICT によって，いくらでも違法な性情報に接触できてしまう。

性成長が盛んな時期は，学習面でも多くを学ばなければならない時期と重なる。学習で多く学ぶことは，拡がり続ける社会のどこかに参加できるようになるためである。その時期を JK ビジネスのような性産業に吸い取られてしまったら，社会参加は思うようにはいかなくなる。

残念なことに，学校の教育で，学習意欲を失った子供たちの多くは，手っ取り早く金銭を得られる性を商売にしてしまう。援助交際などというが，ただの売春である。未熟な子供を食い物にする，あるいは，商売道具にする，ろくでなしの大人がいることも確かである。

しかも，最近は，ICT という手段を使って商売をしている人間がいるという。手の施しようがない。子供たちも ICT を介在して，いかがわしい所に登録し

てしまうという。

筆者のパソコンには何重にもフィルタリングをしているが，かいくぐってくるものがある。そのような誘いが多ければ，応じてしまう児童・生徒もいるだろう。

性の問題は，代々の宗教家たちも苦労したテーマである。日本では，法然，親鸞，日蓮等々が苦悩した人々である。キリスト教でいえばルター派の人々が悩んできたテーマであった。ローマカソリックの法王庁は聖職者の結婚を禁じていた。

マルティン・ルターは宗教改革を起こした人で，修道女会にいたマルゲリータと結婚した。「大胆に罪を犯し，大胆に悔い改めよ」と語った人である。

そうはいっても筆者が北欧に行っていたとき，足を延ばしたオランダで，町中に「飾り窓の女」がいたことに衝撃を受けた。飾り窓の女とは，売春婦のことである。北欧ではフリーセックス時代だったから売春が成り立たなかったのかもしれない。オランダでは外貨稼ぎに公認していたのかもしれない。日本人には考えられないことである。

当時の北欧では，性器が写っている写真集がKIOSKで販売されていて，誰でも入手できていた。もちろん，未成年者たちも購入していた。未成年者の飲酒に関してもかなりルーズだったと思う。自由というよりもルーズといった方が正しいような状態であった。

性成長が未熟だと，性感覚が妄想的に歪む場合が多い。性情報を得て性感覚が歪むとその子供の性意識に異常を起こす場合がある。

「あの異性は自分とのセックスを欲しがっているに違いない」とか「あの人は，いつも性器をいじって満足しているに違いない」とか「あの派手な人は，手当たり次第にセックスをしているに違いない」等々の妄想に近い状態にイメージを膨らませてしまう。最後には，犯罪に至ってしまう場合も起こりえる。

男性が女性の下着を泥棒することは典型的な妄想から起こる犯罪である。売春とは異なるが，男性器に興味が強くある女性は，男性との性関係を次々に持ち，誰とも安定した関係ができない。かつて新聞紙上を賑わせていたエリート女性職員が売春していたという報道（東電OL事件）は，多くの人々に衝撃を与えた。

192　第Ⅱ部　ICT社会の人間関係と心理臨床

　筆者が面接した中学生女子は，相談室で画用紙に男性器ばかりを描いていた。「私の憧れだから描かせてッ！」と叫んだのが印象的だった。入浴の際に父親の男性器を見てから，男性器に興味を持ったという。衝動性が強く摂食障害もある子供だった。

　女性器に興味を持った高校生男子は，次々に緻密な女性器を描いて，親に見つかりひどく叱られていた。父母の性行為を覗いてから女性器に関心が高まったという。窃視（覗き），下着泥棒，痴漢行為などで，何回も補導された子供である。

　いずれにしても，上記の二人の事例については，性につながるパーツに関する知識や欲望ではある。しかし，性関係は対人関係とか，人間関係の深まりや高まりという方向で見ていかないと，かなり卑猥なものに成り下がってしまう。

　インターネットでは，対人関係や人間関係という接触抜きに性情報だけが飛び込んでくるから怖い。子供たちに有害となるような情報に関しては，フィルタリングという技術もあるのだから，うまく利用してほしい。

　ニイルも述べているが［Neil, 1992］，思春期という性衝動が高まる時期に，その子供が成熟するように性への関心を向けるのはかなりハードルが高い取り組みではないかと思う。性教育の充実が今後行われることを希望している。

6. 親子の対話によって日常生活における健全さの回復を試みたい

　子供たちの生活が，インターネット依存のために日常生活が乱れたという話は親や教師からよく聞く。しかし，子供の場合，日常生活の乱れが先にあるのではないかと筆者は考えている［高橋，2005］。日常生活の乱れは自律神経系の混乱がもとにある。自律神経系の乱れがあれば，抑うつ反応が必ず起こる。抑うつ反応が起こっていたら，現実検討はできにくくなり，学習性無気力状態にも陥る。そうなると時間つぶしにいつでもできるのは，パソコンなどを使ったインターネットやゲームなどに限られてくる。

　日常生活が乱れるのは，ストレスを受けているからであろう。何がストレスかというと，身近にいる人の存在である。人間が人間にストレスを感じるという話を，筆者がこのようなかかわりを始めた当初から聞いていた。人間好きな

筆者には驚きの事実だった。

彼らは，いじめられたり，仲間外れにされたり，対人関係でひどい目に遭ってきたりした人たちである。そう思うと彼らが人間嫌いになるのもやむを得ないことなのかもしれない。近くにいる人間にストレスを感じることもあり得るのかもしれないと思った。

彼らの周囲には，気持ちが合わない大人や子供たちが多く居た可能性が高い。

しかも，彼らの多くは自分が飼っているペットとは波長が合うらしい。ペットの多くは，猫，犬，マウス，鳥などである。中にはイグアナをペットとして飼っていた子供もいた。たいがいの子供は，飼い始めのころは餌やりや散歩やトイレの始末をしていたが，途中からは親たちに依存していた。彼らは，なかなか，生き物のペースに合わせることは難しいらしい。

しかし，パソコンやゲーム機器，インターネット等は，自分のペースで気が向いたときにできるわけだから，取り組みやすいはずである。また，親たちの監視の目を盗んで取り組む場合が多いから，親の制限がつけられない，深夜とか未明に好きなだけ取り組む傾向が生まれる。あるいは，個室がしっかり確保されているから，親たちからは自分がネットに依存している姿が確認されずに済んでしまう。

筆者が知っている御家族の場合，家族全員がパソコンを利用するからという理由で，パソコンは居間に置いていた。その御家族の場合，スマートホンは父親と母親だけが持っていて，子供には与えていなかった。

子供がスマートホンを自由に使った場合，かなりの請求金額が来た，という話も親から聞いた。様々な工夫をして，家族の対話を回復してほしい。スマートホンを使ってインターネットをしている子供は平均2時間程度使っているという内閣府の資料がある。

いずれにしてもICT機器の使用や利用や活用についての話し合いが親子でできるような状態が望ましい。親子での約束事が決められないようなら，使わない方がましだと思う。

子供がICT機器に慣れ親しみ，善良に使いこなせるようになれば，社会的な情報の獲得も一段と進むことだろう。

残念なことに，悪意が先行して，情報が過剰に流れてしまう場合もある。イ

ンターネットで，いわれなき非難や中傷を浴びせられたという話も聞く。悪意に利用する人がいなくなれば良いと思う。

　そのような教育が徹底されなければ，被害者はいくらでも出てくるだろう。インターネットを活用する人は，それがどのような内容のものなのか理解して使ってほしい。

［高橋良臣］

注)

1）平成29年度青少年のインターネット利用環境実態調査（速報）

　　http://www8.cao.go.jp/youth-harm/chousa/h29/net-jittai/pdf/sokuhou.pdf

　　（2018年4月3日アクセス）

〔文献〕

コフート，H. ／笠原嘉（訳）1995 自己の治癒みすず書房

Neil, A. S.　1992　*Summrhill School*：*A new View of Childhood*. St. Martins Press, pp.83-90.

サリヴァン，H. S. ／中井久雄・宮崎隆吉（訳）1990　精神医学は対人関係論である　みすず書房

高橋良臣　1988　登校拒否児の合宿治療　心理臨床　1巻四号

高橋良臣　1994　大須成学園日記　日本基督教団出版局

高橋良臣　2005　不登校・ひきこもりのカウンセリング　金子書房

Teruhisa Horioand, T. & Jean.Francois Sabouret, J. F. 1990　Education in Japan：The Issues at Stake at the Dawn of The Twenty-first Century. C. Chiland & G. Young (eds.) 1990　*Why Children Reject School*. Yale UniversityPress, pp.45-61.

7章　ICT 社会の人間関係と心理臨床
——クライエントの生きる世界の理解とその変容——

はじめに

　今日 ICT の急速な進展とともに，心理臨床現場におけるカウンセリング，ケースワーク，グループワークなどの専門性の向上は，重要な課題となっている。筆者はこれまで現象学的心理学を方法論的基盤とするカウンセリングやグループワークの心理臨床の方法論研究，事例研究を行ってきた［小川，1988，2002］。そこで本稿では，筆者が専攻する臨床社会心理学（現象学的人間関係学）の立場から，ICT 社会における心理臨床現場における相談援助理論や援助技術の基礎であるクライエント理解，人間理解，クライエントの生きる世界の変容に関して方法論的な考察を試みるととともに，心理臨床の事例を通じ実践的な課題を明らかにしたいと思う。

1. 心理臨床の現象学 I

1) 心理臨床のプロセス
　まずはじめに，筆者が専攻する現象学的アプローチにより，心理臨床のプロセス（次ページ上参照）における主要な方法論的課題である，クライエントの理解（アセスメント），およびクライエントの生きる世界の変容（介入，治療，処置，問題解決）の問題を吟味したい。

2) 人間理解の方法論
　まずはじめに，心理臨床の基本であるクライエントの理解，および家族関係，

196　第Ⅱ部　ICT社会の人間関係と心理臨床

〈心理臨床（カウンセリング）のプロセス〉

インテーク（初回）面接　　　　　　　　→ 終結 ───→アフターケア
　→ 見立て→受理→治療契約　　　　　　　→ 社会復帰への準備
　　→ リレーション作り（ラポール）　　　　→ フィードバック，課題の明確化
　　　→ クライエントの（世界の）理解　　→ 問題解決策の試行的実践
　　　　→ 主訴の把握，ニーズの把握　　→ 介入，治療，処置（CL の世界の変容）
　　　　　→ アセスメント（診断）────→ 問題解決策，活用可能な社会資源の模索

　友人関係など対象者の人間関係の理解の問題を取り上げたい。心理学者ジェイ
ムズ（James, W.）が人間について知ること（to know about someone）と人
間を知ること（to know someone）を区別しているが，前者は近代科学の主客
二元論を方法論的基礎とした情報収集，問題の分析，診断，現象の説明などの
立場を表し，後者は対象者の気持ちや対象者の生きる世界を臨床的に理解（了
解）したり生活世界の変容をめざす対人援助のプロセスや援助者と対象者の人
間関係の現実を吟味する立場を表していると言えよう。

3）既知への問い

　日頃人々の間で「自分のことは，自分が一番よく知っている」，「子供のこと
は親である私が一番よく知っている」という言葉を実際耳にすることも珍しく
はない。しかし，そうした人々が，他者との関わりの中で（カウンセリング場
面やグループの中で），これまで自身で気付かなかった自分の一面や，今まで
知らなかった子供の一面を，友人，教師，カウンセラーなどに指摘されたり，
自身で気付いて愕然とするケースが少なくない。

　例えば，当初自分の子供のことを「うちの息子は無口でおとなしい子なんで
す」と言っていたある母親Ｘが，「相談室ではそんな事ないですよ。むしろ積
極的に話してくれるほうですよ。」とカウンセラーに言われ戸惑う。その後，
実は普段母親自身が子供の話を先取りしたり，多弁で子供がしゃべる空きを与
えないことに気付き，「息子は無口ではなく自分が息子の話す機会を奪ってい
たんです」と愕然とするというような事例もしばしば見受けられる。

　この母親Ｘの事例は「自分のことは，自分が一番よく知っている」，「子供の
ことは親である私が一番よく知っている」という「分かりきった事柄」として

不問に付されていた母親の経験的知識が，カウンセラーとの対話をきっかけとして，実は単なる「思い込み」に過ぎなかったこと，自分自身や家族のことは思っているほど知らないものだということ，などが明らかになったことをあらわしているといえよう。この母親の場合，二重の事実誤認をしていたわけである。第一に，母親自身の多弁さ，聞く耳のなさに十分気付いてなかった（棚に上げていた）こと，第二に，息子は母親の前で無口であるにすぎないのに，相談室や学校などでも常に無口であると認識していたことである。前者は「自分のことは，自分が一番よく知っている」という誤認であり，後者は「子供のことは親である私が一番よく知っている」という誤認をあらわしているといえよう。自分自身の気付いていないことをことを，家族や友人などの他者の方がよく知っている場合もあるし，家族の意外な面を家族以外の人から知らされる場合もあるのである。このように，「自己理解」および「他者理解」の問題を考えるに当たっては，人間関係のただ中で，いわゆる「分かりきった事柄」やこうした「思い込み」を問い直すことが，極めて重要であることが理解できよう。

　母親Xが自分の息子を理解するには，なぜ息子はいつも無口なんだろうと「分析してみる」ことも必要にはちがいないが，それ以前に，目の前にいる息子の気持ちを感じ取る取ることの方がさらに重要であろう。発達心理学の一般法則をもちだして「思春期の男の子は母親を避けたがるのは当たり前」と納得したり，「息子はもともと無口なのだ」と思い込む前に，口うるさい母親を嫌っているのか，母親に話をしたいのに聴いてくれずイライラしているのか，いじめなど何か悩みや隠し事があって母には話をしたくないのかなど，母親が息子との関わりを通じて，息子の気持ちを感じ取ることができるように援助していくことが求められよう。

4）心理臨床の現象学（人間関係の現象学）

　これまで述べてきたように，クライエントを理解するということは，これまで身についたさまざまの人間についての「既知」の一般的知識やデータおよび自身の準拠枠（自然的態度）をできるかぎりいったん脇へやり（括弧入れし），現実の人間関係そのものの中で，あるがままのその人を見る，その人の言葉に耳を傾ける，からだ全体でその人（の気持ち）を感じようとすることである。

こうした努力こそが,「既知への問い」のプロセスにほかならず,こうしたプロセスを現象学的還元という。このような努力は本来の意味で「臨床的」態度であるということが可能であり,そうした態度はまた現象学的態度とも呼ぶことができる。

ヴァン・デン・ベルクは「現象学は,一種の心理学であって,現実をあるがままに,人間存在のうちに生起したまさにその時点で,とらえようとする。現象学はまだ記述されていない現実を,すなわち,われわれに現れるままの現実を,その時点で記述しようと努めるのである」と述べており,また記述の二大原則として現象学的還元と「ことがらそのものへ」のコミットメントをあげている。

また早坂は『現象学をまなぶ』[1986]のなかで次のように述べている。

「現象学は,自然的態度としての偏見――個人レベルのものにせよ(社会に)共通なものにせよ――をあばき,眼前における現象を,過去の経験に頼ったり(経験主義),頭の中につめこんだ知識にたよったり(主知主義)して早急に判断し,説明することをいましめ,停止して(判断停止),できるかぎり忠実に,あるがままにもっぱら記述せよともとめるのである。このようにして自然的態度は現象学的態度へと洗練される。現象学はこうして自然科学をほとんど無反省にモデルとする現代の諸科学が,学的認識から完全にしめ出した(つもりでいた)認識主体ひとりひとりの生きる,日常的主観的世界を厳密に吟味し,自分自身がどのように,そしてどれだけ偏見にとらわれているかをあきらかにしながら,その自分にとって現象がどのように見えるかを記述していくのである。これはもちろん,終わりのないプロセスである。」

このように,人間関係学としての現象学は現実の人間関係の体験に徹底して密着したところから展開される経験科学あるいは現実科学であり,人と関わることを専門職とする人々や人間関係の問題に悩んでいる人々には極めて示唆に富む点が多いといえよう。

そこで,日頃われわれが知らず知らず身につけている自然的態度について,もう少し考えておきたい。人間は誕生以来経験や知識を重ねるにしたがって,自分の世界をつくりあげ,その世界の中で生きている。(「世界」は現象学の基本概念のひとつであり,ハイデガーはこうしたわれわれ人間の存在の在り様を

「世界内存在」と呼んでいる。）その世界はおのずと（自然に）その人のものの見方，感じ方，考え方の枠組み（一般に準拠枠とも呼ばれる）となって，その人の認知や行動を規制している。こうしてできあがった枠組みを自然的態度と呼んでいる。先程の母親Xの事例では，「息子は無口」と思い込んでいた母親の自然的態度の特徴としては，多弁で人の話に聞く耳をもたないところである。しかし，そうした自然的態度は色眼鏡（偏見）と同様にそれを身につけている本人にはなかなか見えない。そのため，息子のことを無口だと誤解したのであろう。「むしろ相談室では積極的に話をするほうです」というカウンセラーの言葉が，その母親の自然的態度を問い直すきっかけになったことは言うまでもない。このように，ある一人の人間を理解するには，そうした自然的態度を問い直すこと，すなわち既知への問いのプロセス，が極めて重要となってくるのである。

　クライエントというかけがえのない一人の人間存在を理解するには，自然的態度を括弧入れし，その人に徹底的に関心を払い，その人の世界を理解しようとすることである。人間理解の方法論的基礎として，こうした現象学的態度がいかに重要であるかが明らかとなったといえよう。だが，「人間関係の現象学」の，こうしたプロセスを（しかも自分一人だけで）実践していくことは決して容易ではない。というのは，個々人の自然的態度としての偏見を明らかにしたり，日常的な主観的世界を厳密に吟味することは一朝一夕には難しいからである。各自が現象学的態度を養っていくためには，ヴァン・デン・ベルクも述べているように，「身のまわりに存在するものや生起することを，見て，聞き，観察し，学ぶように努める」態度や習慣を身につけることが大切であり，そのためには透徹した方法論に関する訓練（体験学習）や他者との対話を重ねていくことが必要であろう。

2. 心理臨床の現象学Ⅱ

　心理臨床活動の中核となるアセスメントと介入（処置，治療，問題解決）に関し，前節ではアセスメントの中心課題である「クライエントの理解」について考察した。ここでは介入（処置，治療，問題解決）の中心課題である「クラ

200 第Ⅱ部　ICT社会の人間関係と心理臨床

イエントの生きる世界の変容」について考察していきたい。

1）クライエントの生きる世界の変容とは

　われわれ人間は時間－空間を軸とした世界，すなわちそれを構成する自身の肉体および身体，自然環境（空気や水などの鉱物，植物，動物），さまざまな人間（他者の身体），クワント（Kwant, R. C.）により社会的事実性と定義された第2の自然（言語，集団，組織，役割，時計時間等の社会環境，人工物（文明の利器））との相互関係の中で生きている。（世界内存在）

　オランダの現象学者ヴァン・デン・ベルクは『人間ひとりひとり』［1976］のなかで，われわれ人間が生きる世界，人間と世界の関係を，日常的なありふれたエピソードの卓越した現象学的記述により明かにしている。

　「冬の夕方，外には雪が舞うように降っている。窓の外の街路樹には，舗道を覆う雪を踏み歩く長靴の音がかすかに聞こえる。外からすれば，部屋の暖かさは魅力的なものにちがいない。その上，旧友が訪ねてくるという期待に，その部屋は一層魅力的に思える。火は暖炉に赤く燃え，そしてそのそばにやや離れて，こんな時のために最近買った上質のワインが一本置いてある。友人が来るのを待ちながら，男は何通か手紙を書こうと，腰をおろす。電話が鳴った。その友人からの電話で，天候のせいで行けないというのだった。しばらく雑談をして，電話を切る前に二人は次の約束をした。窓のところへ行き，男はカーテンを開けて，期待していた夜の暖かさをほんの少し前まで映像化していた，冷たい湿った雪を眺める。けれども今は，準備して期待していたその夜は，変わった。そして，それに伴って，その部屋も変わった。今やその夜は長く，空虚に思える。そしてその部屋も何か前よりは静かで，居心地の悪いものと感じられるのだった。その夜の暖かさを幾分かとり戻そうと，暖炉にまきをくべてから，男は本を手にとって読みはじめる。夜はゆっくりと過ぎてゆく。しばらくして，その本のはっきりしなかった一節に思いをめぐらせようと頭を上げたとき，暖炉のそばのワインのびんが，彼の目にとまった。その瞬間，友人が来なかったことに，彼は改めて気づく。そして彼は，再び読書に戻るのだった。」

　たった1本の電話で，ある男の世界が，世界との関係が，またたく間に変容してしまった事例である。ワインのびんが変わったわけではない。部屋のイン

テリアが変わったわけでもない。しかしその男にとって，暖かく魅力的な部屋から静かで居心地の悪い部屋へ，友人の来訪の期待を感じさせるワインのびんから友人が来られなくなった落胆を思い起こさせるワインのびんへと，部屋もワインのびんも変わってしまったのである。

　われわれ人間の生きる世界はこのように，たった一言で，たった1本の電話で，ちょっとしたきっかけで，微妙にも，劇的にも変わり得るのである。転居，転校，転職など環境の変化によりその人の生きる世界が変容する場合もあるが，この男のエピソードの様に物理的な環境は変わらないのにその人の体験世界（体験の仕方，知覚，言動，価値観など）は変容し得るのである。

　また身の回りで起こった出来事は変わりないのに，人によって，または同じ人でもケースバイケースで，その人の体験の仕方すなわち体験世界が変わり得る。このエピソードにおいても，友人が来られなくなったという電話によってそれほど落胆しない人もいるだろう。また面白くて続きを読みたくて仕方がない書物を抱えていたり，TVゲームの新作ソフトを買ったばかりであれば，たとえ友人が来られなくなったとしてもそれほど落胆しなかったかもしれない。ヴァン・デン・ベルクが『現象学への招待』の中で引用している精神科医シュトラウス（Straus, E.）の指摘にもあるように「一人の人間のなかでの"出来事"が重要なのではなく，"体験"が重要なのである。外傷は，ただそれがあるというだけではまだ心的外傷ではなくて――そうでないとしたら心理療法は自然科学であろう――それぞれの人にとっての意味によって，その外傷に割り当てられた価値によってその外傷は心理的外傷として体験されるのである。」このシュトラウスの指摘は，病気や怪我等の災難に直面している人（患者）の世界を理解し援助する際に示唆に富むものである。同じ病気や怪我でも落胆してなかなか立ち直れない人もいれば，それほど落胆せず挫折をバネに逞しく生きる人もいる。相談援助の際には，病気や怪我という"出来事"だけに着目するのではなく，その人が病気や怪我をどの様に"体験"しているか，その人の病んでる世界，怪我人の生きる世界すなわちその人の体験世界を理解し，関わっていく必要があろう。

　福井雅彦が論文「事実性としての他者－自己」［早坂, 1994a］の中で，現象学的哲学者クワントの掲げた青年と少女の出会いによる青年の世界の変貌の事

例（「無気力にみえる青年は，そのままの自分でいることをゆるしてくれる少女に会うと，とても情緒豊かになるだろう」）をもとに明らかにしているように，「他者は自己の可能性の展開（世界の変容）にとって必要不可欠の存在」であり，「そうした可能性は特定の誰かとの間に展開されるのであり，誰でもよい不特定多数の人との人間関係においてではない」のである。さらに，そうした自身の世界の変容を自己覚知（体感）し，それを特定の他者との対話を通じて言語化した時，日常ありふれた体験から，なかなか忘れない貴重な経験へと至るのである。

2) クライエントの生きる世界の変容を促すかかわりとは

そこで心理臨床，精神療法，社会福祉などの相談援助場面でのクライエントの生きる世界の変容について考えてみよう。これまでの考察から，クライエントの世界の変容は，特定の他者である援助者との対人関係やグループ活動（相互主体的関係，相互浸透的関係）のなかで展開される。前者が個人カウンセリング（療法）であり，後者は集団療法（グループワーク）である。カウンセラーやワーカーなどの相談援助の専門職がクライエントと面接し対話（グループの場合はメンバー同士の対話も含む）を重ねるうちに，悩みの解消や問題解決を目指して，クライエントの生きる世界，体験世界が〈参考資料〉（次頁）の後者の様相から前者の様相へと変容するように，関わっていくことが求められる。

これまで，精神療法，心理臨床（カウンセリング），ソーシャルワークなどの相談援助場面で実践されている，クライエントの無意識の意識化（精神分析），自己不一致から自己一致へ（来談者中心療法），世界認識（知覚）の歪みの是正（ゲシュタルト療法），誤った学習の再学習（行動療法），非合理的思い込みからの解放（論理療法），"とらわれ"からの解放（森田療法）などの取り組みは，各々の主要理論に基づきクライエントが抱えている問題（精神病理）の根源に関わろうとしている取り組みではあるが，それらは必ずしもクライエントの生きる世界に関わろうとする取り組みとは言い難いところもある。

精神科医ヴァン・デン・ベルクが「医者が関心をもつのは，体内のプロセス（肉体）です。それに比べて多くの心理学者の場合にはその人のこころのなかだけに興味があるようにみえます。そこで第三に現象学者ですが，彼はもちろ

〈参考資料〉

クライエントの体験世界の変容例（両義性）

0) クライエントの気持ち（体験世界）
　　　生きたい−死にたい
　　　幸福感−不幸
　　　満足感−不満
　　　感謝−妬み，恨み
　　　希望−絶望
　　　明るい−暗い
　　　安定（安心）−不安定（不安）
　　　楽観的−悲観的
1) 体験時間
　　　短い（早い）−長い（遅い）
　　　適度な忙しさ−多忙，暇
　　　　由来−今−将来　←→　過去−今−未来
2) 生活空間（体験空間）
　　　実生活空間−ICT 環境（バーチャル・リアリティ）
　　　広い−狭い
　　　開放的−閉鎖的
　　　自然環境−人工的環境
　　　落ち着く−落ち着かない
　　　快適−不快
3) 身体
　　　主体的身体−対他的（客体的）身体（メルロー＝ポンティ）
　　　健康−不健康（病気）
　　　快食，快便−過食，拒食
　　　生き生きとした魅力的な表情（笑顔）−生気のない病的な無表情
　　　自然−ぎこちない
　　　気楽−緊張
　　　素顔−仮面
　　　見る−見られる
　　　気になる−気にならない
　　　受容−拒否（アレルギー）
4) 対人関係

共にいる－いない

ほんとうの人間関係－よい人間関係

親しい－疎遠近い－遠い

好き－嫌い

気楽－苦手（対人恐怖）

信頼－不信，狂信

甘え（依存）－自立

関心（愛）－無関心（無視）

共存（協力）－支配，服従

あっさり－しつこい（ストーカー）

社交的－自閉的

受容的－排他的

攻撃的－防衛的（受け身）

思いやり－自己中心的

ウェット－ドライ

5）事物との関係

大切（宝物）－がらくた

便利品－邪魔物

嗜好品－嫌いなもの

必需品－不用品

金持ち，太っ腹－けち，節約

自然（山，森，野原，湖，川，海）－人工（TV，パソコン，携帯電話）

6）集団（組織）体験

グループへの適応－過剰適応，集団アレルギー（適応不全）

主体的参加－消極的参加－離脱，引きこもり

We feeling－疎外感（孤立感）

人間の中の組織－組織の中の人間（オーガニゼーション・マン）

リーダー－フォロアー

自由－不自由（束縛，拘束）

楽しい－楽しくない

7）役割行動（体験）

過剰適応－バランス－適応不全

役割演技（こなす）－役割採用－役割創造

充実感（達成感，使命感，やり甲斐）－荷が重い（ストレス）

7章　ICT社会の人間関係と心理臨床　　*205*

ん人間の世界に関心をむけます。」と述べているように，現象学的アプローチによる精神療法やカウンセリングは世界内存在であるクライエントの生きる世界（実存）に関わりその世界の再構築を目指す取り組みであり，世界療法，宇宙療法（ヴァン・デン・ベルク）と言ってもいいであろう。

　そこでクライエントの世界の変容を促す関わりについて具体的に考えてみよう。

　ヴァン・デン・ベルクは『現象学と精神医学』と題する講演の中で「患者の世界のなかで彼の神経症が展開し，そしてその世界のなかで彼の治療がおこる。精神療法は患者が他の人ともつ関係の変化と改善の中に生ずる―しかしその変化は事物のもとで生じるのである。」と述べているが，相談援助を必要としているクライエントの主訴の改善をめざした"介入（処遇）"とは，クライエントの病んだ世界，深刻な問題を抱えた苦悩の世界を共にし，クライエントの世界の変容をめざしてかかわっていくということであろう。

　相談援助のプロセスが開始されるやいなや，少なくともクライエントの生きる世界には，来談以前にはいなかった，援助者であるカウンセラー（またはワーカー）がいるという意味では，世界の変化が起こり始めており，カウンセリングのプロセスの中で専門職であるカウンセラーが"変化の仕掛け人"の役割を担う事ができるか否かが問われてこよう。

　その資質とは何であろうか？　その人にとって身の回りにいる重要な人物（家族，親友，恋人など）が意図的ではないが変化の仕掛け人になり得ることがしばしばおこっている。

　例えば以前アカデミー賞を取ったアメリカ映画にこんなストーリーがあった。「強迫神経症の中年の男Ｓ（小説家）が，ある女性Ｒとつきあっているうちに，玄関のカギを閉めたか何度も確かめるという強迫神経症の症状が消えていることに気づいた。またほぼ同じ時期に，その女性に恋していることにも気づいた。」（映画『恋愛小説家』）この事例の場合，この小説家Ｓにとって，Ｒは恋人であるばかりではなく，専門家ではないものの強迫神経症の治療者の役割も採っていたともいえよう。ＳはＲと付き合うようになってから，Ｓと世界との関係（志向性）が，明かに玄関のカギを閉めることから恋人Ｒへとシフトし，他者との関係もピリピリとした敏感で排他的な対人関係から，情緒豊かな対人関係へ

と変貌していったのである。精神科医斎藤学が『家族依存症』[1989] の中で，治療の際に心掛けていることとして「患者に惚れること」を挙げているが，相談援助者にとってRのような関わりが変化の仕掛け人として重要になってくることができよう。

　相談援助や精神療法の専門職としては，信頼できる魅力的な人柄，豊富な人生経験等の人間性に加え，患者やクライエントの生きる世界を共にし，その世界を頭だけでなく，身体でわかることができ，その世界の変化の仕掛け人としての技（身につけられた援助技術）を兼ね備えていることが求められるし，何よりも患者やクライエントに関心をもち，時にはさりげなく，時には身体を張って主体的に関わる姿勢とエネルギーも大切であろう。

　そこで，相談援助や精神療法の専門職の患者やクライエントとの関わりを問い直してみよう。

3）心理臨床の技法（面接技法）の考察

　具体的な面接技法としては次のような技法が挙げられる。

（1）基本的傾聴技法（励まし，言い換え，感情の反映，要約，質問など）

　クライエントの話を共感しながらじっくり傾聴し，主訴と呼ばれる話の内容やクライエント自身の気持ちや抱えている問題や課題を整理する。それまで誰にも話せず胸につかえた悩みを話せてすっきりとした表情になる（カタリシス：心の浄化）。孤独で不安だったクライエントが，支えられているという安心感につつまれる。

（2）情報提供

　例えば子どもの登校拒否などの家庭児童問題や老親の介護問題に突然直面し，どうしていいか分からず，あせって困惑しているクライエントに，専門の相談機関，医療機関，支援センター，通所施設などクライエントが活用可能な社会資源や利用の仕方に関する情報を提供する。情報提供を受けたクライエントは，社会資源を活用し落ち着いて問題に取り組めばいいんだと一息つくことができ，問題解決に向け具体的に行動できるようになる。

（3）指示

　問題解決に向けて具体的な行動の仕方を提示し，その実現を支援する。例え

ば，突然子どもが登校拒否して困っている過干渉気味の母親に対しては次のような指示が考えられる。「しばらくは学校に行けって言わないで，ゆっくり休ませて自由にさせてあげたらどうですか。それから，子どもが望まない限り，お母さんは子どもと顔を突き合わせて1日中一緒に家に居ない方がいいですよ。できるだけ趣味のお稽古事やパート勤務等の用事を作って外出してみて下さい」。この指示を母親が実行すると，登校拒否をして苦痛に満ちた子どもの世界が，母親の登校刺激のプレッシャーや監視の視線から自由になり，多少なりとも安息な時－空間を取り戻し，自身の問題と取り組めるようになる。

（4）フィードバック

前節で論じたように，自分のことは自分だけでは理解できない面もある。そうしたクライエントの姿が，援助者にどう写っているか，どのように見えているかを伝え，自己理解を援助する。仕事のやり過ぎに気づいていないクライエントに「随分疲れた顔をしてますよ」とフィードバックし，自己覚知（世界認識の歪みの是正）を促したり，「しばらく休養するか」と感じさせる（仕事への志向性が自身の心身の健康へとシフトされる）。

（5）リフレーミング

凝り固まった自身の価値観や準拠枠の下で悩んだり落ち込んでいるでいるクライエントに，異なった価値観や認知の枠組みを提示し，自己理解や世界認識の転換（体験の肯定的な意味付け）を図る。

例えば，過労が原因で怪我をし入院を余儀なくされ，仕事の続きができなくて後悔している患者に，「怪我をして良かったじゃないですか，怪我しなければ，過労死していたかもしれませんよ」とワーカーに言われ，怪我して自責の念にかられていた自身を「あんなに疲れてたんだからしかたがなかったんだ。怪我をしてかえって良かったんだ」と許容し，「この際休養するか」と後悔の念からも解放される。仕事が最優先，いつも多忙で元気が一番という価値観の下で生きていたクライエントが，ワーカーの問いかけで「健康が何より大切，仕事は二の次」という価値観に転換し，怪我の肯定的な意味に気づいたのである。

（6）解釈

無意識に行っている言動や，思い込みによって間違った世界認識に関し，新たな説明概念を提供し，これまでとは異なった自己理解や世界認識の促進を図

る。

　例えば，愛する思春期の男の子を「お母さんのことが大好きな無口な息子」と思い込んでいた母親（前節で取り上げた事例参照）に「お母さんが多弁で話させなくさせているのではないですか。」「お母さんのことが嫌いで避けているんじゃないですか」，「本当は自分の思いどおりにならなくなった息子さんのことを嫌いだと感じているのではないですか」と問いかけて，母親の自己理解や他者理解を援助することができた。

(7) 対決

　言行不一致，自己不一致，言葉の矛盾，行動の矛盾などを指摘し，直面するのを避けたり，棚に上げているクライエント自身の感情や問題との直面（対決）を促す。

　例えば，失恋を照れ笑いでごまかしているクライエントに「失恋して落胆しているはずなのに顔が笑ってますね」と落胆した自身の切ない感情に直面させ，きっぱりと恋人との別れを体験させるように援助する。しばらくしてもなお過去を引きずっていれば「きっぱりあきらめると言いながらまだ彼女の写真をもっていますね」と言行不一致を指摘する。そうしたカウンセラーの促しを通じ，クライエントは自身の感情や生きる世界を明かにし，次の恋愛に取り組めるようになった。なぜならば，それまで失恋した彼女だけで満ちていたクライエントの生きる世界に，彼女以外の魅力的な女性が住まうようになったからである。それまで避けてきた自身の感情や問題と直面するのは苦痛を伴うが，それを支え励ます援助者もその世界を共にすることで，クライエントの世界が変容して行く可能性が開かれるのである。

　これまで相談援助の技法によるクライエントの世界の変容について考察してきたが，次に筆者が実践した心理臨床（カウンセリング）の事例を通じて吟味していきたい。かなり以前の事例であるが，ICT社会の心理臨床のあり方を考察する際の参考として拙著の一部を掲載させていただいた。

3. ICT社会の心理臨床（カウンセリング）の事例を通じて
──アニメビデオやパソコンにのめり込んだ登校拒否児N君の事例──

　N君の事例は，かつて筆者が登校拒否文化医学研究所（高橋良臣主宰）のカウンセラーとして約1年間にわたりかかわったケースである。アニメビデオやパソコンへののめりこみ，不登校，対人不安，肉体的なコンプレックスなどの問題を克服して復学していったN君の世界の変化ならびにカウンセリングの過程を現象学的に明らかにしてゆきたい。

《事例1》─高校1年生N君

〈クライエント〉：高校1年生N君（初回面接時15歳）
〈主訴〉：登校拒否，アニメビデオ，パソコンへののめり込み，対人不安，肉体的コンプレックスなど
〈家族構成〉：父（48歳），母（44歳），祖母（父側73歳），Nの4人家族。家業は自営業，Nが小1の頃から都内で食糧品店を営む。昼間は母も店を手伝っている。
〈来談までの経過〉：
　東京のA区で生まれ，4歳の時，東京近郊のB市へ転居。昼間は両親不在のため主に祖母に育てられる。幼少のころは喘息もちで病弱，おとなしいいわゆる良い子として育つ。友人は比較的少なく，家の中での一人遊びが多かった。テレビ好きで特にウルトラマンなどのアニメが好きだった。小6の頃ビデオを買ってもらい何度も同じアニメを繰り返して見ていた。
　C中学入学後，卓球部に所属し，比較的元気に登校していたが，中学2年の5月頃，部活の友人との関係が悪化して退部。その頃親にパソコンを買ってもらい，プログラムを組んだり，コンピュータグラフィック画面を描くなど，毎日ほとんどパソコンと共に過ごした。その後中2の1月，進学塾に通い出した（親が強制的に行かせた）が20日間ぐらいで挫折。
　2月の学力テスト直後から中学を休みはじめ，中3の6月まで不登校が続く。その間，ほとんど自室に閉じこもりパソコンの前に座ってゲームを

したり，プログラムを作ったり，またアニメビデオを見たりして過ごした。中学校の担任のすすめで登校拒否児のための特別クラスのあるD中学へ転校。約10名の小人数のクラスへ時々（1カ月に2～3日程度）通ったがあまりなじめなかった。X年3月何とか同中学を卒業。担任に励まされ同年4月同市にある県立のE高校（定時制）へ入学。4月5日の入学式と翌日のオリエンテーションの2日間は登校したが3日目から不登校。ほぼ同時に4月中旬から昼間，Nの趣味のひとつであるアニメーション関係のF専門学校（授業は午前中3時間程度，週5日，1年制）に自らの希望で通い出す。F専門学校へは通学が1時間半かかるにもかかわらず無遅刻，無欠席で通学している。Nの趣味はアニメ，パソコン以外にはマンガ，SF小説等でかなりの凝り性（マニア）。これまで，中学2年の2月頃B市の教育相談所や近所の精神科へ母子共にでかけたことはあるが，継続的な治療やカウンセリングには至っていない。母の知人の紹介で来所。

1）面接過程

1回当たりの面接時間は毎回ほぼ50～60分である。約1年間の間に26回面接を実施したが，そのほとんどはN本人と行い，必要に応じて母親に話を聴いた。（2回，21回）

（初回（インテーク面接）～26回の各回毎の面接の概要は，拙著『IT時代の人間関係トメンタルヘルス・カウンセリング（増補版）』[小川，2018] 6章の85-98頁参照）

面接過程は概ね次の4期に大別可能と思われる。（# n は面接回数を表す）
○第1期：#1～#10／X年5月～8月上旬

リレーションづくりと問題の明確化が中心課題であった。〈#1〉（インテーク面接）Nの主な訴えは「年上の人なら平気なんだけど同年代の友達 [1歳上から1歳下まで] の前に出られない」，「太ってて足が短い自分の体型もいや」，「知らない人の前に出ると視界が白っぽくなって緊張してしまう。特に同年代の人がいや」，「それから両親ともうまくいっていない。母親は自分がそばにいて欲しいときにいてくれなかったことが不満だし，父親とも話ができなかった。

今でも父には面と向かってほとんど話せないんです」等。趣味はアニメの他に
TV ゲーム，パソコン，ビデオ編集，マンガ，SF 小説などに凝っており，「自
分の世界に入れるから」とその理由を説明した。

〈#2〉母親よりNの成育歴と来談までの経過を聴く。#3 ～ #10 において
はF専門学校に通うN自身の悩みや問題を明らかにし，その後の方向づけを模
索していった。その１つのきっかけとして夏休みにサマーキャンプ［高橋，
1988］への参加をすすめた。

○第2期：#11 ～ #17 ／ 8 月下旬～ 11 月

サマーキャンプ参加以降Nの世界が急激に変化しはじめ，さまざまな気づき
が起こった。そのNの気づきを概念化し，今後の課題を共に検討した。〈#11〉「テ
レビ，ビデオ，パソコンがくだらなく感じられアニメも感動がなくなった」。
〈#13〉髪の毛をバッサリと切ってパーマをかけた。迷ったあげく小学校の同
窓会に出席。「これからは過去を捨てて生きようと思う。昔に囚われていては
だめ」。〈#14〉「来年やはり高校を受験して，できれば大学まで行きたくなった」
などと将来の事に目が向けられるようになった。また「両親に対して悪かった
と思うようになった」と感情の変化を語る。F専門学校でも「友達の輪に入ろ
うと努力している。撮影実習は協力が大事だし，いやなことも逃げないでやり
たい。逃げると後悔するから」。〈#16〉かけられなかった電話がかけられるよ
うになった。また父親とも話せるようになった。「これまで相手と歩み寄るこ
とがなかったんですね」と親や友達との関わりを振り返る。〈#17〉「もうすぐ
12 月，今年は早かった。去年はとても長く感じたけど」とこの１年を振り返る。
また当面の課題としては，ダイエット，同年代の友人関係，高校進学の３つを
あげた。

○第3期：#18 ～ #23 ／ X 年 12 月～ X ＋1 年 3 月中旬

進路問題の検討と受験，およびNの出来心による金銭トラブルを伴った１
カ月半の面接中断（面接の継続危機）を経て，念願の全日制高校に合格するま
で。Nの不安定な精神状態を支え，共に進路を検討し受験へと導いた。〈#23〉
「G高校に合格しました」とNが顔をクシャクシャにして嬉しそう。「でも "や
っていけるかなあ" という不安もある」と言いながら入学を決意した模様。

○第4期：#24 ～ #26 ／ 3 月下旬～ 5 月

高校への再入学を前にして，同年代の学生との対人関係の不安，肥満や1年遅れていることによるコンプレックス等で気持ちが不安定になる。そうしたNの精神的バックアップと入学後のフォローアップを行い一応の終結をみた。

2) 考察

カウンセリング期間中に起こったNの世界の変化を簡単に整理しておきたい。概ね次の点が面接過程から認識されうる。

（1） アニメビデオ，パソコンなどICTにのめりこんで自室に閉じこもっていたNの生活世界が，F専門学校への通学，サマーキャンプへの参加などを通じ飛躍的な広がりをみせた。アニメ，パソコンなどがくだらなくさえ感じられるようになった。

（2） 過去への後悔から脱し将来のことを考えられるようになった。滞留していたNの時間が流れ出したといえる。

（3） 自分の身体を対他的身体，すなわち異物としかとらえられなかったNが生き生きと主体的に行動するようになり，肥満などの問題をあまり口にしなくなった。

（4） 両親や友人との関係が回復してきた。同年代の友人の前に出られなかったNの対人不安傾向も同窓会への出席，G高校への入学などにより克服されつつある。

このようなNの世界の変化，対人関係の回復に関してはカウンセリングのプロセスのみならず，F専門学校への通学，サマーキャンプへの参加などN君のグループ活動への参加が大きな役割を果していたことは言うまでもない。早坂［1979］も指摘しているように，対人関係の回復をめざすには，グループによる体験学習が不可欠であり，またその体験の概念化もきわめて重要である。そうした視点からいえば，Nにとっての対人関係の訓練の場（体験学習の場）としてはF専門学校やサマーキャンプなどがその役目を担っており，またそこでの体験を概念化したり，明確化したりする場として筆者とのカウンセリングが大きな意味を持っていたと考えることができよう。

このNの事例のように，対人不安を伴う青少年の心理臨床に関しては，個人カウンセリングだけでなく，状況に応じてグループアプローチの併用も効果

的であろう。今後さらに事例研究を積み重ねてゆく必要がある。

4. ICT 社会の人間関係とメンタルヘルスの向上を目指して

ICT 社会に生きる人々にとって，「ほんとうの人間関係」の実践やグループマネージメント能力の向上をめざすには，対人関係のグループ（IPR トレイニング）［早坂，1979］，アサーショントレーニング［平木，1993］，カウンセリング，日常生活における「愛の修練」［フロム／鈴木，1991］，などの体験学習が必要である。具体的には，頭でわかるだけでなく，以下のような人間関係の修練（体験学習）が，ネット依存，スマホ依存からの脱皮を目指す際に必要と思われる。

①他者の生きる世界（時間，空間，身体，事物，対人関係，職場，家庭，社会）の理解

②対話の精神（見る，話す，聴く，応える，共にいる）

③言葉にこめられた気持ちの理解（共感）と豊かな感情表出（言語化）

④アサーション能力の向上

⑤思いやりの精神（相手の気持ち，立場，自分との違いの理解。押しつけは禁物）

⑥お互い様の精神（誰もが心身の健康を損なうことがあり，お互いに苦しいときには支えあえるような関係になれる。また人間関係のトラブルは一方だけに非があることはほとんど無い。）

⑦お互いの長所を発見し認めあう。またお互いの短所を補い合い，「シェアード・リーダーシップ」［早坂，1994b］を実践する。

⑧どんな諍いも和解できるような基本的信頼関係の実現

⑨お互いに成長（変化）の可能性を信じる

⑩「よい人間関係」と「ほんとうの人間関係」のバランス

また，家庭，学校，職場，地域などのメンタルヘルスの予防，アセスメント，カウンセリング，調整，介入などに携わる援助者（精神科医やカウンセラーだけでなく，ソーシャルワーカー的な役割を担えるメンタルヘルスの専門家）の養成も急務であろう。

おわりに

　これまで，ICT 社会における相談援助の基礎である，クライエントの生きる世界の理解とその変容について方法論的な考察を試みるとともに，かつて筆者が担当した心理臨床の事例を通じ，ICT 社会のパソコン依存，不登校，引きこもりなどの人間関係とメンタルヘルスの問題を考察した。今後も，ICT の急速な普及の弊害，学校や家庭において深刻化する家庭児童問題，職場の人間関係とメンタルヘルスの諸問題について継続研究していきたいと思う。

[小川憲治]

〔参考文献〕

フロム，E.／鈴木晶（訳）1991　愛するということ　紀伊國屋書店，p.159.

早坂泰次郎　1979　人間関係の心理学　講談社現代新書

早坂泰次郎　1986　現象学をまなぶ　川島書店

早坂泰次郎　1991　人間関係学序説　川島書店

早坂泰次郎　1994a　〈関係性〉の人間学　川島書店

早坂泰次郎　1994b　心理学　新版看護学全書　メジカルフレンド社

平木典子 1993　アサーション・トレーニング　金子書房

小川憲治　1988　コンピュータ人間—その病理と克服　勁草書房

小川憲治　2002　IT 時代の人間関係とメンタルヘルス・カウンセリング　川島書店

斎藤学　1999 家族依存症　新潮文庫

高橋良臣　1988　登校拒否児の合宿治療　心理臨床，1 巻 4 号

ヴァン・デン・ベルク／早坂泰次郎・田中一彦（訳）1976　人間ひとりひとり　現代社

ヴァン・デン・ベルク＆早坂泰次郎　1982　現象学への招待　川島書店

第 Ⅲ 部

今 後 の 課 題

216　第Ⅲ部　今後の課題

　これまで第Ⅰ部では「ICT の急速な普及の功罪」，第Ⅱ部では「ICT 社会の人間関係と心理臨床」について，共同執筆者がそれぞれ考察してきたが，第Ⅲ部では，スマホ依存，ネット依存対策，電子メールや SNS を用いた相談の功罪と可能性などについて，執筆者各々が記した原稿を概観した後，「今後の課題」を取りまとめたいと思う。

A　スマホ依存，ネット依存対策についての今後の課題

1. 執筆者各々の考察

A-1 ──深澤　静

　スマホやパソコンの発展だけでなく，VR や AI などの登場で，より先進技術を体感することができるようになった。日常生活になくてはならないものとなり，その傾向はますます上昇していくことは確実だ。このような時代の変革期にある現在，われわれが行っていくべきことは仮想世界と現実世界の混同を防ぐことだろう。

　ゲームなどの娯楽に限らず，今では公的機関の手続きや引越しに伴う電気ガス水道の開閉，就職活動時のエントリーといった手続きがネット上でできてしまう。書類もダウンロードすれば取りに行かなくて済むし，提出だってデータでできてしまう。買い物だって一覧を見ながら選択していけば家に届くので，ネットにアクセスできる端末さえあれば，場所を選ばずになんでもできてしまう時代だ。日常生活の多くのことが仮想世界を通じて行うことができるため，現実世界で行ったことか，それとも仮想世界で行ったことなのか，区別がつきにくくなってしまう。自分はどこにいて，なにをしているのかがわからなくなり，自分を構成するものがなんなのか，見失ってしまう危険性がある。これは自我同一性を獲得していく 10 代にとって，こころの成長や発達を妨げる大きな要因となりうることだ。

　スマホなどの機器はこれからの生活に欠かせないものとなってくるため，大

幅に規制することは難しい。そのため，端末自体を「小学生モデル」「中学生モデル」など，発達段階にわけて安全に利用できる枠を作るのはどうだろう。利用時間限定やフィルタリングを標準機能に備えておくのだ。あとは，ネット内の仮想世界に表出してしまいがちなネガティブ感情を，適切な相手に，適切に表現できるように受容していく社会を形成していくことが重要だろう。また，仮想世界を過剰に快適にしないようなシステムも必要だ。課題は山積みだが，みんなで協力していける社会になっていくことを願うばかりである。

A-2 ──小澤エミ

〈予防的教育の拡充〉

　学校教育の中では，情報リテラシー教育は，年々重要視され，年間の学習の中に位置づいてきている。しかし，教育の機会がありながら，スマホが絡む多くの問題が起きていることは，教育の内容や時間が適切でないのかもしれない。今後さらに，子供たちへのリテラシー教育の在り方を検討していく必要がある。そして，なにはともあれ，スマホを与えるのは，親である。スマホは，子供たちが勝手に購入できる代物ではない。

　現時点での親たちは，大人になって携帯を持ったガラケー世代と高校生からスマホを使いこなすスマホ世代と幅広い。これは，スマホの利用方法からネット社会の理解と利用法といった基本的なこともわからない親もいれば，スマホのあらゆる機能を使いこなしている親もいるということだ。親自身が子供たちが利用するスマホについて，正しい知識を持つことは基本的なことである。また，カウンセリングの過程で感じることは，家庭内のルール作りができない親が多いことだ。家庭の状況はさまざまであり，一様のルールを作ることは難しいとしても，子供とのやり取りの中で，どうやってルールを作っていくかというスキルを学ぶことは可能であろう。

　親たちが，子供たちに対して，自信をもって家庭内のルール作りをしていけるようにすることは大切なことである。親自身のスマホとの付き合い方をはじめ，家族の中でのスマホの利用について，赤ちゃん誕生前の親教室から話題に

していくなど，段階的に計画的に親教育を進めるといった，子どもたちが，実際にスマホを手にする以前からの親への働きかけが重要なのではないか。また，スマホとの物理的関係についてレクチャーする一方で，心理的関係についてのフォローも必須である。なぜ，そこまで使ってしまうのか，そこにどんな意味があるのかなど，心理的側面を語れるような機会も必要である。今を生きる子供たちや子育て中の親にとって，現代は悩み多き時代なのである。

A-3 ── 織田孝裕

　教室内ではFTF（Face To Face）コミュニケーションと，SNSコミュニケーションによる同時進行が人間関係に起きていて，表と裏，言い換えると表舞台と楽屋裏の会話がハッキリと，しかもより強く存在することになっているのだ。

　いつものメンバー「イツメン」に代表される固定化して限られた狭い人間関係と，セリフや配役を必要としない流動的な人間関係のダブルスタンダード（二重基準）によって，児童・生徒は確実に人間に対して不安と不信を募らせてしまう。児童・生徒のセンシィビィリティ（sensibility）は高まる一方であり，他者や社会へのコミットメントを行わなくなることである。

　またICT社会における課題点の1つは，時間意識の変化であろう。

　シュトラウスは時間について3つの概念に分類した［Straus, 1960］。

　それは，①時計時間，②世界時間，③自己時間である。

　時計時間とは原子の固有共鳴周波数を基準にした精密な時計のことである。

　世界時間とは反省と分析によって対象化させる体験時間である。

　自己時間とは主観的だが自己実現と自己充足に満された，決して対象化させることのない時間である。

　②③は体験時間として捉えることができる。

　ところがインターネットやスマートフォンによる人間関係においては，常時接続の状態にあり，他者との同期性が高まっている。これはユング［Jung, 1976］が提唱した共時性（synchronicity），つまり「意味のある偶然の一致」

とは異なる状態に注意を要する。

また，かかるICTの嗜癖性の高さはICT利用者を没我にさせるので，時間は利用者にとって早く過ぎ去ることになる。

シュトラウスの見解に従えば，ICTによる人間関係やコミュニケーションでは，身体を介在させた自己実現と自己充足に満たされた自己時間を過ごすことはできない。これは言ってみれば④「仮死時間（a syncopic time）」を過ごすことになる。

さすればICT社会においては，雄大豊潤な時間を利用者は感じることが少ないかもしれない。

〔文献〕

Straus, E. 1960 *Psychologie der Menshlichen Welt.* Gesammelte Schriften.
ユング，C. G.／河合隼雄（訳）1976　自然現象と心の構造—非因果的連関の原理—　海鳴社

A-4 ──水戸部賀津子

筆者は本文の中で「山彦」の彼女Bが「筋金入りの失感情（言語化）症」と描写した。Bを含め多くの若者たちのコミュニケーションがLINEなどのSNS中心になってきている現状は，若者たちの感情表現の語彙力貧困化を促進すると同時に日本語表現力や読解力も急速に貧困化させ，日本語や日本人特有の多彩で繊細な感情表現や感性豊かな洞察力も急速に衰退させていくのではないかと危惧する。こういった流れを食い止めることは困難としても，どうにかして多くの人々とこの問題を共有し，若者たちがSNSでの文字による感情表現，感情伝達の危険性と重要性を理解していくような啓蒙活動を行うことを今後の課題としたい。

矢野［2017］は「LINE的世界」として「いったんLINEを始めると，片時もスマホを手放せない，それなくしては自分そのものの存在をしっかり感じられない」，「"既読スルー"を避けようと相手の言葉に即座に反応しようとするのは相手に対する気遣いではない」，「"グループ外し"が，排除したい"敵"

をやりこめるための効果的な手段だと考える」と述べ，LINE に依存する若者たちの日本語力に加え存在力や関係力といったものの弱体化を指摘している。

発信側が受信側の感情に配慮なく送信された言葉は，実際にさまざまな感情を伴って受け取られていることに発信側は関心がない場合が多い。そういった「LINE 的世界」で簡便に気安く使われる言葉の多くは，受信する他者の存在に対する感性が欠如し，一人語りや過激な表現になりやすい。

臨床家は，若者の生きる「世界」を知るためにまずは外国語を学ぶような気持で LINE や Twitter の「世界」に入り，それに巻き込まれることなく「世界」を体感し分析する必要があるだろう。この「世界」の中でどのような言葉が人をつなぎ分断するのかをクライエントと共有していくことで，クライエントが見出すべき言葉と臨床家が次に発するべき言葉を共に探求する態度を持っていくことは臨床家の課題と考える。

〔文献〕
矢野耕平　2017　LINE で子どもがバカになる「日本語」大崩壊　講談社 α 新書，p.81.

A-5 ── 安宅勝弘

韓国や日本でも実施されているネット依存治療キャンプでは，メンターの存在がその治療効果に大きく関係するという。依存の予防対策においても，これに準じた「人との関わりが重要な役割を果たすとすれば，自殺予防対策におけるゲートキーパーの仕組みが参考になると思われる。スマホ依存，ネット依存が若年層に多くみられることから，ゲートキーパーの養成は教育現場，とくに高等学校，大学において積極的に行い，そこにはピアサポートの視点が加えられるべきだろう。依存予防対策プログラム自体は，義務教育課程の小学校，中学校それぞれ一定の学年において，ワークショップ形式の授業として実施されるといいのではないだろうか。

広く実施される依存予防対策のプログラムの開発には，各専門領域における知見の集積と検証，さらに実施に係る専用の ICT 技術の開発も必要となるかも知れない。これらには相当のコストがかかるだろうが，その経済的・技術的

な面について，例えば大きな利潤を上げているICT関連企業にその社会的責任（CSR）として協力を要請することも考えられる。いずれにしてもスマホ依存，ネット依存対策の重要性は，これが一部のハイリスク者を対象にするのではなく，教育上広く行わなければならないという点にあることが強く認識され，国の教育政策の一つとして推し進められる必要があるだろう。

A-6 ── 高橋良臣

　不登校や引きこもりの子供たちの多くは，対人関係において，生きて実在している人間との対面なしに情報を獲得しようとしている。情報源は，スマホという器具や道具であり，ネットという通信手段である。彼らの多くは，人前では音声言語を使うことに委縮しているからスマホ依存になるし，ネット依存になる。

　確かに相手と視線を合わせずに文字の遣り取りだけならできる。文字を音声言語化することは，感情表現には必要である。感情抜きにされた場合，「バカ，死ね」と言う言葉は文字として用いられてしまう。

　これはあまりにも衝動的すぎる言葉であるが，機械や器具や通信手段を，人間関係を介在しない便利手段として用いている人々には，ストレス発散には都合が良い。残念なことに，このストレス発散は良質な発散とはならない。永遠にくすぶり続ける泥流のようなストレスをため込むだけだ。

　人間には身近に別の生活を共有している者がいるはずだ。そういう人間が，相手が受け入れられる音声言語を用いて，対話することが今後の課題になる。みんなが持っているから子供にも使わせるのではなく，スマホを何に使うか，ネットをどう利用するかの言葉を交わしてほしい。

　生活を共有するためには，生活の中に人間の感性を豊かにする環境が必要である。そのような環境に興味や関心が向かない人間が増えている。人間の感性の閾値が狭隘になっている。これはもしかしたらスマホ依存やネット依存の結果かもしれない。

　爽やかな風を爽やかであると感じられる感性が欠如している。清々しい青空

を清々しいと感じられる感性も失われている可能性が高い。森林の中に入ってスッキリした気分になる感性も欠落している可能性がある。

　生活の偏りによって失われた感性の回復が，今後の大きな課題である。この感性は人間が持って生まれた感性であるから，回復は可能である。しかし，スマホやネットに依存しなければならないモヤモヤ感をしのぐ爽快感を求めようという意欲の回復が今後の課題である。

A-7 ──田中ひな子

　スマホ依存とネット依存の対策については，それをアディクションと捉えることにより，アルコールや薬物，ギャンブル依存の臨床現場において培われた援助方法を応用することができる。

　まず第一は，家族に対する支援の充実である。アディクションの当事者は，スマホやネットに依存しているので，依存対象を手放す（もしくは使用を減らす）ことに不安や恐怖がある。そのために，このままで良いと思っていなくても，変化を求めて自発的に来談することが困難なケースが多い。その場合，周囲で心配して困っている人，すなわち家族が来談することが解決のきっかけとなる。家族がこの問題に関する知識を得て，日常の言葉かけやこづかいの与え方，経済的分担，家事の役割分担など，コミュニケーションや距離の取り方を変えていくことで，当事者が変化し，来談など解決に向けて行動を始める。例えば，筆者の勤務する私設相談機関では，家族のためのカウンセリングに加えて，アディクション問題や家族関係に関する教育プログラムと家族グループを行っている。

　当事者への援助としては，カウンセリングやキャンプなどに加えて，自助グループの拡充が挙げられる。現在，アルコール問題をはじめとして，薬物依存，摂食障害，ギャンブル依存，盗癖，借金など多くの自助グループが活動している。そこでは回復を目指す人たちが集まって定期的にミーティングを行っている。自助グループは，当事者によって運営されており，専門家（カウンセラーや医師など）はいない。誰でも参加できて，献金で運営されており費用もあま

りかからない。同じ悩みを持つ仲間の話を聞くことができて誰からも否定されずに正直に語る場があるということは，回復のための希望と勇気を与えてくれる。アディクションは，一旦，問題がおさまっても，小さなぶり返しや再発の恐れがある。生きていれば，苦労や苦難は生じるものであり，生きづらさや孤立感が再発の契機となりやすい。自助グループに通い続けることが，良い状態を維持する大きなサポートとなる。

　さまざまなアディクションのうち，経済力がなく，飲酒が禁じられている児童や青少年においては，スマホやネットは最も手軽な依存対象である。児童や青少年のスマホ依存やネット依存の予防や回復のためには，ICT リテラシー教育や自然に触れるリアルな体験の充実が必要である。それに加えて，対人関係の充実，すなわち，困りごとや悩みが生じた時に相談できるようなコミュニケーション能力と人間関係を常日頃から育むことが肝要である。そのために，学校教育においては仲間同士で支え合うピア・サポート活動の導入が期待される。ピア・サポート活動を通じて，他者への共感性を培ったり，思いやりを行動で示したりする方法を学ぶことが役立つことだろう。

◇

A-8 ——宮城まり子

　最近増えてきている相談は，コミュニケーションに端を発する人間関係や業務遂行に関する問題である。これまでも人間関係は代表的なカウンセリングのテーマだが，その根本的問題が ICT 化されたコミュニケーションに原因が考えられる事例が増加している傾向がある。現代は職場の人々が「インターネットでは繋がっているが，心が繋がっていない」実態があるからである。

　何であれ仕事は，職場のチームワーク・相互の連携・助け合いなしには遂行されない。顔を合わせ，意見を交換し合い一緒に考えることから新しい多様なアイディアも生まれる。上司・部下も相手の反応・表情を認識し，相手に合わせて柔軟に言葉を選びながら話し合うプロセスの中で，相互の関係性は深化し相互理解は深まっていく。

　ネットに依存するだけでは，よいコミュニケーターになれずヒューマンスキ

ルに長けた人にはなれない。状況や内容によって臨機応変にコミュニケーション方法を選別できる「コミュニケーションセンスが大切である。効果的に思いや気持ちを交換できる方法は何か，その見極めと使い分けがうまくできる人がよいコミュニケーターである。管理職には特にこの能力が求められる。関心をもって部下をよく観察し，自分から声を積極的にかけ，相手が話したら自分は聴く側に回る。顔を見ながら傾聴に徹し，まず相手を正しく理解することから真のコミュニケーションは始まる。

組織のリーダーに求められる能力は単に業績を上げるだけではない。むしろ，人々が心身ともに健康で自律的に働き内的に動機づけられる職場づくりをすることである。その結果として組織の発展はあるからである。

A-9 ── 中村幸夫

小川憲治『「コンピュータ人間」─その病理と克服』(1988年) が書かれてから既に30年の時が経っているが，その当時の課題の8割，9割は，今も深刻な問題として現実に存在し本質的にはほとんど変わらず，ICT社会を牽引するIT技術者においても，心の問題と社会性との関係は，相変わらず鬩ぎ合っているのである。加えて通信技術の発展に伴うコミュニケーション手段の多様化がさらに問題を複雑にしている。情報量の多さに戸惑い，二重三重の情報経路が既存問題をさらに分かり辛くしている。コミュニケーションの基本である「挨拶」をすることにさえ，時には勇気が必要であると感じてしまっている状況である。

今後もAIやIoT，ビッグデータなど，さらなる技術革新による働き方の多様化含め，人間関係の希薄化への対応を余儀なくされていくのであろうが，優秀なエンジニアである前にひとりの健全な人間であることを忘れてはならない。

ICT企業にとっては，ICTの技術的なスキル教育はもちろんのこと，同時に，人間性の維持・成長・回復といった本質的な教育がさらに重要であり，傾聴を基本としたコミュニケーション研修や，健全にパフォーマンスを発揮するためのメンタルヘルスケア研修などの教育の必要性を人事部門と現場が一体となっ

て理解しつつ，粘り強く計画的・継続的に推進・実施していくことが課題への対応として，むしろ近道であると感じる。

A-10 ──小川憲治

　ネット依存，スマホ依存，SNSによるコミュニケーションなどからの脱皮を目指す上で，その必要性を実感できるような，例えば「IPRトレイニング」（日本IPR研究会）などのFTF（face to face）コミュニケーションの重要性を再認識できるような集中的なグループ討議・体験学習の場や，日常のICT環境とは異なる豊かな自然環境の中での共同生活をする合宿治療（高橋良臣）など，これまでの日常生活を問い直し，その本来のあり方を考察する機会を設けることが有用と思われる。非日常的な環境である，濃密なグループ討議や，ICTによるネット環境やバーチャルリアリティの対極にある自然環境（例えば森林浴，美しい湖の湖畔，エメラルド色のビーチサイドなど）に身をおくことにより，ICT依存やスマホ依存の日常生活の異常さや問題点が明らかになるのではないだろうか。

　ICT企業などが四国の徳島などで試行的に実践している，自然環境の中でのサテライトオフィスでのリモートワークなどは，ICT環境と自然環境を融合させた，ワーク・ライフバランスの実現をめざしたその一例といえよう。またICT環境の整ったストレスフルな都会のオフィスビルでも，働く職員達のストレス軽減のための職場環境の整備（例えば観葉植物の配置や，カフェやフィットネスジムなどのリフレッシュルームの設置）が行われているが，それらもそうした試みの一環と思われる。職場だけではなく，学校，家庭，地域においても，子どもたちが，ガーデニング，野菜作り，野外キャンプなどにより，ICT環境とは対極にある自然環境と融合した，バランスの取れた日常生活を営める試みや体験学習を広めていく必要があろう。

226　第Ⅲ部　今後の課題

2. スマホ依存，ネット依存対策についての今後の課題

1）スクールカウンセラー，学生相談員の立場から

①　SC・臨床心理士の深澤が A-1 で指摘しているように，発達段階に応じた「小学生モデル」，「中学生モデル」などのフィルタリングや利用時間の限定や，（バーチャルな）仮想世界と現実世界の混同を防ぐ試み，仮想世界を過剰に快適にしないようなシステムなどが必要である。またネガティブな感情を，（安易に SNS でネットに書き込むのではなく），適切な相手に，適切に表現できるような社会を形成していくことも重要である。

②　SC・臨床心理士の小澤が A-2 でスマホ依存，ネット依存対策について，「予防的教育の拡充」を提唱しているが，情報（ICT）リテラシー教育の充実，子どもにスマホを与える親たちが，自信を持って家庭内のスマホ利用のルール作りを子供と一緒にしていけるような親教育も必要である。また親子に対し，なぜそこまで使ってしまうのか？そこにどんな意味があるのか？など心理的な側面からのフォローも必要である。

③　SC・臨床心理士の織田が A-3 で，教室内では FTF と SNS のコミュニケーションによる同時進行が児童・生徒たちの人間関係におきており，表と裏の会話が強く存在するので，人間に対して不安と不信を募らせ，敏感になり，他者へのコミットメントが行われにくくなると，小学校，中学校の実情を分析しており，また自己実現と自己充足に満たされた体験時間の模索が今後の課題としている。

④　青年期の臨床心理士の水戸部が A-4 で，近年の若者たちのコミュニケーションが LINE などの SNS 中心になっている現状を「筋金入りの失感情症」と描写し，それが日本語表現力や読解力の貧困化，日本語特有の多彩で繊細な感情表現や感性豊かな洞察力を減衰させているのではと危惧しており，矢野耕平『LINE で子どもがバカになる「日本語」大崩壊』（講談社 α 新書，2017）から下記を引用し今後の課題としている。

〈発信側が受信側の感情に配慮なく送信された言葉は，（受信者には）実際にさまざまな感情を伴って受け取られていることに関心がない場合が多い。そういった「LINE 的世界」で簡便に気安く使われる言葉の多くは，受信する他

者の存在に対する感性が欠如し，一人語りや過激な表現になりやすい。」，「臨床家は，若者の生きる「世界」を知るためにはまず外国語を学ぶような気持ちで LINE や Twitter の「世界」に入り，それに巻き込まれることなく「世界」を体感し分析する必要があるだろう。〉

2) 精神科医，不登校臨床，嗜癖臨床の立場から

⑤　精神科医の安宅は A-5 で，韓国や日本で実施されているネット依存治療キャンプで「メンターの存在がその治療効果に大きく関係しており，依存の予防対策にも，人との関わりが重要な役割を果たすとすれば，自殺予防対策における"ゲートキーパー"の仕組みが参考になると思われる」と述べており，ICT を活用した依存予防対策プログラムの開発が今後の課題と提言している。

⑥　不登校・引きこもりの臨床心理士の高橋は A-6 で，「不登校や引きこもりの子どもたちの多くは，他者と対面せずに情報を得ようとし，言語による対話をすることに萎縮しているので，スマホ依存，ネット依存になりやすい。人間の感性を豊かにできる自然環境などの中で，共同生活している他者とのかかわりを通じ，音声言語による対話をしていけるようになることが今後の課題である。

そのためには「スマホやネットに依存しなければならないモヤモヤ感をしのぐ爽快感を求めようという意欲の回復が課題である」と自然環境の中での共同生活を奨めている。

⑦　嗜癖臨床・臨床心理士の田中は A-7 で，これまでのアディクション対策の中で培った経験から，スマホ依存，ネット依存の当事者だけではなく，家族への支援の充実も必要であり，カウンセリングやキャンプに加え，自助グループの充実や ICT リテラシー教育，ピアサポート活動の必要性を提言している。

3) 産業カウンセラー，臨床心理士の立場から

⑧　産業カウンセリング，キャリア心理学専攻の臨床心理士の宮城は A-8 で，ICT 環境の職場では「人々がインターネットでは繋がっているが，心が繋がっていない実態がある」ので，対人関係の資質の向上が今後の課題でり，また管理職には，関心をもって部下を観察し，顔を見ながら傾聴に徹し，よい

コミュニケーターとして，心身ともに健康で自律的に働き内的に動機づけられる職場つくりをと主張している。

　⑨　またIT企業勤務の産業カウンセラーの中村がA-9で，ICTの発展にともなうコミュニケーションの多様化が問題を複雑にしているなかで，IT技術者の対人コミュニケーションの資質やメンタルヘルスの向上が急務であり，そのための研修の充実が必要であると提言している。

　⑩　臨床社会心理学，人間関係学専攻の臨床心理士の小川はA-10で，ネット依存，スマホ依存，SNS依存などからの脱皮を目指すには，ICT環境の対極にある自然環境の中での，グループワークの実践や，地方におけるサテライトオフィスなどの自然環境とICT環境を融合させた職場環境づくりなどが今後の課題であると提言している。

4）スマホ依存，ネット依存対策についての今後の課題

　各執筆者から寄せられた提言は，（1）仮想世界（バーチャル）と現実世界の人間関係，（2）ICT社会におけるSNSとFTFコミュニケーション，（3）依存を克服するためのリテラシー教育やさまざまな政策の必要性，という3つのテーマにおおよそ分けられよう。

（1）仮想（バーチャル）世界における人間関係とその特徴

　インターネットやゲームなどのバーチャルな世界（仮想世界）に埋没した人々の生きる世界と現実世界の人間関係について考えてみよう。

　水戸部は「若者たちの感情表現の語彙力貧困化を促進すると同時に日本語表現力や読解力も急速に貧困化させ，日本語や日本人特有の多彩で繊細な感情表現や感性豊かな洞察力も急速に衰退させていくのではないかと危惧」する。

　仮想世界に生きることが主たる生活構成になっている若者とのやり取りを通じて，「筋金入りの失感情言語症」と水戸部は描写する。これを高橋は「爽やかな風を爽やかであると感じられる感性が欠如している。清々しい青空を清々しいと感じられる感性も失われている可能性が高い。森林の中に入ってスッキリした気分になる感性も欠落している」と表現している。

　こうした傾向がICTに依存する若者特有の有り体になっているのか，ICTを多用する日本人全般にも当てはまるのか，ライフステージ別に検証された報

告はまだ見受けられない。しかしながら ICT に囲まれる生活では，世界を五感全体で捉える力が弱まっていくことを両者は示唆している。

　また田中は依存当事者というハイリスク群に対する援助活動を通じて，「スマホ依存とネット依存もアディクションの一種なので，アルコールや薬物，ギャンブル依存の臨床現場から生まれたアディクション・アプローチを援用できる」と提案した。そして「依存対象を手放す（もしくは使用を減らす）ことに不安や恐怖がある。そのために，このままで良いとまでは思っていなくても，変化のために自発的に来談することが困難なケースも多い」とスマホ依存，ネット依存に陥る当事者の心理と，対応の難しさについて言及している。

　高橋は「機械や器具や通信手段を，人間関係を介在しない便利手段として用いている人々には，ストレス発散には都合が良い」と解釈し，結局のところ，高橋の表現では『残念なことに，このストレス発散は良質な発散とはならない。永遠にくすぶり続ける泥流のようなストレスをため込むだけ』という状況に陥ることになりかねないが，ICT 環境など生活の偏りにより失われた感性を呼び戻すような，自然環境での共同合宿生活などによる対人関係の体験学習の試みが求められよう。

(2) ICT 社会における対人関係とコミュニケーションの問題

　中学校の SC の織田はスマホ依存やネット依存の前提として，「教室内ではFTF（Face To Face）コミュニケーションと，SNS コミュニケーションによる同時進行が人間関係に起きている」危惧を報告する。「限られた狭い人間関係と，流動的な人間関係のダブルスタンダード（二重基準）によって，児童・生徒は確実に人間に対して不安と不信を募らせてしまう」子どもの生活状況を示唆した。また ICT に拘束された自己充足，自己実現を伴わない時間を仮死時間（a syncopic time）として織田は問題点を提案している。

　こうした状況を産業カウンセラーの中村は「通信技術の発展に伴うコミュニケーション手段の多様化がさらに問題を複雑にしている。情報量の多さに戸惑い，二重三重の情報経路が既存問題をさらに分かり辛くしている。コミュニケーションの基本である「挨拶」をすることにさえ，時には勇気が必要であると感じてしまっている状況である」と指摘している。

　また宮城は「ネットに依存するだけでは，よいコミュニケーター，ヒューマ

ンスキルに長けているとは決して言えない。状況や内容によって臨機応変にコミュニケーション方法を選別できる"コミュニケーションセンス"が大切である」旨を説いている。人間は多くのコミュニケーションチャンネルを備えていて，「効果的に思いや気持ちを交換できる方法は何か，その見極めと使い分けがうまくできる人がよいコミュニケーターである」と宮城は説く。

そのために中村は「IT 企業にとっては，ICT の技術的なスキル教育はもちろんのこと，（略）傾聴を基本としたコミュニケーション研修や，健全にパフォーマンスを発揮するためのメンタルヘルスケア研修」などを人事部門と現場が一体となって進めていくことを提言している。

(3) 依存を克服するためのリテラシー教育やさまざまな政策の必要性

安宅は「大きな利潤を上げている ICT 関連企業にその社会的責任（CSR）として協力を要請すること」と「国の教育政策の1つとして推し進められる必要性」を対策として提言している。

具体的に深澤は「端末自体を"小学生モデル""中学生モデル"など，発達段階にわけて安全に利用できる枠を作る」，「利用時間限定やフィルタリングを標準機能に備えておく」という堅実な枠や限界線を大人がしっかりと設定することを提唱する。これらは CRS として ICT 関係業界の協力だけでなく，教員と保護者との連携や協働関係が前提となる。

そこで小澤は「親自身のスマホとの付き合い方をはじめ，家族の中でのスマホの利用について，赤ちゃん誕生前の親教室から話題にしていくなど，段階的に計画的に親教育を進める」といった家庭教育における重要性を指摘する。すなわち子どもが社会人になる前に家庭でリテラシー教育を実施し，課題点を未然に防ぐアプローチである。夫婦に子どもができてから，子育ての中に ICT リテラシーが必修科目として認識されるべきなのであろう。

こうしたベースが家庭にないと，ICT 機器の取り扱いについて，教員と保護者との連携や協力関係は難しいからである。

さらに安宅は「人との関わりが重要な役割を果たすとすれば，自殺予防対策におけるゲートキーパーの仕組みが参考になると思われる」旨を提案し，厚生労働省が提唱するゲートキーパー的存在がネット・スマホ依存対応においても家庭や学校をサポートする必要性を示唆している。

最後に，こうした実情を踏まえ，小川はグループの力を利用したグループアプローチの重要性を提起する。例えば「"IPR トレイニング"（日本 IPR 研究会）などの FTF（face to face）コミュニケーションの重要性を再認識できるような集中的なグループ討議・体験学習」の場面あるいは「日常の ICT 環境とは異なる豊かな自然環境の中での共同生活をする合宿治療（高橋良臣）など，これまでの日常生活を問い直し，その本来のあり方を考察する機会」へわれわれ人間がつながることを推奨している。

また田中も「仲間同士で支え合うピア・サポート活動の導入」を期待する。その効果としては「ピア・サポート活動を通じて，他者への共感性を培ったり，思いやりを行動で示したりする方法を学ぶことが役立つからである」と説いており，グループアプローチが１つのキーポイントになると言えよう。

5）おわりに

発達段階に応じたフィルタリングや情報（ICT）リテラシー教育の必要性，自己実現と自己充足に満たされた体験時間の模索，対人関係を営む資質やコミュニケーションスキルの向上，感情表現や共感力，言語表現力の向上を目指した心理臨床・ガイダンスの実践，依存予防・対策プログラムの策定などが今後の課題となろう。

状況に応じて，個人カウンセリングだけではなく，自然環境の中での共同生活：合宿治療（高橋良臣）や，人間本来の相互身体的関係（FTF コミュニケーション）を体験学習する IPR トレイニング（早坂泰次郎）などのグループアプローチの併用が効果的である。また家族支援，教育現場へのサポート，自助グループやピアサポート活動の推進も必要であろう。

[小川憲治・織田孝裕]

B．LINE など SNS を用いた相談の功罪と今後の可能性

1. 執筆者各々の考察

B-1 ──織田孝裕

　フェイストゥフェイス（FTF）を基本とする心理面接においては，SNS 等はサポートツールとして，有用である。面接設定や予約枠の変更・修正など，クライアントに余計な不安や不信を与えずに柔軟に調整できるメリットはある。とりわけ生活場面面接やアウトリーチ・訪問を行う援助者にとって，SNS の活用はクライアントにきめ細かなサービスを提供できるメリットがある。

　今後の可能性としては，相談や関係性の端緒・入口としての ICT は多くのツールが開発されることでクライアントや利用者にとって影響を持つのではないだろうか。

　Skype やロボットメディアのバリエーションも参入する可能性は高い。

　たとえばカウンセリングへのアンドロイドの利用をかねてから目指していた石黒の研究［松本ら，2011］がある。石黒は実在人間の遠隔操作型アンドロイド「ジェミノイド」を通じて「イメージ」をキーワードにアンドロイドを媒介とした他者との関わりを目指している。そして 2015 年に「自然な対話が可能な自律対話型アンドロイド ERICA（エリカ）」を開発した［石黒，2015］。

　こうしたロボットメディアが今後一般受けするかどうかはわからないが，少なくともわれわれ援助者は，相談・支援の入り口としての有用性を指摘したい。

〔文献〕

松本吉央・吉川雅博・住谷昌彦・石黒浩　2011　"良い聞き手"を目指した人に同調するアンドロイド」日本ロボット学会誌，vol.29, no.10, 879-882.

京都大学 H.P. 産学連携：石黒浩　研究基盤としての ERICA（エリカ）を開発
　　http://www.kyoto-u.ac.jp/ja/research/research_results/2015/150803_1.html
　　（2018/3/25 アクセス）

カプラン, F. ／西垣通（監修）2011　ロボットは友だちになれるか──日本人と機械の不

思議な関係——NTT出版

◇

B-2 ——高橋良臣

　LINEなどのSNSは対人恐怖や視線恐怖がある人々にとっては，最初の相談の入り口としてはとても良い手段である。しかし，対人恐怖や視線恐怖に関するケアやキュアがなされないままに，いつまでもSNSだけの遣り取りだけでは，相談の深みに入り込むことは困難になる。深みとは，心理的な情緒の深みである。

　LINEなどのSNSを相談の手始めとして，本来の対面による面接にまで持ち込めるように工夫しなければならない。そのためには，相談業務でかかわろうという人間は，文章表現能力を豊富に持っていなければならない。SNSだけの遣り取りだと，技術的な解決とか，手続き的な解決に終始してしまう可能性がある。

　少なくても心理相談においては，心の重圧から解放や，その人が抱えている情緒の偏りに寄り添い，その人が困難を乗り越えていけるようにすることが大切である。LINEにしてもそのほかのSNSにしても，誰でも繋がることはできるが，そこに悪意がある人間を排除する機能がないのは，今後の課題になる。

B-3 ——田中ひな子

　従来，引きこもりの人や来談する時間的余裕のない人，予約不要なので緊急性が高い場合，顔が見えない，匿名性が高いことを望む場合などは，電話相談が役立ってきた。しかし，電話相談すら難しい場合もあるだろう。例えば，電話が苦手である，昼夜逆転や勤務時間の都合で電話相談の受付時間内に電話ができない，電話をしても通話中でつながらない，話すことが苦手，話している声を人に聞かれたくない，電話料金が負担である場合などが考えられる。こうした人たちにとって，SNSを用いることによって相談が可能となるかもしれ

ない。また，来談や電話相談ができないわけではないが，SNSによるコミュニケーションの方が得意，または好む場合もあろう。一方，相談員は対面相談が得意でSNSによるコミュニケーションに慣れておらず苦手な場合が多い。まずは，相談員のSNSのリテラシーやコミュニケーション能力の向上が必要である。SNSにおける絵文字やスタンプは言葉にしづらい感情などを伝える貴重なツールとなるかもしれない。

　どのような事象にも光と影があるように，援助することはクライエントをエンパワメントすると同時に依存させることで，本来クライエントが発揮できるはずの可能性や力を奪う恐れもないわけではない。SNSによる相談ができるために，対面による新たな出会いを求める必要を感じなくなる危険性もあるだろう。したがって，相談員がクライエントの状態を的確に把握して，SNSによる相談から来談を勧めるタイミングを見極める必要があるだろう。問題が解決して相談が不要となる状態を目指してカウンセリングを行うのは，対面でもSNSでも大差はないはずである。

B-4 ── 小澤エミ

　面と向かって話をすることはもとより，電話をすること，電話に出ることに抵抗を持つ若者は，以前よりずっと増えているように感ずる。スマホの保有率は高くても，電話をすることが主たる目的である高校生は珍しいであろう。それだけに，SNSを用いた相談は，気持ちを受け止める大切なツールの1つである。また，今後，「LINEに登録している人は定期的にこちらからのメッセージを連絡できる」など，自殺予防などへの積極的なアプローチの手段にもなっていく可能性がある。「自分から相談に行けない人」が相談するきっかけづくりとしても，今後発展できるかもしれない。他方，相談を受ける側にとっては，情報が「文字」だけに限られる。電話での「声」は，相手を感じる重要な情報であるが，SNS相談は，その「声」すらない。電話以上に情報が「文字」だけに限られてしまう。SNS相談が必須の時代となったからこそ，早急に受け手の育成は必要であるし，チームとしてサポートし合い，スーパーバイズが

保障されるようなシステムの構築は急務である。

B-5 ──安宅勝弘

　SNSを用いた相談は，対面や電話での相談に比べ，利用者にとって敷居が低いというメリットがあるだろう。とくに引きこもり，対人恐怖傾向のある人にとってこのメリットは大きいと言える。一方，テキストメッセージのみのやりとりは，コミュニケーションの準言語，非言語の要素を欠くこと，書く（打つ）という行為にともなう時間（差）が生じることから，"行間を読む"必要があるが，それが難しくなる局面が電話や対面での面談に比べ多いと思われる。関係づくりの端緒としての有用性・利便性と，支援あるいは心理療法のツールとしての限界の両方を勘案した上で活用することが重要であろう。SNSを用いて始まった相談が，関わりが深まるにつれ音声通話，ビデオ通話あるいは対面での相談へと移行することが望ましいが，対応する側が拙速にこれを進めようとして関わりが途切れないよう注意することも必要である。

B-6 ──中村幸夫

　企業においても「相談の受付」という窓口的な意味でメールの役割は大きい。相談するきっかけとして，また，面談の日程調整や業務との兼ね合いの確認にも重要な役割となっている。

　特に相談室のような特別な施設等が無い企業では，コンタクトを取ることにも周りの目を気にすることが相談者の第一ハードルになる場合があるため，メールと言う他者には気付かれずにコンタクトを取れることは重要な「セーフティネットの道」であると考えられる。

　また，遠隔地や顧客先に常駐している場合でもコンタクトの設定の手段として便利である。

　ただし，これ以上に頼り過ぎると，段々と関係が希薄になっていくこと，メ

236　第Ⅲ部　今後の課題

ールがあるがゆえに突然の休暇や面談キャンセルなどもし易くなり，約束や業
務に対する責任感などからの回避の手段にもなりうる可能性があるので，注意
していく必要がある。

◇

B-7 ──小川憲治

　電子メールや LINE などの SNS を利用した相談援助の受付や，メール相談
サービスの実施については，相談のきっかけ作りとしては有用であるが，問題
解決に向けては，継続的な面接相談や電話相談につなげていくことが求められ
よう。そのためには，メール相談や SNS 相談の資質を高めるための研鑽（ク
ライエントの気持ちを察知する共感力，有意義な対話を実践できる言語表現能
力）が必要であり，今後心理臨床の事例研究を積み重ねていく必要があろう。
またスマホ依存気味の中高生，大学生や若者たち向けには，SNS による対人
コミュニケーションだけではなく，FTF（face to face）コミュニケーション
のレベルアップをめざした研修の実践も行う必要がある。

2. LINE など SNS を用いた相談の功罪と今後の可能性

　電子メールや LINE などの SNS を用いた相談は，対面や電話での相談に比べ，
利用者にとって敷居が低く，相談しやすいというメリットがあり，相談のきっ
かけ作りとしては有効であろう。特に引きこもりや対人恐怖などのクライエン
トにとってはこのメリットは大きいと思われる。

　メール相談については，小川が東京工業大学学生支援センター電話相談デス
ク開設メンバーの一人として，2009 年度から 2015 年度まで 7 年間，面接相談，
電話相談に加え，メール相談も試行し，メール相談の効用を実感した経験があ
り，相談のきっかけ作りとしては有効であろう。（『東工大クロニクル』No.477，
2012 年 6 月）

　さて，各執筆者はカウンセリングへの導入やインテーク面接の前段階におけ
る援助関係の醸成など SNS 活用のメリットを共通してあげている。

具体的に小澤は「LINE に登録している人は定期的にこちらからのメッセージを連絡できるなど，自殺予防などへの積極的なアプローチの手段にもなっていく可能性がある」と指摘する。安宅氏も高橋氏も，とりわけ「対人恐怖や視線恐怖がある人々」，「引きこもり，恐怖傾向のある人にとってこのメリットは大きい」を示唆する。

また各提言によれば，同じ SNS にあっても，「LINE」や「メッセンジャー」「E メール」などツールの違いによって，利用者・クライエントにとって使いやすさや敷居の高さに違いがあることも言及される。

むしろ田中は「相談員は対面相談が得意で SNS によるコミュニケーションに慣れておらず苦手な場合が多い。まずは，相談員の SNS のリテラシーやコミュニケーション能力の向上が必要」と説いている。

そして水戸部は「若者の生きる「世界」を知るためにまずは外国語を学ぶような気持で LINE や Twitter の「世界」に入り，それに巻き込まれることなく「世界」を体感し分析する」ことと述べており，臨床家・実践家の心構えとして示唆に富むと言えよう。

この心構えはやはりアイビイ（Ivey, A. E.）が各種の心理療法から整理抽出した基本的傾聴技法（BLS）から出発することではある。しかしながら文化的に適合した視線の位置，言語追跡，身体言語，声の質といったかかわり行動からの情報が制約されるため，安宅が指摘するとおり「コミュニケーションの準言語，非言語の要素を欠くこと」そして「行間を読む」作業が相当生じることになる。これは高橋の指摘するとおり「相談の深みに入り込むことは困難」になろう。深みとは「心理的な情緒の深み」である。ただし田中のように「SNSにおける絵文字やスタンプは言葉にしづらい感情などを伝える貴重なツール」として ICT の発展に期待する向きもあった。

いずれにしても入口からあと SNS などを用いた相談を展開するのであれば，クライエントが認識する主訴・テーマを相当限局させて，その構造の中で扱っていかなくてはならないだろう。

小澤は「電話以上に情報が「文字」だけに限られてしまう。SNS 相談が必須の時代となったからこそ，早急に受け手の育成は必要であるし，チームとしてサポートし合い，スーパーバイズが保証されるようなシステムの構築は急務

である」として，支援者・援助者にとってのスーパービジョンシステムを指摘している。

　総じて小川は支援者・援助者には「メール相談や SNS 相談の資質を高めるための研鑽（クライエントの気持ちを察知する共感力，有意義な対話を実践できる言語表現能力）が必要」であることと，支援者・援助者は「今後心理臨床の事例研究を積み重ねていく」重要性を提言している。その一方で，小川は「スマホ依存気味の中高生，大学生や若者たち向けには，SNS による対人コミュニケーションだけではなく，FTF（face to face）コミュニケーションのレベルアップをめざした研修の実践」の必要性も説いている。

　今後の可能性として織田は SNS の拡張したバリエーションとして Skype やロボットメディアの活用も想定する。多くの執筆者が SNS のメリットを指摘するとおり，つながりの端緒・入口として「LINE」や「メッセンジャー」の役割は大きい。「かかわり」の前に「つながり」があるわけである。同じ SNS にあっても，ツールの違いによって利用者・クライエントにとっての親和性は異なる。ゲートキーパーなどあくまでもツールの1つとして，アンドロイドなどの参入も示唆したい。

　ところで 2017 年 8 月の文部科学省の「SNS を活用した相談体制の構築に関する当面の考え方（中間報告）」，同年 9 月長野県教育委員会が通信アプリ LINE を使って中高生の悩み相談を期間限定で試行的に実施し一定の効果をあげたとの新聞報道（朝日新聞デジタル），厚生労働省のポータルサイト「こころの耳」にも，2018 年 3 月の自殺対策強化月間に，SNS 相談を試行する 13 団体が試験的な相談を実施したと報じられており，今後の研究が急務である。

　電子メールや SNS による相談は，相手の顔が見えず，声も聞こえない中で，テキストメッセージだけでやりとりしなければならず，行間を読む力が求められ，対面や電話に比べ，相談を深め，継続相談につなげていくことが難しいところもある。相談援助者にとっては，メール相談や SNS 相談の資質を高めていくための研鑽が必要であり，今後心理臨床の事例研究をさらに積み重ねていく必要があろう。

[小川憲治・織田孝裕]

C. 「ICT 社会」の表記について

　本書のタイトルで使用した「ICT 社会」という用語については，「IT 社会」に比べ，まだまだ市民権を得ていない用語だと思われるが，昨今の ICT（情報通信技術）の急速な発展を遂げている現代社会を，本書の刊行にあたり，「ICT 社会」と表記することにした。

　2000 年頃から「情報化社会」を「IT（情報技術）社会」と呼ぶようになってきたが，国際的には「IT」を「ICT」と表記することもあり，近年わが国でも「ICT」を使用することが増えてきた感がある。しかし日本では。通信事業の所管である総務省は「ICT」の語を，経済産業省では「IT」の語を用いることが多く（「IT 社会」,「IT 企業」,「IT 産業」,「IT 業界」など），用語の統一が今後の課題である。

　ちなみに「ICT 社会」の語を使用している事例としては，以下の通りである。

1）静岡県青少年問題協議会　2017　ICT 社会における子ども・若者の人間関係づくりへの支援（意見具申）
2）総務省情報通信政策局　2008　デジタル・ディバイドのない ICT 社会の実現にむけて
3）正高信男　2012　ICT 社会と「キレる」人々　情報誌 CEL
4）総務省　2015　フィクションで描かれた ICT 社会の未来像　平成 27 年度情報通信白書　第 1 部

［小川憲治・織田孝裕］

索　引

〔あ　行〕

IAT　94
ICT 技術者　73
ICD-10　93
アイビイ（Ivey, A. E.）　237
IPR トレーニング　89, 213, 225
アクチュアリティ（現実性）　146
アダルト・チルドレン　177
アディクション・アプローチ　168
アフィリエイト　28
アメリカ知的・発達障害学会（AAIDD）
　39
EAP　91, 158
EMDR　169
ECS（環境制御システム）　45
1.5　130
イツメン　118
Instagram　26
インスタンス　34
インターネットゲーム障害　94
ヴァン・デン・ベルク（van den Berg,
　J. H.）　15, 205
We feeling　204
ウィリアムズ（Williams, D.）　41
Vinland ABS　44
Vinland-Ⅱ　44
裏垢　132
ADHD　95
エコーチェンバー　51

SNS 疲れ　124
FPS　33
FPS 系　128
MMORPG　33
絵文字　234
LED　95
LD とその周辺の子どもたち　40
エンカウンターグループ　116
援助関係の醸成　236
OJT　79
大須成学園　179

〔か　行〕

解決志向アプローチ　175
カカオトーク　26
仮死時間　219
合宿治療　225
ガーラント（Gerland, G.）　42
関係嗜癖　168
既読スルー　119
基本的傾聴技法　237
キャリア相談室　154
キャリアパス　86
QCD　78
共時性　218
均等化装置　15
グランディン（Temple Grandin）　41
グループアプローチ　88
クワント（Kwant, R. C.）　121
ゲートキーパー　220, 227

ゲーム障害　94
限界設定　41
現象学的対人関係論　149
現象学的人間関係学　195
国際障害分類（ICIDH）　39
国際生活機能（ICF）分類　39
こころの耳　238
connected　138
コミュニティーサイト　112
コンピュータ労働　74

〔さ　行〕

サリヴァン（Sullivan, H. S.）　182, 187
35 歳限界説　90
35 歳定年説　90
時間意識の変化　218
敷居の高さ　237
自助グループ　176
システムの寿命（システムライフ）
　75
失感情（言語化）症　143
社会的事実性　121
社会的責任（CSR）　221
シュトラウス（Straus, E.）　218
障がいの受容段階　51
常駐者　85
徐波睡眠　96
睡眠障害　97
Skype　26
捨て垢　132
ストレスチェック　152
スピッツァー（Spitzer, M.）　98
生活体験合宿　179
生徒指導担当　112
セーフティネットの道　235
センスィティビィティ（sensitivity）
　113

センスィビィリティ（sensibility）
　113
総務省情報通信政策局　239
総務省情報通信政策研究所　106
ソーシャルスキルトレーニング（SST）
　118
即レス　119

〔た　行〕

第 2 の自然　121
対人関係トレイニング　137
WAA　156
WHO　93
Twitter　26, 129
TwitCasting　30
つながり　137
DAISY（デイジー）　43
DSM-5　93
DQ　94
テキストメッセージ　235
デジタルイミグラント　101
デジタルネイティブ　101
当事者研究　52

〔な　行〕

ながらスマホ　126
nana　32
ニコニコ動画　27
人間について知ること　196
人間を知ること　196
ネット依存　169
年齢制限　35
ノンレム睡眠　96

索　引　*243*

〔は　行〕

バーチュアリティ（潜在性）　146
発達障がいの2次障がい　45
Pixiv　34
PMBOK　78
BPO（放送倫理・番組向上機構）　55
病的賭博　93
フィーチャーフォン　125
フィルターバブル　50
フィルタリング　217
Facebook　26
複合的・環境社会療法的アプローチ
　　100
物質嗜癖　168
ブーバー（Buber, M.）　20
フリーアドレス制度　156
ブログ　28
プログラム言語　75
プロセス嗜癖　168
米国小児科学会　98
本垢　131
ほんとうの人間関係　147

〔ま　行〕

マストドン　34
mixi　28
メッセンジャー　76
メルカリ　32

メンタルヘルス　152
モバゲー、グリー　27
森口奈緒実　53

〔や　行〕

役割行動　20
ヤング（Young, K.）　7
遊戯療法的アプローチ　116
有効画素数　125
YouTube　27
YouTuber　31
ユング（Jung, C. G.）　218
よい人間関係　147

〔ら　行〕

LINE　25
LINE 的世界　219
LINE LIVE　30
リア充　145
リアリティ（実在性）　146
リアル　144
良心的エゴイズム　20
レム睡眠　96
連携の種まき　120
ロボットメディア　232

〔わ　行〕

われわれ意識（We feeling）　114

あ　と　が　き

　本書は，近年のインターネット，PC，スマホ，SNS などの急速な普及による「ICT 社会の人間関係と心理臨床」についての諸問題の実情把握とその対応策（今後の課題）の検討が急務である，との問題意識を共有した，8 名の臨床心理士と，関連領域である産業カウンセラー，精神科医各 1 名，合計 10 名が分担執筆した共著である。各章の文責はそれぞれの執筆者にあるが，最終的な本書の文責は編著者である小川と織田に帰するものである。

　21 世紀を迎え，世の中はインターネットやスマートフォンに代表されるいわゆる "ICT 時代" になりつつある。われわれの生活がコンピュータや情報通信技術の発展と急速な普及とともに便利になっていく反面で，大切なことが同時に失われつつあるのかもしれない。人間の社会生活や人生は本来両義的であり，何かを得れば同時に何かを失っているはずだが，このことは ICT やIoT がもたらす利便性と自明性の罠によって見落とされてはいないだろうか。生まれながらにして ICT や IoT に囲まれて育った「デジタル・ネイティブ（日本では 1990 年代生まれ以降か）」という概念が本当に当てはまるとすれば，執筆者の大半は「デジタル・イミグラント（移民）」に分類されてしまうが，「デジタル・イミグラント（移民）」世代とはアナログとデジタル両方のメリットとディメリットを理解できる世代とも言えるだろう。

　本問題については，これまで米国の臨床心理学者である，クレイグ・ブロード『テクノストレス：コンピュータ革命が人間につきつける代償』（1984 年），キンバリー・ヤング『インターネット中毒：まじめな警告です』（1998 年），シェリー・タークル『一緒にいてもスマホ：SNS と FTF』（2017 年）などから，コンピュータ革命，インターネットの普及，スマホの普及についての警告と提言が折に触れてなされてきたが，わが国においては，小川憲治『「コンピュー

夕人間」—その病理と克服：人間関係の病理としてのテクノストレス』（1988年），『IT 時代の人間関係とメンタルヘルス・カウンセリング』（2002 年）以降，この十数年間の ICT の急速な普及の功罪，変貌しつつある人間関係や対人コミュニケーションについて，臨床心理学者からの問題提起と提言がなされてこなかったことに気づいて，急遽臨床心理士の有志で「ICT 社会における人間関係とメンタルヘルス」研究会を立ち上げたのが昨年の 1 月だった。それから約 1 年半の間，同志を募り，ほぼ毎月研究会を開催し，その間ささやかながら議論を重ね，その成果を本書に集大成することができたのは感慨深いものがある。

　本書の礎となった上記研究会の議論においては，ネット依存，スマホ依存などの ICT の急速な普及の功罪についての，調査研究，事例研究を行ってきたのに加えて，その対応策として，日本 IPR 研究会主催の「IPR トレイニング」や，大須成学園における「共同生活体験合宿」の実践の知見など，グループアプローチが有用であることが明らかとなった。

　「IPR（Inter-Personal Relationship）トレイニング」とは故・早坂泰次郎先生（立教大学名誉教授）が現象学的人間関係学を基盤として，1970 年から開催された対人関係のグループトレイニング（合宿研修）である。その後 2017 年までの約 50 年間に 163 回のトレイニングが開催され，「IPR トレイニング」を受講したメンバーは延べ 1 万人を超える。本書の執筆者の半数は IPR トレイニングへ，メンバーとして参加しており，また 2 名がトレーナーを務めた経験がある。

　山梨県中富町に在った大須成学園とは，執筆者の一人，高橋良臣氏が主催する「登校拒否文化医学研究所」が約 30 年間にわたり展開した不登校児童・生徒のための生活体験合宿施設である。地元集落の人たちとシーズンごとの共同作業を通して対人関係の成長を目指し，グループトレーニングやグループワークも行ってきた。大須成学園の現場スタッフとして生活体験合宿へ参加し，不登校児童・生徒と長年関わってきた執筆者もやはり複数名いる。

本書の執筆にあたり，ご協力いただいた執筆仲間である，小澤エミさん，高橋良臣先生，田中ひな子先生，中村幸夫氏，深澤静さん，水戸部賀津子さん，宮城まり子先生，安宅勝弘先生に，拙い編集担当者両名より，深く感謝申したい。

　また宇野宗道氏には多くのご示唆とご指摘をいただいた。さらに石割美奈子氏には資料収集を含め，文献リサーチに関して多くのアシストを受けた。お二人にも謝意を表したい。また本書の内容にふさわしい珠玉のカバーデザインをしてくださった川島書店の加清明子さんのご尽力にも感謝申し上げたい。

　そして本書は川島書店，中村裕二社長の御理解・ご支援と杉秀明氏の編集作業のご尽力によって円滑に上梓できたことをあらためて感謝の意を表したい。

　なお，上記の「日本IRP研究会」の活動に関心がおありの方は，同研究会のホームページを参照されたい。http://www7a.biglobe.ne.jp/~ipr
　また「登校拒否文化医学研究所」の活動に関心のおありの方は，同研究所のホームページを参照されたい。http://toubun-iken.blogspot.jp/

　　2018年5月16日

編著者　小川　憲治
　　　　織田　孝裕

執 筆 分 担

第Ⅰ部　ICT（スマホ，PC，インターネット，SNS）の急速な普及の功罪
　　　1章　小川憲治（臨床心理士。編著者紹介参照）
　　　2章　深澤　静（臨床心理士。私立高校 SC）
　　　3章　織田孝裕（臨床心理士。編著者紹介参照）
　　　4章　小澤エミ（臨床心理士。長野県公立小中学校 SC・県立高校 SC）
　　　5章　中村幸夫（産業カウンセラー。キャリアコンサルタント。
　　　　　　　　　　　ICT 企業勤務。SE。事業本部付担当部長）
　　　6章　安宅勝弘（精神科医。東京工業大学保健管理センター教授）

第Ⅱ部　ICT 社会の人間関係と心理臨床
　　　1章　織田孝裕（同上）
　　　2章　深澤　静（同上）
　　　3章　水戸部賀津子（臨床心理士。昭和女子大学総合教育センター）
　　　4章　宮城まり子（臨床心理士。元法政大学教授。キャリア心理学専攻）
　　　5章　田中ひな子（臨床心理士。原宿カウンセリングセンター）
　　　6章　高橋良臣（臨床心理士。登校拒否文化医学研究所長）
　　　7章　小川憲治（同上）

第Ⅲ部　今後の課題（執筆者全員／編集：小川憲治・織田孝裕）

編著者紹介

小川憲治（おがわ・けんじ）
慶応義塾大学工学部卒。立教大学大学院社会学研究科博士課程修了。
1970年ICT企業でSEとして勤務後，1991年臨床心理士の道に転じた。
長野大学社会福祉学部教授，東京工業大学特任教授等を歴任後，
現在，神奈川産業保健総合支援センター産業保健相談員。および，
ICT関連企業臨床心理士。藤沢市立看護専門学校非常勤講師。
主著：『「コンピュータ人間」―その病理と克服』勁草書房
　　　『IT時代の人間関係とメンタルヘルス・カウンセリング（増補版）』
　　　川島書店
　　　『〈関係性〉の人間学』（分担執筆）川島書店
　　　『変貌する人間』D. クリューガー編（共訳）勁草書房

織田孝裕（おだ・たかひろ）
明治大学政経学部卒。東京国際大学大学院応用社会学研究科修了。
1997年マサチューセッツ・ボストン「ランドマークスクール」研修。
東京都北区特別支援教育専門委員歴任。立教大学社会福祉研究所研
究員。宮城県および福島県教育委員会・県外緊急派遣カウンセラー。
現在，登校拒否文化医学研究所PSW，特別支援教育士。
主著：『不登校・高校中退からの進路選択』北樹出版
　　　『心理学とポストモダニズム』（共訳）こうち書房
　　　『ミルトン・エリクソン言行録第1巻』『同第2巻』（共訳）亀田
　　　ブックサービス

ICT社会の人間関係と心理臨床

2018年8月10日　第1刷発行

編著者	小　川　憲　治
	織　田　孝　裕
発行者	中　村　裕　二
発行所	㈲ 川　島　書　店

〒165-0026
東京都中野区新井2-16-7
電話 03-3388-5065
（営業・編集）電話 048-286-9001
FAX 048-287-6070

ⓒ2018
Printed in Japan

印刷 製本・モリモト印刷株式会社

落丁・乱丁本はお取替いたします　　　　振替・00170-5-34102
＊定価はカバーに表示してあります
ISBN978-4-7610-0930-4　C3011